高等职业教育"十四五"规划旅游大类精品教材

中国旅游客源地与目的地概况

Zhongguo Lüyou Keyuandi yu Mudidi Gaikuang

主　编◎蔡会敏　郭家秀
副主编◎王　颖　郭　弢　张学愿
参　编◎冯　尧　张　静

华中科技大学出版社
http://press.hust.edu.cn
中国·武汉

内 容 简 介

本教材坚持正确的政治方向和价值导向,遵循职业教育教学规律和人才成长规律,在内容的编写和选择方面,遵循国际旅游市场格局,按照近几年入境客源排名及国家"一带一路"建设来进行编写。在知识点呈现方面,侧重从地理和历史、文化及旅游营销策略的维度,培养学生的时空观及洞察力,提升学生的综合专业素养。通过对旅游目的地及客源地的历史地理、政治经济、民俗风情以及旅游需求等进行介绍与阐述,使学生具备分析研究对象旅游影响因素的能力,并能够对典型潜在细分市场进行深入探究,掌握开发海外客源市场的能力以及提升入境旅游接待服务能力。

图书在版编目(CIP)数据

中国旅游客源地与目的地概况/蔡会敏,郭家秀主编．—武汉:华中科技大学出版社,2023.12
ISBN 978-7-5772-0264-8

Ⅰ.①中… Ⅱ.①蔡… ②郭… Ⅲ.①旅游客源－中国－高等职业教育－教材 ②景点－概况－世界－高等职业教育－教材 Ⅳ.①F592.6 ②K91

中国国家版本馆 CIP 数据核字(2023)第 244568 号

中国旅游客源地与目的地概况   蔡会敏 郭家秀 主编
Zhongguo Lüyou Keyuandi yu Mudidi Gaikuang

策划编辑:胡弘扬	
责任编辑:洪美员 贺翠翠	
封面设计:原色设计	
责任校对:李 琴	
责任监印:周治超	
出版发行:华中科技大学出版社(中国·武汉)	电话:(027)81321913
武汉市东湖新技术开发区华工科技园	邮编:430223
录 排:孙雅丽	
印 刷:武汉科源印刷设计有限公司	
开 本:787mm×1092mm 1/16	
印 张:16	
字 数:360千字	
版 次:2023年12月第1版第1次印刷	
定 价:49.80元	

本书若有印装质量问题,请向出版社营销中心调换
全国免费服务热线:400-16679-118   竭诚为您服务
版权所有 侵权必究

前言 Preface

旅游业迅猛崛起,中国已经成为世界旅游大国,正在向世界旅游强国的目标奋进,了解我国主要旅游客源地和目的地地区的社会人文、政治经济和旅游业概况,不仅是旅游从业人员必备的基本知识,也是旅游类专业学生所必须具备的专业素养。本教材主要带领读者一起领略世界及中国旅游业发展趋势、中国出入境旅游客源市场概况,以及亚洲、欧洲、美洲、大洋洲、非洲和中国港澳台地区等旅游目的地及客源地的历史地理、政治经济、文化旅游概况。

为了适应现代旅游业对于从业人员的素养要求,基于新时代学生的学习特点,特编写本教材《中国旅游客源地与目的地概况》。本教材遵循守正创新的思维,对标高等职业教育对人才需求的标准,根据课程目标设置课程项目任务,突出职业教育的实用性和学生的个性化。

本书编写特色如下。

一是案例新颖,内容丰富。在学习每一个国家或地区之前,精心选择一个内容新颖的案例,引导学生在思考中开展学习;在旅游城市及热点景观选择方面,参考携程旅行网、马蜂窝等多家平台,力争选出最受游客欢迎的目的地;在小知识方面,主要选取一些经典知识和趣味知识,以提升学生学习的积极性,使学生更全面地了解该客源地和目的地国家及地区。

二是理实结合,突出能力本位。本书避免了对于国家或地区的知识点的单纯铺陈,而是根据国家或地区近几年的出入境报告,精选出代表性的国家或地区进行介绍。在项目及课前环节,设计了项目导航和项目任务,引导学生进行课前预习;课中沉浸式学习,设计了案例导入和小知识;项目及课后环节,设计了项目训练,更加注重学生解决实际问题能力的培养,如在认知的基础上让学生试着设计旅游攻略、定制旅游线路、设计营销方案及推介会等,以实现"学中做"和"做中学"的效果。

三是活页装订,灵活教学。本书在学习的同时,每个项目都设置了有针对性的课程实训,学生可以根据自己的需要,灵活安排学习内容和学习顺序,有的放矢,全面提升学习效率。

四是资源丰富,易于拓展。本书提供了全套PPT、短视频、案例素材、习题库等立体化的教学资源,用书教师可以登录华中科技大学出版社相关链接下载使用。

本书是集体智慧和劳动的结晶,充分融合学校的教学成果和企业的实践经验,编者来自上海农林职业技术学院、上海师范大学天华学院、黄山职业技术学院、上海恒顺旅行集团、中国旅行社总社(上海)有限公司、上海嘉克智能科技有限公司。本书由蔡会敏、郭家秀担任主编,王颖、郭弢、张学愿担任副主编,参编人员有冯尧、张静。具体分工如下:蔡会敏和郭家秀负责全书的总体策划和内容架构设定;项目一由蔡会敏编写,项目二、项目三、项目六由蔡会敏、王颖、郭家秀联合编写,项目四、项目五由郭弢、张学愿编写,项目七由冯尧、张静编写;全书统稿由蔡会敏完成。

鉴于旅游发展变化较快,尽管我们编写过程中力求新颖、准确、完善,但书中难免存在不足之处,恳请广大读者批评指正,在此深表谢意。

编者

教材慕课链接

目录 Contents

项目一　世界及中国国际旅游市场　　1
　任务一　世界旅游业发展　　2
　任务二　中国出入境旅游概况　　3

项目二　亚洲主要旅游客源地与目的地　　9
　任务一　樱花之国：日本　　10
　任务二　太极虎之国：韩国　　17
　任务三　清晨之国：朝鲜　　23
　任务四　草原之国：蒙古国　　28
　任务五　山地之国：越南　　33
　任务六　橡胶王国：马来西亚　　38
　任务七　千岛之国：菲律宾　　44
　任务八　花园之国：新加坡　　50
　任务九　微笑之国：泰国　　54
　任务十　火山之国：印度尼西亚　　61
　任务十一　孔雀之国：印度　　67
　任务十二　宝石之国：斯里兰卡　　73
　任务十三　石油王国：沙特阿拉伯　　79
　任务十四　热气球王国：土耳其　　85

项目三　欧洲主要旅游客源地与目的地　　92
　任务一　绅士之国：英国　　93
　任务二　浪漫国度：法国　　99
　任务三　奥林匹亚之国：希腊　　106
　任务四　跑车王国：意大利　　110
　任务五　旅游王国：西班牙　　117
　任务六　啤酒王国：德国　　124
　任务七　钟表王国：瑞士　　131

任务八　森林王国：瑞典　　　　　　　　　　　　　　　　　　　　137
　　任务九　童话王国：丹麦　　　　　　　　　　　　　　　　　　　　142
　　任务十　峡湾之国：挪威　　　　　　　　　　　　　　　　　　　　148
　　任务十一　圣诞王国：芬兰　　　　　　　　　　　　　　　　　　　154
　　任务十二　战斗民族：俄罗斯　　　　　　　　　　　　　　　　　　159

项目四　美洲主要旅游客源地与目的地　　　　　　　　　　　　　　　　169
　　任务一　枫叶之国：加拿大　　　　　　　　　　　　　　　　　　　170
　　任务二　自由的国度：美国　　　　　　　　　　　　　　　　　　　176
　　任务三　白银之国：墨西哥　　　　　　　　　　　　　　　　　　　184
　　任务四　咖啡之国：巴西　　　　　　　　　　　　　　　　　　　　191

项目五　大洋洲主要旅游客源地与目的地　　　　　　　　　　　　　　　200
　　任务一　袋鼠之国：澳大利亚　　　　　　　　　　　　　　　　　　201
　　任务二　绵羊之国：新西兰　　　　　　　　　　　　　　　　　　　208

项目六　非洲主要旅游客源地与目的地　　　　　　　　　　　　　　　　215
　　任务一　金字塔之国：埃及　　　　　　　　　　　　　　　　　　　216
　　任务二　彩虹之国：南非　　　　　　　　　　　　　　　　　　　　223

项目七　中国主要旅游客源地与目的地：港澳台地区　　　　　　　　　　231
　　任务一　东方之珠：香港　　　　　　　　　　　　　　　　　　　　232
　　任务二　娱乐之都：澳门　　　　　　　　　　　　　　　　　　　　237
　　任务三　美丽宝岛：台湾　　　　　　　　　　　　　　　　　　　　242

参考文献　　　　　　　　　　　　　　　　　　　　　　　　　　　　　249

项目一
世界及中国国际旅游市场

项目导航

本项目主要介绍世界旅游业概况，使学习者了解世界旅游业的基本情况和发展趋势，清楚中国旅游客源地与目的地的现状及特征，了解中国旅游目的地市场概况。

项目任务

请查询书籍及电子资源，填写下表，完成项目任务。

中国入境客源地排名	中国出境客源地排名	中国入境客源偏爱城市排名	中国入境客源偏爱景观排名	中国入境客源旅游项目满意度排名
1	1	1	1	1
2	2	2	2	2
3	3	3	3	3
4	4	4	4	4
5	5	5	5	5
6	6	6	6	6
7	7	7	7	7
8	8	8	8	8
9	9	9	9	9
10	10	10	10	10

任务一　世界旅游业发展

一、世界旅游业概况

世界旅游组织的最新数据显示,在全球范围内,2023年前3个月的国际旅行人数是2022年同期的2倍,使全球旅游业恢复到疫情前水平的80%。然而,对于亚洲和太平洋地区来说,到本季度末,国际旅客人数才恢复到疫情前的54%。

官方数据表明,2020年前,中国已成为全球最大的旅游客源市场。2019年,中国游客出境旅游消费总额为2550亿美元,国内旅游成为经济增长和就业的支柱,仅当年国内旅游量就超过60亿人次,为全国各地的就业和企业提供了支持。

二、世界旅游业发展趋势

（一）国际旅游市场格局将发生巨大变化,亚洲地区引领全球旅游增长

联合国世界旅游组织预测,到2030年,欧洲的份额将降到41%,美洲降到14%,而亚太地区会升至30%。《2017年旅游业竞争力报告》提出,到2030年,国际旅游的大部分增长将来自非洲、亚洲和中东。在2016—2026年,从旅游目的地的角度看,消遣旅游收入增长较快的国家将是印度、安哥拉、乌干达、文莱、泰国、中国、缅甸、阿曼、莫桑比克和越南。这些国家集中在非洲和亚洲,都是发展中国家或新兴经济体,不再是欧洲或美洲。

（二）出境游人数持续增长,国际旅游入境人数会较快地平稳增长,且倾向于在邻近的国家与地区间流动

随着大众旅游的时代到来,人们对旅游活动、旅游消费的认识和态度发生了变化,越来越多的人能够接受且愿意进行出境旅游,这使得出境旅游活动会持续变得越来越平民化。

（三）旅游服务活动越来越趋向于碎片化、个性化、多元化发展

传统的旅行过程都由旅行社包揽制定的模式已经越来越不受现在的游客所接受,现在的游客喜欢自己做攻略、自己制定旅游路线,需求呈现出碎片化、个性化的特点。所以,自由行、深度游、定制游等够自主的项目更加赢得游客的青睐。

（四）旅游的标准会有所变化,不再单一由某个国家或者某个地区制定

目前,从全球范围看,旅游标准化的中心在欧洲,其中,尤以西班牙、法国、德国等国家的旅游标准化研究较为突出。但是这些标准会因为目前各地区旅游的增长现状、在世界中旅游的份额占比的变化,以及各个国家经年累月积累下来的所擅长提供的旅游服务经验、游客喜好的变更等因素的变化而发生改变。

任务二 中国出入境旅游概况

一、中国出境旅游概况

(一) 中国出境旅游现状

近年来,随着中国经济发展和居民收入增长,中国人境外旅游热情高涨。受人均收入增长、国际航线增加、中国护照"含金量"的提高等因素的影响,中国已连续多年保持世界第一大出境旅游客源国地位,出境游规模持续增长。中国游客境外购买力近几年一直受到世界的关注,中国已连续几年成为世界第一大出境游消费国,对全球旅游收入贡献平均超过13%。中国旅游业对世界旅游经济的贡献日益提高,世界旅游业带动的产业综合增加值中,有1/6是由中国贡献的;世界旅游业创造的就业机会中,有1/4来自中国旅游业。中国游客已成为世界旅游业持续繁荣的新引擎。中国成为全球最大出境游市场,出境游消费支出稳居世界首位。

(二) 中国出境旅游特征

1. 中国出境游客人数将持续增长

世界各国针对中国游客的签证政策不断改善,中国游客出境旅游更加便利。目前,中国已和许多国家缔结涵盖不同种类护照的互免签证协定,与多个国家签订简化签证手续协定或安排。根据中国旅行社协会预测,未来5年,中国出境总人数累计将超过6亿人次。

2. 中国城市出境旅游市场潜力巨大

北京、上海和广州等一线城市仍是中国出境游客的主要客源输出地。但随着生活水平和实际收入的日益提高,二三线城市人们对于旅游特别是出境旅游的重视程度不断提升,天津、山东、江苏、浙江、福建和辽宁等沿海省市,湖北、四川等中西部省份人们的出境旅游需求普遍增强,正在成为又一轮的出境旅游的主流客源,市场潜力巨大。而一线城市的客流正在涌向更远、更多、更新的旅游目的地,多元的旅游形式正在被广泛关注。

3. 中国出境旅游形式及需求呈现多元形式

调查显示,参团游、自由行、半自由行、自助游等多种旅游形式,满足了不同类型和不同地区的中国出境游客。其中,自由行发展迅速,在一线城市客源市场中,其所占比例与参团游所占比例之间的差距正在明显缩小。值得注意的是,随着境外旅游经历的增加,中国出境游客对旅游的个性化与差异化要求逐步提高,凡有3次及以上出境经历的游客,都有期待自由行、半自由行的意向。同时,调查还显示,"私人定制"式的组团旅游、跟着"达人"去旅游、特种主题旅游等,也非常具有市场吸引力。

4.出境旅游目的地影响因素正悄然发生变化

从目的地来看,亚洲国家仍然保持着市场优势,泰国、日本、越南等周边国家成为出国游热门选择;俄罗斯、塞尔维亚、克罗地亚等国家在"中欧旅游年"、东欧多国签证优化的推动下,成为国人想要探寻的新晋热门目的地;更有墨西哥、阿根廷等国家,成为新生代年轻出境游用户接踵而至的个性化小众目的地。目的地距离渐渐不再是出国游用户考量的首因,对于在互联网大环境影响下的游客而言,具有新奇感、话题度、个性化、花样玩法的目的地更能吸引眼球。

二、中国入境旅游概况

(一)中国入境旅游现状

入境旅游是衡量一个国家旅游国际竞争力的重要标准,是世界旅游强国的重要标志,也是一个国家形象展示和文化传播的重要途径。

随着改革开放的继续深入,旅游产业规模、产业要素和产业体系越发壮大完善,入境旅游、国内旅游、出境旅游三大市场同步发展格局得以确立。由于受2003年"非典"和2008年全球金融危机的影响,我国入境旅游在人次、收入两个领域的持续增长势头受到影响,2003年,外国游客入境旅游人次同比降幅达15%,而国际旅游收入从2007年开始连续2年下滑,直至2012年才突破500亿美元关口,入境旅游市场在旅游产业中的比重发生了变化。

作为世界较大的发展中国家,中国发展入境旅游具有独特的资源与政策优势。回顾中国旅游业发展历程,入境旅游是我国旅游业的起点,发展入境旅游不仅让我们获得了国家发展建设所需的外汇,也为我国经济社会发展创造了开放包容的社会环境,进而逐步构建出现代旅游产业体系。随着国家经济实力持续增强、国际地位不断提高,这些优势越发明显。2019年,《关于进一步激发文化和旅游消费潜力的意见》明确将入境旅游纳入国家发展战略。站在新的历史起点,2021年文化和旅游部的工作计划中也提到将大力发展入境旅游、促进消费回流。这些都充分诠释和体现了入境旅游的重要意义。

(二)中国入境旅游市场特征

1.入境旅游规模显著壮大

改革开放以来,中国入境旅游发展取得巨大成就,从1978年的180.92万人次增长到2019年的14530.78万人次。

一方面,从入境旅游客源市场结构来看(见图1-1),外国游客增幅较整体入境旅游市场(外国游客、中国港澳台地区游客)相对较低,从1978年的12.69%上升到2019年的21.94%;入境过夜游客人次占比也从最初的39.44%上升到45.23%,显示来华旅游对外国游客的吸引力逐渐增强。

另一方面,收入变化也印证了入境旅游的发展形势。如图1-2所示,自2015年国际旅游统计规则调整统计口径以来,中国入境旅游收入从2014年的1053.80亿美元增加到2019年的1312.54亿美元,增幅达24.55%,收入增长明显。

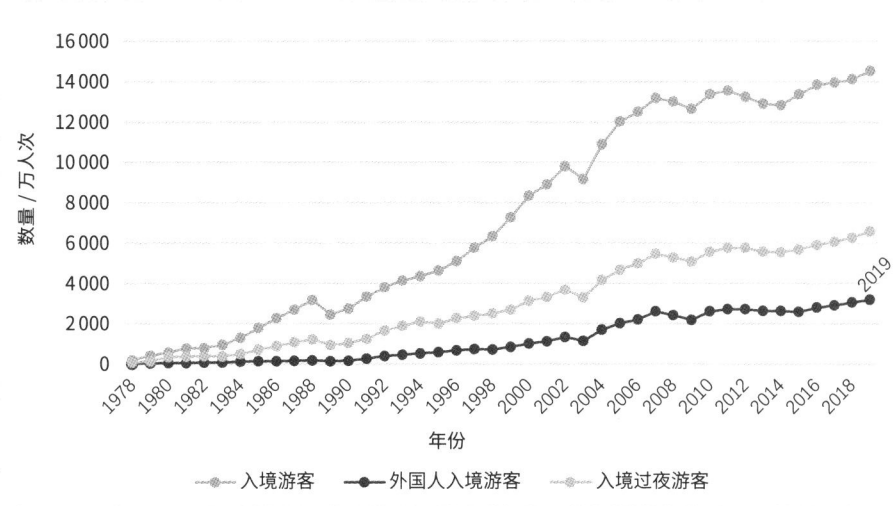

图1-1　1978—2019年入境游客、外国人入境游客、入境过夜游客人次趋势示意图
（数据来源：国家统计局）

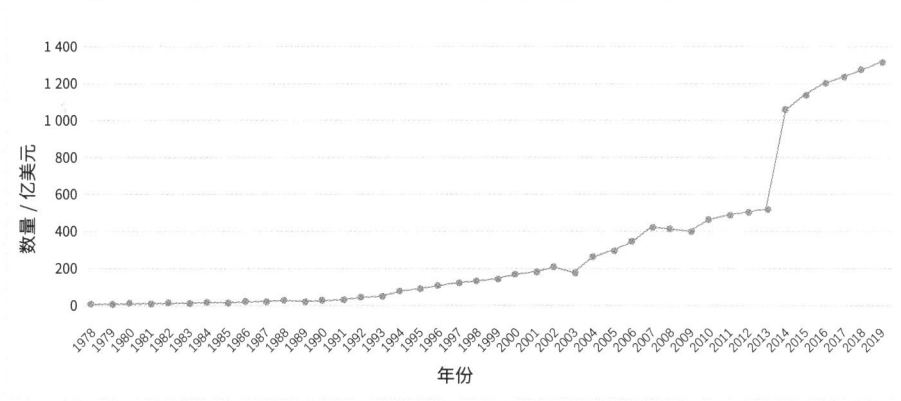

图1-2　1978—2019年中国入境旅游外汇收入示意图（数据来源：国家统计局）

2.客源市场结构稳定

2000年以后，中国进一步完善入境旅游市场数据统计工作。如图1-3所示，2001—2018年，我国入境客源市场按洲际划分，除亚洲市场增长明显外，其余市场保持相对稳定。洲际客源市场主要为亚洲、欧洲和北美洲，其中亚洲市场占比62.60%，为主要的洲际客源市场，欧洲和北美洲占比分别为20.00%、11.00%。

如图1-4所示，客源国方面，韩国、日本、美国、俄罗斯、蒙古国位于前列。2001—2018年中国入境客源国前10位排名中，除了美国、俄罗斯、加拿大，其余均是亚洲国家。从增长趋势看，大多数欧美、东南亚客源国客流量保持长期增长状态；韩国、俄罗斯表现出较大波动；日本在2010年达到峰值后呈现下降趋势。

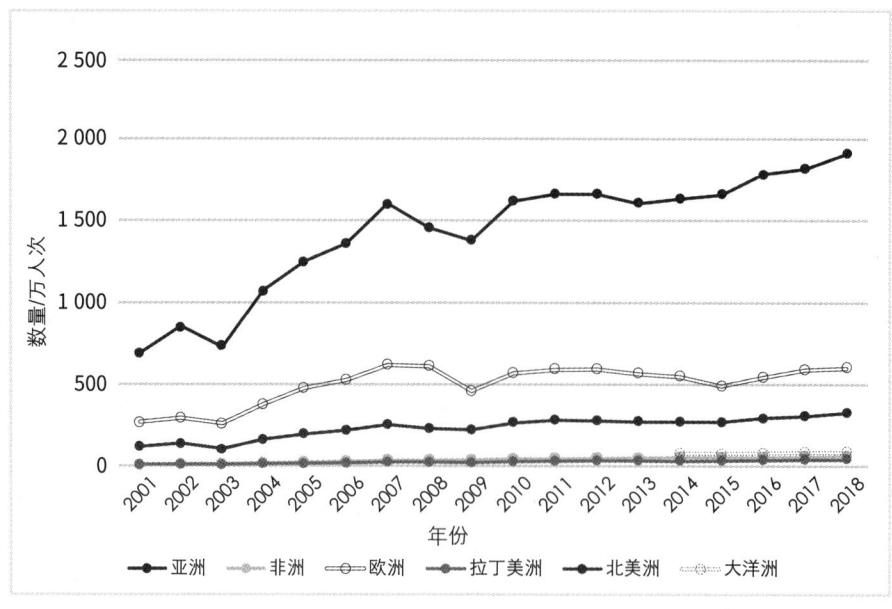

图1-3 2001—2018年洲际客源市场变化趋势示意图(数据来源:国家统计局)

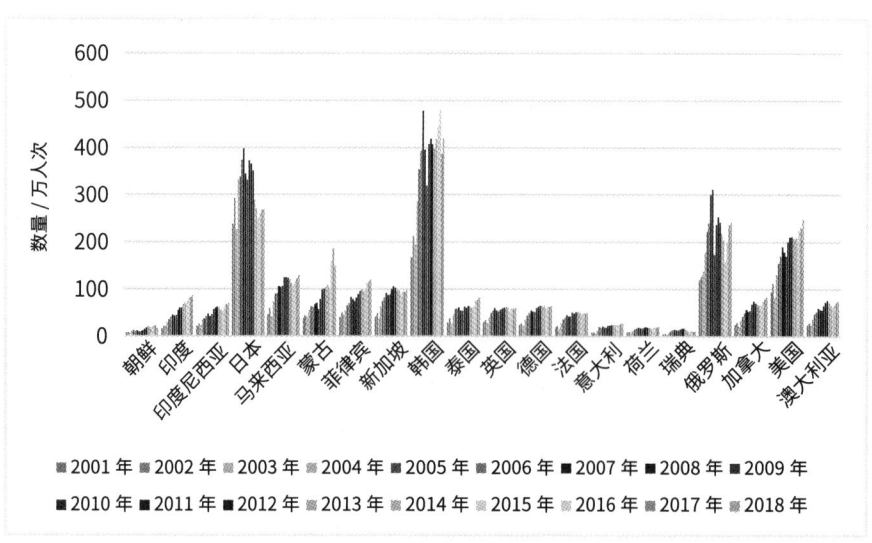

图1-4 2001—2018年各客源国入境数据示意图(数据来源:国家统计局)

3.男性游客多于女性游客,年轻游客数量涨幅较大

按客源性别数据分析(见图1-5),男性占59%,女性占41%,自2000年以来保持稳定。按客源年龄数据分析(见图1-6),25—44岁、45—64岁人群占比较大。2015年后,15—24岁的来华人次有较大幅度提升,显示出中国入境旅游可持续增长的潜力。

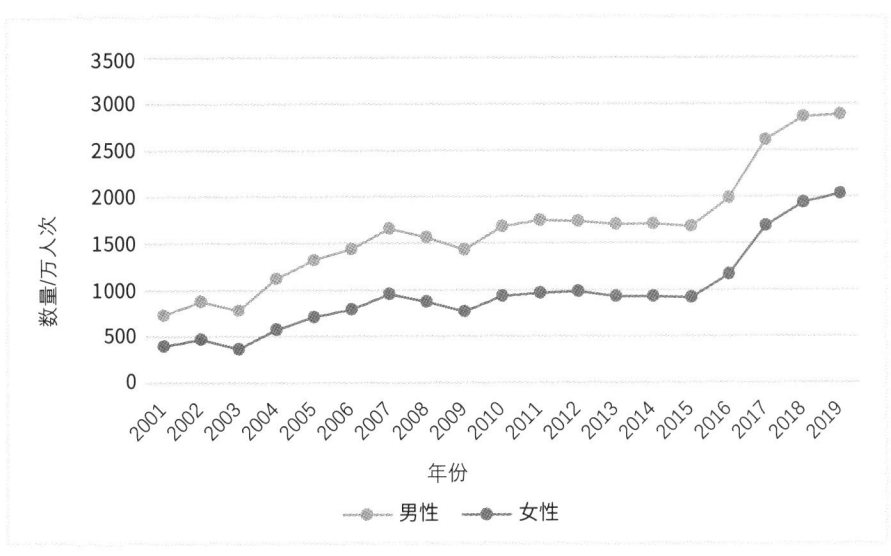

图1-5 客源性别分析示意图（数据来源：国家统计局）

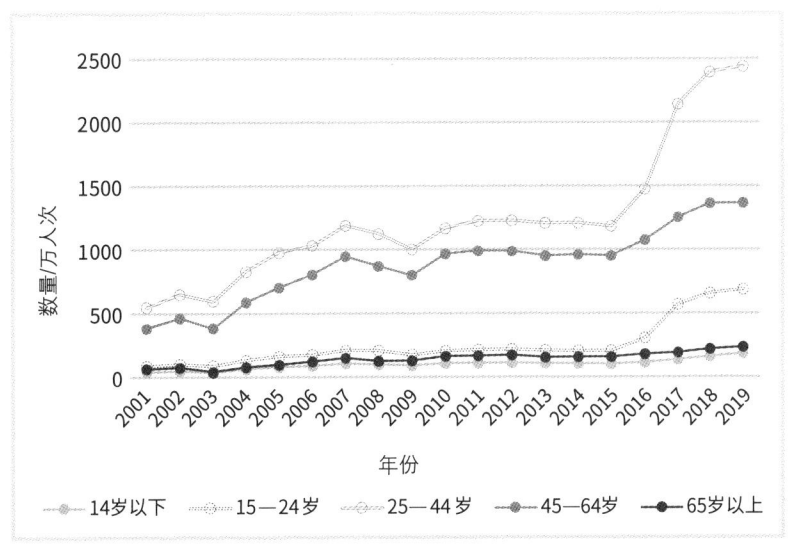

图1-6 客源年龄分析示意图（数据来源：国家统计局）

4.收入结构稳定，购物消费比重上升

2000年以来，我国入境旅游收入构成相对稳定（见图1-7）：交通收入占比最高且有下降趋势；商品销售份额有所提高；住宿和餐饮收入分列第3位、第4位，呈小幅上升趋势；娱乐收入占比较小。

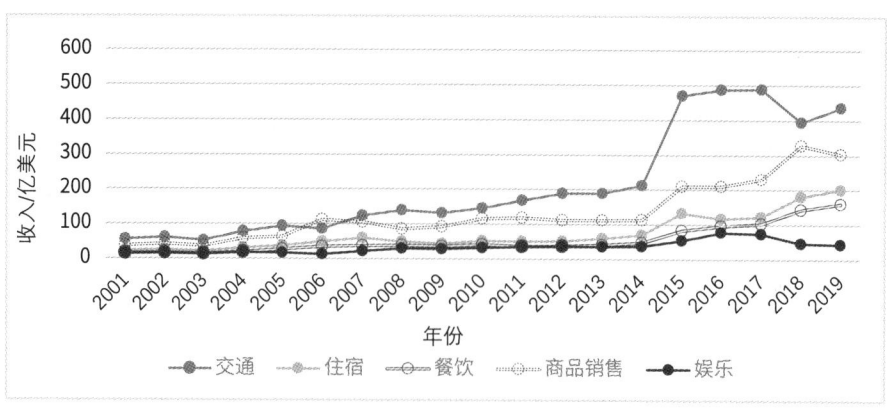

图1-7 2001—2019年入境旅游外汇收入分析示意图（数据来源：国家统计局）

项目训练

任务一：综合分析未来国际旅游发展的趋势

任务二：综合分析中国未来出入境旅游市场面临的机遇和挑战

项目二
亚洲主要旅游客源地与目的地

项目导航

亚洲位于东半球的东北部,东、北、南三面分别濒临太平洋、北冰洋和印度洋,西靠大西洋的属海地中海和黑海。亚洲面积4400多万平方千米(包括附近岛屿),约占世界陆地总面积的29.4%,是世界第一大洲。

亚洲在地理上习惯分为东亚、东南亚、南亚、西亚、中亚和北亚。本项目主要从国家概况、民俗风情、著名旅游城市及热点景观、旅游市场等方面,引导学习者对日本、韩国和泰国等14个国家进行学习和了解。在学习过程中,需要对日本、韩国和泰国等国家进行重点掌握。

亚洲概况

项目任务

请结合课程及电子资源,填写下表,完成项目预习任务。

主要客源地及目的地	首都	货币	国花	热点旅游城市	入境中国旅游数据	接待中国游客数据	签证类型
日本							
韩国							
越南							
泰国							
蒙古国							
缅甸							
新加坡							
马来西亚							

任务一 樱花之国:日本

📎 案例导入

动漫文化旅游是日本文旅产业的一大特色。随着动漫产业的发展,动漫文化已经成为日本文化的一部分,并且影响着日本文化旅游建设。例如,《名侦探柯南》《樱桃小丸子》《铁臂阿童木》《灌篮高手》《海贼王》等都是大家耳熟能详的动漫作品,不仅在本土得到了人们的认可,日本的动漫作品也渐渐流传到了世界各地,且很多作品依然在持续更新中。正是日本动漫的广泛知名度,在人们的心中留下了深刻印象,吸引了一大批动漫爱好者。

案例探究: 1.请你结合案例,查询日本基于动漫文化开展了哪些动漫旅游形式?

2.从入境旅游市场营销的角度,思考日本的动漫旅游带给你哪些启发。

樱花之国:
日本

一、国家概况

(一) 地理环境

1.区域与人口

日本位于太平洋西岸,是一个由东北向西南延伸的弧形岛国,西隔东海、黄海、朝鲜海峡、日本海与中国、朝鲜、韩国、俄罗斯等国相望。日本陆地面积约37.8万平方千米,包括北海道、本州、四国、九州4个大岛和其他6800多个小岛屿。

截至2023年4月,日本人口约1亿,主要民族是大和族,通用语言为日语,首都是东京。

2.自然环境

日本气候宜人,终年温和湿润,属温带海洋性季风气候,冬不寒冷,夏不炎热但多雨潮湿。6月多梅雨,夏秋季多台风。1月平均气温北部-6℃,南部16℃;7月平均气温北部17℃,南部28℃。

日本是一个极其注重季节变化的国家,大部分地区四季分明,各有风貌。春季和秋季是人气旅游旺季,3—5月樱花由南至北逐渐绽放(日本人称为樱前线),而9—11月枫叶又由北至南逐渐变红(日本人称为枫前线),追樱追枫是无数日本境内外旅行者都火爆参与的一大盛事。

📎 小知识

日本樱花

在日本,樱花被视为吉祥之物。樱花盛开的4月,也正是入学、就职的时节，是人生的重大转折点，因此樱花又代表了充满光明与希望的未来形象。除此之外，在日本到处都是用樱花命名的街道、车站、市镇、商标、饭菜、茶点、汤饮等。樱花的魅力和影响力渗透到了日本人社会生活的各个领域。因此，日本也称为"樱花之国"。

（二）历史人文

1. 历史简况

公元3世纪中叶，日本境内出现大和国。公元645年，日本向中国唐朝学习，进行大化改新。公元12世纪后期，天皇皇权旁落，进入幕府统治时代。19世纪50年代中期，黑船事件迫使日本放弃"锁国政策"，签订一系列不平等条约。公元1868年，明治天皇重新掌权，进行明治维新，建立日本帝国，日本迅速跻身资本主义列强行列，对外走上侵略扩张的军国主义道路，曾多次侵略中国、朝鲜等亚洲国家。第二次世界大战战败后，日本颁布新宪法，由天皇制国家变为以天皇为国家象征的议会内阁制国家。

2. 政治经济

日本实行立法、司法、行政三权分立。天皇为国家象征，无权参与国政。国会是最高权力和唯一立法机关，分众、参两院。首相（亦称内阁总理大臣）由国会选举产生，是日本内阁的最高首长，也是日本政府首脑，由天皇任命。2021年11月10日，岸田文雄在日本众议院首相指名选举中当选日本第101任首相。

日本是世界第三经济大国。日本内阁府公布的初步统计结果显示，2022年日本实际国内生产总值（GDP）约546万亿日元，同比增长1.1%。日本连续31年为全球最大债权国。截至2022年12月，日本外汇储备为12276亿美元。汇率：1美元≈141.68日元（2023年7月）。完全失业率：2.5%（2022年11月）。日本流通单一货币日元，人民币不能自由兑换日元，美元、港币可自由兑换。

3. 文化符号

日本的文化符号有茶道、清酒、寿司、艺伎、相扑等。

茶道是日本一种仪式化的、为客人奉茶之事，是日本宝贵的传统文化。日本茶道追求"和、敬、清、寂"。除了饮食，茶道的精神还延伸到茶室内外的布置；品鉴茶室的书画布置、庭院的园艺及饮茶的陶器都是茶道的重点。

日本清酒是借鉴中国黄酒的酿造法而发展起来的日本国酒。在日本人眼里，清酒就是上帝的恩赐，因此清酒最早是用来供奉神明的。慢慢地，清酒发展成为有身份的人喝的酒，后来才逐渐大众化。清酒可以说是日本历史最长的酒，且一直都是日本人常喝的酒精饮料。在日本的宴会、酒吧和普通家庭，常会用到清酒，因此称清酒为日本的国粹名副其实。

寿司是极具代表性的日本食品，既可以作为小吃，也可以当正餐。寿司也是日本的主要出口产品之一。

艺伎作为日本文化的一个符号，一直都显得美丽又神秘。艺伎是日本特有的传统文化，指艺术表演工作者。日本的艺伎产生于公元17世纪的东京和大阪，最初的艺伎全部是男性,以演奏传统鼓乐、说唱逗乐为生。之后才出现了女性艺伎,并且成为艺伎的主流。

相扑是日本的国粹,是日本人特别喜欢的一项传统体育运动。相扑是受日本人尊重的"国技",因此相扑运动员也被人们称为这项运动的英雄。

除了传统的文化,日本现代的新生文化也闻名世界。日本原宿是东京新生代文化符号的代表,是日本著名的"年轻人之街"。可以说,原宿就是给年轻人张扬个性的地方,尤其是近年来盛行的古着与混搭风。

二、民俗风情

(一) 主要节日

日本有法定节日16个以上,主要包括新年、国庆节、成人节、儿童节、劳动感恩节等。除了这些全国性节日,各地还有数量众多、富有乡土色彩的民间节日,这些节日多与当地的道祖神及秋季庆丰收活动有关。

1. 新年

1月1日是日本新年的第一天。按照日本的风俗,新年前一天要大扫除,并在门口挂草绳,插上桔子,门前摆放松、竹、梅,寓意吉利。晚上,全家团聚吃过年面,然后听钟声守岁。新年早上吃年糕汤。日本的新年是日本人一年中非常重要的节日。

2. 国庆节

2月11日是日本的建国纪念日。根据日本神话,神武天皇于公元前660年2月11日建国,故日本宪法将这一天定为建国纪念日。国庆节尊重了国民对建国的缅怀、对国家的热爱、对国家的发展的相同感情,被定为国民的节日。

3. 成人节

1月11日是日本的成人节,与日本文化和传统息息相关,目的是向全国于该年度年满20岁的青年男女表示祝福。在这一天,年满20岁的年轻人都会穿着和服出席成人仪式。

4. 儿童节

5月5日是日本的儿童节,比较特别的是,它并不是只有儿童才能过的节日。日本的儿童节又称端午节或者男孩节,这是由于儿童节最初是男孩节,庆祝家中男孩的出生和健康成长,而女孩节在3月3日。随着风俗的逐渐转变,男孩节变成了全体儿童的国立节日,其庆祝活动既包括展望子女的幸福,也包括感恩母亲的生育抚养。

5. 劳动感恩节

11月23日是日本的劳动感谢节,假期为1天,是为了歌颂勤劳的美德、庆祝生产的喜悦而设定的,这也是日本一个传统的风俗习惯。飞鸟时代的皇极天皇时期开始的新尝祭,是国家对收获物表示感谢的重要祭祀活动,固定在11月23日。后来经过日本宪法的制定,新尝祭的日子改为劳动感谢之日。

小知识

日本有趣的节日

除了提到的新年、国庆节、成人节、儿童节、劳动感恩节等主要节日，日本还有其他有趣的法定节日。

1. 绿之日

5月4日的绿之日，是日本人为感谢大自然恩赐而设立的节日，根据相关法律规定，绿之日旨在让大家"亲近大自然，感谢大自然的恩惠，培育充实的心灵"。

2. 海之日

海之日，是为了感谢大海的恩赐而设立的节日。这与日本是一个临海岛国有关，定为每年7月的第三个星期一，和上一个周末组成三连休。

3. 山之日

8月8日是山之日。日本本土多山，因此除了海之日，还有一个山之日，是为了感谢大山带来的馈赠。

4. 文化节

11月3日是文化节。文化节原本叫作明治节，为明治天皇的生日，1948年起被改为文化节。文化节的宗旨为"爱好自由与和平，推进文化事业的发展"。

5. 道祖神祭典

每年冬季1月15日举行的野泽温泉火祭是日本著名的道祖神祭典，道祖神是北陆信越地区的神祇。村里的男人在其中扮演着重要角色，尤其是25岁和42岁的男人，因为在日本，这两个年龄被视为厄龄。大批村民举着火把，试图烧毁被称为"神舆"的临时神龛，25岁的男子负责保护神龛，42岁的男子则歌唱和吟诵。虽然火祭涉及疯狂的打斗，并具有破坏性，但这个祭典的本意是庆祝家庭首个孩子的诞生，保佑他们安康并祈求丰收。

（二）民俗礼仪

1. 社交礼仪

日本人通常以鞠躬作为见面礼节，对鞠躬度数、时间长短、次数等还有特别的讲究。行鞠躬礼时，手中不得拿东西，头上不得戴帽子。日本人有时还一边握手一边鞠躬致敬。一般日本妇女，尤其是日本的乡村妇女，只是鞠躬。

在日本，与他人初次见面时，通常都要互换名片，否则会被理解为不愿与对方交往。在交际场合，日本人的信条是"不给别人添麻烦"。因此，在公众场合忌讳高声谈笑，但是在外人面前则大都要满脸笑容，日本人认为这是礼貌。

2. 民俗禁忌

日本人忌讳三人一起合影,他们认为中间的人被左右两人夹着,这是不幸的预兆。不要在日本人面前接吻、嚼口香糖。日本人认为在公共电车上打电话会打扰到其他人,是不尊重他人的行为,因此需要特别注意。

日本人很讲究饮食礼仪,动过筷子的饭菜和喝过的汤,不能吃到一半剩下。忌讳不停地用筷子夹菜而不吃饭,或还没吃完这道菜就又吃另一道。就餐时,不能口含或舌头舔着筷子,忌讳含着食物讲话或口里嚼着东西站起来。

3. 旅游礼仪

在日本旅游时,不要在日本剧场、美术馆、温泉、监狱、军事设施及其他有"禁止拍照"的地方拍摄。日本文化中没有给小费这个惯例,因此,在日本旅游不需要给小费。另外还要注意,在日本的东京、名古屋、札幌、福冈地区的地铁手扶梯,一般是左边站人,右边则让行人通行,到了大阪、神户则相反。

三、著名旅游城市及热点景观

(一) 东京

东京是日本的首都,全称东京都,位于关东平原南端、东京湾西北岸,面积2155.4平方千米。在"世界十大窗口城市"中,东京名列榜首。东京古称江户,公元1868年(明治元年),明治天皇从京都迁都江户,江户遂改名东京。东京是日本的政治、经济、文化中心,也是日本的海、陆、空交通的枢纽,是现代化国际都市和世界著名旅游城市。

1. 东京塔

东京塔是东京的地标,高333米,是日本第二高建筑。铁塔由四脚支撑,为棱椎体,塔身被涂成一段一段的橙黄色和乳白色,鲜艳夺目。东京塔上肩负着7个电视台、21个电视中转台及广播台的无线电发射任务。在150米处设有大瞭望台,可以一览东京的景色,晴朗之日可以远眺富士山。铁塔正下方建有东京铁塔楼,集饮食、购物、活动于一体,很是热闹。

2. 富士山

富士山位于日本的东京都、神奈川县、山梨县和静冈县4个不同的行政区域。富士山是日本著名的景点,山体呈圆锥状,山顶常年积雪。富士山山麓周围分布着5个淡水湖,统称富士五湖。富士山是"日本三大圣山"之一,海拔3700多米,为日本第一高峰,目前处于休眠状态,也是世界上较大的活火山。2013年,日本富士山被联合国教科文组织第37届世界遗产委员会列入《世界遗产名录》,成为日本第17项世界遗产。

3. 浅草寺

浅草寺是东京都内一座古老的寺庙,也是东京非常有名的景点。以雷门和仲见世通所在的浅草寺为中心的浅草地区,是一处四面环水且拥有丰富传统的街区。浅草是非常适合购买日本特产的地方。仲见世通上,挤满了出售各种商品的小店,店内出售能够让人们记住东京之旅的特色商品,如装饰了汉字的T恤、传统扇子、面具、木刻人偶等。浅草六区百老汇曾是日本第一娱乐街,如今,它成为连接浅草寿司店大街与浅草HISAGO路商店街的街道。

(二)大阪

大阪位于日本本州西部,是日本第二大城市,也是一座高度繁华的国际化大都市,坐落在近畿平原,面临大阪湾。大阪是一座综合性的现代化工商业城市,是"世界前十大都市经济体"之一,是日本商业和贸易发展较早的地区,也是日本的历史文化名城,这里的娱乐、艺术、饮食文化独具特色。

1. 天守阁

天守阁位于大阪城内,是由丰臣秀吉营建的,是大阪的象征。它不仅是大阪历史文化、观光旅游的象征,更是大阪人精神上的寄托。在军事上,天守阁有瞭望塔的作用。同时,它也是原城主的居住之地。

2. 日本环球影城

日本环球影城是来大阪不可错过的乐园,是世界4个环球影城主题公园之一,影城中有各种亲子娱乐设施,还有日本特色的卡通人物,是一座电影主题游乐场,分为纽约区、好莱坞区、旧金山区、哈利·波特的魔法世界、水世界、亲善村、环球奇境、侏罗纪公园等区域。

3. 通天阁

通天阁是参照法国凯旋门和埃菲尔铁塔修建而成的。通天阁铁塔高100米,建成之初是当时东方最高的建筑,也是大阪的地标性建筑。到了晚上,通天阁铁塔的霓虹灯亮起,显得格外耀眼夺目。

(三)京都

1. 清水寺

清水寺是京都一座古老的寺院,位于京都市内东山区的清水,占地面积达13万平方米,有重要文化遗迹30多处,自创建以来曾多次被大火烧毁,后又被数次重建,现在的伽蓝几乎都是公元1633年重建的。1994年,清水寺被联合国教科文组织列入《世界遗产名录》。清水寺四周绿树环抱,春季时樱花烂漫,是京都的赏樱名所;秋季时红枫飒爽,又是赏枫胜地。

2. 岚山

岚山位于京都的西北地区,其世界闻名的竹林和随季节变化的美丽风景吸引了众多游客。该地区散布着寺庙、古老的皇家别墅及其他著名的历史古迹,其中许多都属于国宝级,甚至是公认的世界遗产。岚山的天龙寺是临济宗天龙寺派大本山,于1994年被列为世界文化遗产。岚山整个地区都已被日本政府指定为风景名胜区。

3. 美山

在京都市中心以北30千米处,有一个遗世独立的地方,名为美山,以日式传统茅草屋顶农舍而闻名。美山拥有清新的山间空气、静谧的气氛与怀旧气息,是人们远离喧嚣的绝佳去处。美山有200间茅屋,与日本大部分地方的茅屋不同,这里绝大多数属于私人住宅。这里许多居民都是匠人,擅长编织篮子与铺设茅草屋顶等实用技巧。茅草屋之里是美山的主要村落,拥有40间茅屋,是日本最大的茅草屋群落。

(四)奈良

奈良位于日本中部,在大阪和京都中间,面积约为3691平方千米,是奈良县政府所在地,也是古代日本文明的发源地。这是一座别具魅力的城市,一座积淀了千年历史的文化古都。

1. 东大寺

东大寺是世界上较大的木造建筑,因位于平城京(奈良旧称)东边,故名。东大寺内有主殿大佛殿、南大门、二月堂和三月堂等,仿唐结构端庄肃穆,虽几经战火和磨难,好在最终被修复。

2. 春日大社

春日山的春日大社是全日本春日大社的总部,于公元768年建造,与伊势神宫、石清水八幡宫一起被称为日本的三大神社。春日山作为春日大社的神山,自公元841年开始禁止砍伐树木,因此,这里茂密的原始林得以保护。1998年12月,春日山与春日大社一起被联合国教科文组织列入了《世界遗产名录》。

3. 奈良公园

奈良公园位于奈良市若草山麓的都市公园,东大寺、春日大社等奈良的名胜古迹都在这里,这里还有集中的鹿群。园内充满绿意,与自然完美调和,堪称一个罕见的历史公园。堂塔伽蓝、草坪、鹿群悠游的风情形成"大佛与绿、鹿",充满奈良古都时代的气质。

四、旅游市场

近年来,日本旅游业发展势头迅猛,尤其入境游市场增速显著。2018年,日本入境游消费突破了4.5万亿日元(1元人民币约合15.4日元),成为日本的第二大经济支柱,旅游收支盈余超过2.4万亿日元。2019年,日本旅游接待人次再创历史新高,从全球来看,2020—2022年,日本接待外国游客数量和收入排名都较为靠前。旅游业的快速发展给日本经济带来了新的活力。

日本非常重视入境旅游营销,日本国家旅游局(JNTO)出台了各种营销文件,并在全球主要旅游市场和主要城市设有海外办事处。每个办事处都与旅行社和媒体进行日常合作,收集和分析当地市场的营销信息,并向当地消费者传播信息。JNTO海外办事处根据当地市场的特点,向旅行社提出新的旅游路线和产品建议。

任务二　太极虎之国：韩国

案例导入

韩国旅游宇宙平台

2021年11月12日，韩国政府召开第6次国家旅游战略会议，敲定《旅游产业复苏及再跃进方案》。根据方案，政府将推进元宇宙等虚拟旅游与实际访客智慧旅游的"双轨"体系，涵盖开发与防弹少年团等全球人气文创内容相结合的旅游产品，并开发数字景点，以及涵盖构建融合韩国主要景点、人气影视剧取景地等"韩国旅游宇宙平台"。其中，韩国的仁川开放港是第一个创建智能旅游城市的选定区域。其目前正在通过建设智能生态系统和环境来发展智能旅游城市。

（资料来源：韩联社）

案例探究：1. 你了解哪些元宇宙旅游项目？

2. 你如何认知宇宙与未来旅游发展的关系？

一、国家概况

（一）地理环境

1. 区域与人口

韩国全称大韩民国，位于亚洲大陆东北部朝鲜半岛南半部，东、南、西三面环海。韩国与日本、中国、朝鲜等国相邻，国土面积约10.3万平方千米。

截至2023年4月，韩国人口约5162万。韩国为单一民族国家，通用韩语，属黄色人种东亚类型。韩国首都为首尔。

小知识

韩国人为什么偏爱虎

虎在韩国人心目中是智慧和勇敢的象征，太极图案是韩国国旗的中心，东北虎也曾经活跃在朝鲜半岛的土地上。所以，韩国人将太极虎印在了最新的本国国家足球队球衣上，希望借虎的威猛重温以往的辉煌。同时，韩国人自封为"太极虎之国"。

2. 自然环境

韩国属温带季风气候，夏季温热多雨，冬季寒冷干燥，年均气温13—14 ℃，年均降水量1300—1500毫米。

韩国的春天被认为是一年中最迷人、最美丽的时节。此外,韩国的春季以樱花闻名。樱花、杜鹃花等都在春天盛开,随处可见,吸引了很多游客前来参观。因此,春天通常被视为来韩国游玩的最佳时间。

(二)历史人文

1. 历史简况

韩国历史可追溯到公元前2333年。古代韩国最初以组成小城邦的氏族社会为特征,各小城邦又逐渐合并成政治结构复杂的部落联盟,并最终形成了王国。公元503年,智证王以"新者德业日新,罗者网罗四方",以"新罗"为国号。公元6世纪中叶,新罗王国征服了邻近的伽倻王国并与中国唐朝结成军事同盟,征服了高句丽和百济王国。新罗在公元668年统一了朝鲜半岛,并在公元8世纪中叶进入鼎盛时期。公元935年,新罗国王正式向新建立的高丽王朝投降。1910年,朝鲜半岛沦为日本殖民地。1945年8月,日本投降,美苏军队分别进驻朝鲜半岛南北部。1948年8月,朝鲜半岛南半部建立大韩民国。

2. 政治经济

韩国宪法规定,总统享有作为国家元首、政府首脑和武装力量总司令的权力,任期5年,不得连任。总统兼任政府首脑,国务总理辅助总统工作。韩国现任总统为尹锡悦,2022年3月当选,2022年5月上任。

20世纪60年代,韩国经济开始起步。20世纪70年代以来,韩国经济持续高速增长,人均国内生产总值从1962年的87美元增至1996年的10548美元,创造了"汉江奇迹"。1996年,韩国加入经济合作与发展组织,同年成为世界贸易组织创始国之一。1997年亚洲金融危机后,韩国经济进入中速增长期。韩国的产业以制造业和服务业为主。2008年,受国际金融危机影响,韩国经济明显下滑。韩国政府迅速采取包括大规模财政刺激等一系列政策,金融市场全面回暖,实体经济企稳回升,企业和消费者信心不断增强,成为经济合作与发展组织成员国中率先走出谷底的国家。2021年,联合国贸易发展理事会议正式认定韩国成为发达国家,这也是自1964年贸发会议成立以来,首次有国家从发展中国家变更为发达国家。2022年主要经济数据中,韩国国内生产总值为1.66万亿美元,人均国民收入为3.3万美元。韩国的货币名称是韩元。根据2023年6月汇率,1元人民币≈180韩元。

3. 文化符号

韩国的文化符号有韩服、韩国泡菜、韩国传统房屋、韩国传统舞蹈、韩国礼仪等。

与韩国人生活方式相适而成的韩国固有的服装称为"韩服",它也是韩国文化的象征。韩服将直线与曲线和谐相生,线条优美,亦能掩饰体型之缺点。重要的节日,韩国人都会穿上传统服饰。

韩国泡菜作为韩国固有的发酵食品,是韩国人餐桌上不可缺少的菜肴。同时,韩国泡菜也远销国外。

韩国传统房屋的样式和构造讲究和自然的和谐统一。建造房屋时用的材料尽量要保持原貌。房屋的建造主要以草、树木和黑土为原料,窗子和门上糊上"韩纸",更显和谐之美。

韩国传统舞蹈始于史前时代的宗教仪式。当时各部落在神坛祭典时,常伴有集体歌舞,这样的歌舞随时代的变迁逐渐演变成固定的形式。

韩国素以"礼仪之邦"著称,韩国人在交往中十分重视所应具备的礼仪修养。家里的一家之长被视为权威所在,全家人都应该听从他的命令或遵照他的意愿行事。严格的命令必须服从,不得有违。儿辈或孙辈违抗长辈的命令会被韩国人视为不可想象的事情。

小知识

韩国年糕

除了韩国文化符号,年糕在韩国也非常受欢迎。年糕是人们常吃的传统甜点。韩国年糕是由米粉和其他各种谷物做成的。年糕有非常多的种类,非常好吃。

年糕在韩国被视为一种珍贵的食物,一般只在特殊的日子,如节假日食用。年糕是一种拿来分享的食物。比如,有新邻居的时候,会给他们送上一盘新鲜的甜米糕作为欢迎。不仅如此,韩国在各种地方节日的时候食用年糕是一件非常常见的事情,有些场合还需要特定种类的年糕。除此之外,在韩国,当孩子出生满100天的时候,人们还会专门制作一个百日年糕。

二、民俗风情

(一)主要节日

韩国的法定节日有10多个,主要包括春节、儿童节、佛诞日、显忠节、中秋节等。除此之外,结合地区的民俗特点和多种文化活动的地方性庆典很多,每个地区都有可以让游客在旅游的同时体验地区文化的庆典活动。

1. 春节

农历正月初一的春节是韩国盛大的传统佳节。节日期间,韩国人都会回乡祭祀祖先并和亲朋好友一起拜年、过节。欢聚一堂的亲友们会相互送上新年祝愿、畅谈来年期望,一起度过快乐的时光。

2. 儿童节

5月5日的儿童节是带着所有小朋友都能健康、快乐成长的期望而设立的,是为了祝福小朋友的节日。儿童节当天,韩国的普通公园、主题公园、动物园、电影院等都会推出各种优惠活动,服务小朋友及其家人。

3. 佛诞日

农历四月初八是释迦牟尼的生辰,也就是佛诞日。在韩国,佛诞日也被称为"佛祖降临日"。这一天,全国大小寺院都会举办各种活动,挂起五颜六色的莲灯,庆祝佛诞。

4. 显忠日

6月6日的显忠日是为了纪念、追思那些为守卫国家而献出生命的英烈们而设置的节假日,这一天不仅会在首尔国立墓地举办纪念活动,全国也会举办相关追悼活动。

5. 中秋节

农历八月十五日的中秋节是与春节一样重要的韩国传统佳节之一。中秋节在韩国还被称为"秋收感恩节",是庆祝谷物与果实丰收的日子。这一天,一大家人都会聚集一堂,不但会进行名为"茶礼"的祭祀活动,还会给祖上扫墓等。

(二)民俗礼仪

1. 民俗禁忌

韩国立春时节,多地民俗村和乡校会提前贴上"立春帖"来进行庆祝。但不同于中国人喜欢的红色春联,韩国版春联是白纸黑字。韩国立春帖多由汉字书写,其内容常见的是"立春大吉""建阳多庆""国泰民安"等,体现了民众迎福避难的心愿。

在韩国,政府规定,公民对国旗、国歌、国花必须敬重。在重要活动开始前播放国歌时,在场人员都要起立。外国人在上述场所如表现得过分怠慢,会被认为不敬。韩国在公共场所全面禁烟,吸烟需要到指定地点,不能边行走边吸烟。

在传统韩餐厅用餐时,需要在地炕上席地盘腿用餐。盘腿时,不能把双腿伸直或叉开。韩国人喜欢相互斟酒,不能自斟,年轻人要主动为长者斟酒。

2. 社交礼仪

韩国人很注重社交礼仪,受儒教影响,尊敬长者、尊重老师是韩国全社会风俗。韩国人非常重视地位、辈分、老幼之别,对地位高、辈分高的人及长者要表示尊重,说话要用尊称,见面要先问候,同行时要让路。

韩国人有恭敬行礼的文化。比如,低头将两手重叠在腹部表达敬意。即便对方是招待自己的店员,只要他比自己年长,就应当受到尊重。在韩国,人们多使用敬语,不可采取自以为是的态度。

3. 旅游礼仪

入境韩国时,要将手机调至震动模式,提前摘下帽子和墨镜。

三、著名旅游城市及热点景观

(一)首尔

首尔具有悠久的历史,是韩国的首都,也是韩国的政治、经济、文化和教育中心。同时,首尔也是世界上变化非常快的城市,首尔的旅游热点有景福宫、北村韩屋村、展示韩国文化传统的仁寺洞、复合型文化空间DDP(东大门设计广场),以及将首尔市区景致尽收眼底的南山首尔塔(也称N首尔塔)等。另外,购物商场和娱乐设施一应俱全的明洞、狎鸥亭、亚洲较大的地下商街COEX MALL等也是非常有名的地方,每年都有大量游客前来观光、购物。流经城市正中心的汉江是首尔独有的风景,为市民提供了多种方便舒适的休闲空间。首尔的著名古迹有N首尔塔、景福宫、青瓦台、特丽爱AR美术馆等。

1. N首尔塔

N首尔塔也叫南山首尔塔,名字中"N"既是南山(Namsan)的第一个字母,又有全新(New)的含义,是首尔的一大地标。白天这里可以尽情俯瞰整个首尔,晚上可以欣赏无比浪漫的都市夜景。这里是众多韩剧的拍摄地,是韩剧迷必来的打卡地。众多韩剧中出现的同心锁墙和旋转餐厅就位于N首尔塔。

2. 景福宫

素有"韩国故宫"之称的景福宫坐落于繁华的首尔市中心的一角。景福宫距今已有600多年历史,得名于《诗经》"君子万年,介尔景福"。这里也是众多热门韩剧的取景地,是韩剧迷必打卡之地。

3. 青瓦台

青瓦台是韩国总统府所在地,坐落在首尔市西北部,面向景福宫,背靠北狱山和仁旺山,是韩国政治中心。曲折的小路从景福宫一直延伸到青瓦台,小路左侧是景福宫的石墙,右侧是美术馆,是有名的散步之道。青瓦台由位于中央的主楼、迎宾馆、绿地园、无穷花花园、七宫等组成,所有建筑都是按照韩国传统建筑模式建造的。主楼右侧是春秋馆,房顶是用传统的陶瓦做成的,用来召开记者会;主楼左侧是迎宾馆,用来接待外宾。

4. 特丽爱AR美术馆

特丽爱(Trickeye)AR美术馆是一座常设美术馆,位于有着"年轻人玩乐天堂"之称的弘大附近,馆内展示的虽然是平面图画,但用肉眼看时却会有三维的视觉效果,十分神奇,而"Trickeye"也是"错视画法"的意思。这里每幅画都栩栩如生,游客不仅能获得超酷的视觉体验,还可以在画前摆出各种有趣的造型来拍照,有种进入到画中世界的感觉。2017年开始,特丽爱在3D效果的基础上导入AR技术,使效果更加生动、逼真。特丽爱AR美术馆会不定期更新作品,增添新的多媒体互动体验,让游客每次到访都会有不同的全新感受。

(二) 釜山

釜山是韩国第一大港口城市,有多种多样的海洋旅游景点、历史遗址地、繁华的购物区等,是一座充满活力的现代都市。夏季众多游客喜爱的海云台海水浴场、松岛海水浴场,以及举行世界烟花庆典的广安里海水浴场等都十分有名,还有可以欣赏海边风景的太宗台、龙头山公园。位于海边绝壁的龙宫寺、新鲜海产品遍布的扎嘎其市场等也是不可错过的旅游名所。世界最大的百货店"Centum City"周边有众多大型购物中心,"电影的天堂"等地方每年举办的釜山国际电影节也吸引了各国电影迷的关注。

1. BIFF广场

BIFF广场位于釜山南浦洞的影院街,随着1996年釜山国际电影节(Busan International Film Festival,BIFF)在这里的举办,这一带影院街面貌焕然一新,继而被命名为

BIFF广场。每年刻有获奖人手掌、脚印和获奖作品名字的铜盘都会被镶在广场的地面上。在这里,人们可以找寻许多明星的印记,拍照留念。电影节期间,南浦洞街大大小小的剧场开始上映电影节的作品,人群蜂拥而至。除观看电影节作品,游客还可以参加多种庆祝活动。

2. 甘川文化村庄

韩国釜山的甘川文化村庄素有"釜山的圣托里尼"之称,该村庄以拥有独特的风景和文化著称。甘川文化村庄曾经是破落的贫民区,后来在釜山"胡同艺术工程"的推动下,成为知名的文化景点。这里的房屋建设前后互不遮挡,将具有异域风情的阶梯式村庄原型完好地保存下来。房屋墙壁上的各色水彩和壁画,使这里成为文艺小清新的代名词,满村的彩绘出自世界各地的志愿者之手,吸引了无数游客前来拍照。

3. 海云台

作为"韩国八景"之一的海云台,在其得天独厚的自然景观和悠久的历史背景的基础上,周边又建设了海云台温泉、冬柏岛、五六岛、看月路、青沙浦(生鱼片店)、奥林匹克公园、快艇赛场等场所与设施,形成了一个立体的观光链。这里每年还会举办各种国内外的重要活动(如文化、艺术、庆典等活动),不仅是一处国际性的观光地,而且随着釜山海洋世界的开馆,海云台还成为一处绝佳的观光地。

海云台水温常年保持在45—50 ℃,有资料称这里的水中含有少量氡元素,在这里泡温泉,是治疗肠胃疾病、妇科病以及皮肤病的好方法。除了这里健康的水,沙滩也是一道风景线。绵延的海滩上铺满厚厚的细沙,踩上去非常绵软。当夜幕降临时,在釜山温馨的黄色灯光照射下,海滩显得更为幽静。

(三)济州岛

位于朝鲜半岛西南方的济州岛,是韩国济州特别自治道的一座岛屿,面积约1845平方千米,为韩国最大岛屿。景致优美的海岸、瀑布、绝壁、洞窟十分协调,气候更是温和,使这里成为绝佳的旅游观光地。温带、热带动植物共存的汉拿山国立公园、沿着海岸绝壁形成雄壮景观的城山日出峰和世界上最长的神秘溶洞万丈窟在2007年被评为世界自然遗产。2010年,济州岛还获得世界地质公园认证,成为世界范围内值得保护的珍贵且美丽的岛屿。

1. 汉拿山

汉拿山位于济州岛中央,海拔1950米,呈东西走向,南山陡峭而北山平缓,山顶上是由火山喷发形成的白鹿潭。汉拿山是韩国最高的山峰。这座休眠火山有着十分独特壮观的景色,随海拔升高垂直分布着从亚热带到寒带的数千种动植物,堪称一个"生态王国"。汉拿山有火山、河川、湿地、冰缘、风化侵蚀等地形地貌,周围的侧火山多达360个,其中土赤岳、砂罗岳、城板岳、御乘生岳极具代表性。

汉拿山于1970年被指定为国家公园,2007年被评为世界自然遗产。因为没有缆车,所以游览汉拿山的方式便是徒步登山。汉拿山的登山线路众多,御里牧是几条线路中较容易爬的,但能抵达顶峰白鹿潭的只有城板岳、观音寺两条线路。汉拿山的单程登山线路都在10千米以内,当天即可往返。春、秋两季是汉拿山的旅游黄金季节,但实际上从春季杜鹃花海、夏季绿林溪流,到秋季满山红叶、冬季浩瀚雪原,全年都有好景色。

2. 泰迪熊博物馆

韩国济州岛的泰迪熊博物馆是世界上最大规模的泰迪熊博物馆。馆中珍藏着号称世界上最贵的路易威登泰迪熊(价值2亿3千万韩币),以及用125克拉的宝石和贵金属制作成的泰迪熊。这里不仅收集了全世界稀有的泰迪熊,更有可以像机器人一样可以移动的泰迪熊来为游客们介绍近100年的泰迪熊发展史。展馆大体可以分为历史馆、艺术馆、企划展厅。在历史馆中,有与百年历史中有名的场面相结合而再现历史人物的玩具熊、古董玩具熊等。在艺术馆中,可以欣赏到将玩具熊引入世界艺术之路的大师们的鲜活作品,还有深受孩子们喜欢的动画人物。这里更有世界上最小的玩具熊,它只有4.5毫米大。企划展厅展示的是根据不同时期的主题而展出各种泰迪玩具熊。

3. 城山日出峰

城山日出峰由海中喷发出的火山体形成,山顶上的火山口如同一顶巨大的皇冠,海上日出景象十分有名。城山因看起来像一个巨大的城郭,因此叫"城山",于2007年7月被列为世界自然遗产,是济州岛的象征之一。来到城山日出峰,人们可以爬山、骑马,山脚下有骑马场;天气晴朗时,会有海女表演;可以乘快艇出海,体验海上的速度与激情。每当春季到来,一片片油菜花绽放,山坡上筑成金色的世界,蔚为壮观。

四、旅游市场

韩国旅游业较为发达。近年来,韩国政府将旅游业确定为战略产业,积极鼓励和发展旅游业,通过对外宣传"韩流"文化、简化热点旅游地区入境手续、完善国内旅游市场、改善国内旅游硬件设施、提升相关服务水平等措施,吸引国内外游客。

韩方统计,2019年访韩外国游客1700余万人次,创历史最高。2022年,访韩外国游客达319.8万人次。韩国针对国际旅游市场设立了旅游发展局,从旅游精选、住宿指南、交通指南、美食天堂、购物专栏、走近韩国6个模块,运用12种语言来推介韩国。

任务三 清晨之国:朝鲜

案例导入

朝鲜旅游业能够取得快速发展,与朝鲜党和政府的重视密切相关。朝鲜门户网站"我的国家"介绍:"朝鲜民主主义人民共和国本着自主、和平、友谊的理念,把旅游业作为对加强同世界人民相互理解和文化交流、发展国家经济有积极贡献的重要工作,为发展旅游业,采取积极的政策。"

案例探究：1.结合案例，你能说说旅游业的发展对于一个国家发展意义有哪些吗？

2.如果让你结合所学内容为朝鲜做一次旅游展销，你会怎么做？

一、国家概况

（一）地理环境

1.区域与人口

朝鲜全称朝鲜民主主义人民共和国，位于亚洲东部朝鲜半岛北半部，北部与中国为邻，东北与俄罗斯接壤。朝鲜拥有漫长的海岸线和众多河流山川，平均海拔高度440米，国土面积约12.3万平方千米，山地约占国土面积的80%。截至2023年4月，朝鲜人口约2500万。朝鲜是单一民族朝鲜族国家，通用朝鲜语。朝鲜首都为平壤，面积2629.4平方千米，下设18个区、4个郡。

2.自然环境

朝鲜四季分明，属温带东亚季风气候。夏季温热多雨，冬季寒冷干燥，年平均气温8—12℃，年平均降水量1000—1200毫米，降水量由南向北逐步减少，6—9月的降雨量为全年的70%。

由于朝鲜夏季多雨，冬季寒冷，因此朝鲜春季的3—5月和秋季的9—10月是去朝鲜的极佳旅游时间。

（二）历史人文

1.历史简况

1910年，朝鲜半岛沦为日本殖民地。1945年8月，日本投降，苏美军队分别进驻朝鲜半岛北、南部。1948年9月9日，朝鲜民主主义人民共和国宣告成立。

2.政治经济

朝鲜是由首任领导人金日成所提出的主体思想主导国家政策，由朝鲜劳动党一党执政。其政治经济体系则由先军政治所主导，是坚持社会主义的国家。朝鲜奉行"自主、和平、友好"的外交政策，主张按照完全平等、自主、相互尊重、互不干涉内政和互利的原则发展对外关系。

朝鲜实行计划经济。据2023年1月朝鲜官方公布数据，2022年朝鲜完成预算收入100.7%，支出执行99.9%。2023年，朝鲜预算收入预计较2022年增长1%，其中经济建设投资增加1.2%，科技投入增长0.7%。国防预算占总预算15.9%，与2022年持平。

3.文化符号

朝鲜的文化符号与日常的生活息息相关，包括饮食和工作等方面。

冷面是朝鲜传统美食，正月初四人们必吃冷面。朝鲜人认为这一天吃冷面能长命百岁，故冷面又称长寿面。

为缓解公共交通压力，平壤推行阶梯式上班时间。除特殊行业，上班时间一般从上午7点到9点。

二、民俗风情

（一）主要节日

朝鲜重要的传统节日有春节、光明星节、太阳节、国庆节、建党纪念日等。

1. 春节

农历正月初一是朝鲜人民的传统民俗节日。朝鲜春节也称为年节，按国家规定放假3天。年节是辞旧迎新后的第一个佳节，因此，人们除准备年货以外，还举办丰富多彩的过年活动和民俗游戏欢度年节。

2. 光明星节

2月16日是光明星节，即朝鲜前最高领导人金正日诞辰日，是朝鲜非常重要的节日。2011年金正日逝世后，朝鲜决定将每年的金正日诞辰日设定为民族最大节日。

3. 太阳节

4月15日是太阳节，即前国家主席金日成诞辰日。朝鲜民众每年都会进行为期1个月的庆祝活动。

4. 国庆节

9月9日是朝鲜的国庆节，是朝鲜民主主义人民共和国成立纪念日。每逢国庆节时，朝鲜国旗会插遍平壤市的大街小巷，而作为朝鲜一大特色的巨型标语也会伫立在市区的交通要道和车站、广场等醒目地区。

5. 建党纪念日

10月10日是朝鲜劳动党建党纪念日，纪念日当天会举行大规模阅兵活动。

（二）民俗礼仪

1. 社交礼仪

朝鲜民族风俗与中国相近，讲究礼仪，尊敬长辈，外出着装注意仪表。与客人相见，习惯行鞠躬礼或握手礼。在大庭广众面前，朝鲜人举止谦逊、稳重，不张扬，不大声说笑。接待来访客人，他们会把家里打扫得干干净净。客人落座，会端上饮料、水果等热情招待，留客进餐，慷慨大方。

2. 民俗禁忌

朝鲜婚姻自由的必要前提是双方父母的祝福，如果父母不同意，有情人最终只能劳燕分飞。全家人吃饭时，公公与儿媳、兄长与弟媳不同桌进餐。

3. 旅游礼仪

在朝鲜，对外开放的旅游景点一般都允许拍照。参观朝鲜领袖像的地方，不能模仿领袖的姿态或坐着照相，在万寿台等重要场所拍照留念时要注意服装仪容、姿势等，切勿摆"剪刀手"等不符合朝鲜习俗的动作，具体情况要征询朝方陪同导游的意见。不得拍摄军人、人民保卫员，以及涉及军事、通信、工厂企业等重要设施、地下设施、党政机关建筑物及事件事故现场等。拍摄市民时，须先征得本人同意。在乘车旅行时，不能随意向车窗外拍摄。

另外,不要对领袖或经济状况妄加评论。在朝鲜逗留期间,无论是商务考察或旅游者,必有朝方人员全程陪同。每年7月8日、12月17日是朝鲜领导人逝世国家哀悼日,届时各政府机关、有关部门会降半旗,限制各类娱乐活动。在这个时段来朝鲜旅游时,需要注意尊重朝鲜人民的感情,节制和减少娱乐活动。

小知识

朝鲜人的衣着

牛仔裤是很多人喜欢的服装,世界各地都能见到穿牛仔裤的人。但在朝鲜却见不到穿牛仔裤的人。朝鲜人不穿牛仔裤,应该是硬性规定。朝鲜人对穿着有一定的要求,特别在平壤,如果衣衫褴褛,不可以上街,街头有专门检查路人穿着的纠察队。朝鲜男性喜欢穿裤子,女性喜欢穿裙子。

三、著名旅游城市及热点景观

(一) 平壤

平壤是朝鲜的政治、经济、文化中心。平壤因古时遍布柳树又称"柳京"。平壤位于朝鲜半岛西北部,大同江横跨其中,因其地势平坦而得名。平壤是朝鲜半岛历史悠久的一座城市,相传早在檀君时代就被定为都城。

平壤是著名的旅游胜地,至今仍保留着高句丽古城、安鹤宫遗址、广法寺等历史古迹。因朝鲜政府提倡植树造林并推动环境保护的政策,平壤成为一座花园城市。平壤市区建筑面积占20%,其余80%为公园等绿化用地,市民的人均绿地面积达到58平方米,是世界上绿化面积占比较大的城市。

1. 锦绣山太阳宫

锦绣山太阳宫是朝鲜人民的圣地,太阳宫广场也是金正恩同志以最高规格欢迎国家领导的第一站。

2. 凯旋门

朝鲜凯旋门位于首都平壤牡丹峰山脚下的凯旋广场,建于1982年,是一座纪念碑式的建筑。凯旋门高60米(比巴黎的凯旋门高约10米),整座建筑用约1.05万块精雕细琢的高级花岗石砌成,规模宏大。凯旋门的门柱正面镌刻着白头山、《金日成将军之歌》和金日成投身革命到凯旋的年代;南北两侧壁面上还有朝鲜人民遵循金日成教诲为祖国建设积极奋斗的浮雕群像;门柱边缘的70块金达莱花纹浮雕石板标志着金日成同志的七十寿辰。

3. 主体思想塔

朝鲜主体思想塔位于平壤市中心大同江畔,于1982年4月15日金日成诞辰七十周年之际建成,以纪念金日成。其寓意是指引朝鲜人民前进的灯塔,强调以人为本。塔高170米,塔身分70节,由25550块花岗岩砌成,象征着金日成同志七十寿辰和70年天数的总和。塔身底部背面镶嵌着600多块珍贵石料,是由90多个国家的国际友人和外国主体思想研究组织赠送的。

(二)新义州

新义州位于中朝边境鸭绿江边,是朝鲜的特别行政区,以长约0.9千米的铁路、公路两用桥——鸭绿江大桥与中国辽宁省丹东市相连。新义州有统军亭、鸭绿江大桥、新温温泉、朔州温泉、东林瀑布、新义州站前广场、革命事迹馆、义州郡、南大门等著名景点。其中统军亭是著名的朝鲜"关西八景"之一,被指定为朝鲜的第11号国宝。在统军亭远眺,义州城的古代城墙及鸭绿江的景色尽收眼底。

1. 中朝友谊桥

中朝友谊桥位于鸭绿江断桥上游70米处。桥长940余米,宽10米,共12孔。其中,朝鲜一侧6孔,为平弦连续桥梁;中方6孔,为吊弦连续桥梁。大桥是由日本汽车株式会社和日本建设株式会社联合设计,1943年4月竣工通车。在战争的洗礼中,尽管它的躯体上留下了无数道弹孔,却依然屹立于鸭绿江上,被誉为"摧不毁、炸不烂"的钢铁运输线,成为中朝两国人携手抗击侵略者、保家卫国的胜利丰碑。1990年10月,中朝两国政府协议决定将上桥命名为"中朝友谊桥"(朝方一端为"朝中友谊桥"),以此来纪念中朝两国人民用生命和鲜血凝成的战斗友谊。

2. 金日成事迹馆

新义州金日成事迹馆位于朝鲜新义州市区,是朝方为了纪念金日成同志诞辰100周年而建的。展馆共分为四个部分:第一部分展示金日成同志的革命一生;第二部分展示金日成同志的思想和业绩;第三部分展示金日成同志在朝鲜革命和建设中的卓越贡献;第四部分展示金日成同志对世界和平与人类进步事业做出的巨大贡献。

(三)黄海南道

黄海南道位于朝鲜中西部,北隔大同江与马南浦市相望,东以载宁江、礼成江为界与黄海北道、开城市为邻,西部和南部面临黄海,与山东半岛隔海相望,下辖1市、19郡,道府为海州市。经济以农业为主,是朝鲜3个主要产粮区之一、朝鲜果木业较发达的一个道。黄海南道矿产资源较丰富,境内有朝鲜第二大铁矿山——殷栗矿山。境内有长寿山、九月山、石潭九曲、梦金浦象岩、月精寺、信川博物馆、达泉温泉等旅游景点。

1. 长寿山

长寿山位于黄海南道载宁郡的平原南部,深山幽谷,尖峰入云,四季景致不同,风光各异,深受游客喜欢。它的最高峰为747米,以奇特的石岩、峭壁及幽谷等天然景观而闻名,自古在朝鲜就享有"黄海金刚"的美誉。

2. 九月山

九月山是朝鲜名山之一。九月山跨黄海南道北部的殷栗郡、三泉郡、安岳郡、银泉郡。九月山最尖峰为思皇峰,海拔954米。九月山因断层运动和风化作用的影响,形成险峰深谷,山势复杂。许多形状各异的山峰耸立,中间形成万丈深壑和许多瀑布。峡谷大都深而险,所以古代朝鲜的谚语有"走错一步就会失之一百里"之说。自古以来,朝鲜的民众把长寿山之美称为女性美,把九月山之雄壮称为男性美。2003年,九月山自然保护区被联合国教科文组织列为国际生物圈保护区。

四、旅游市场

近年来,朝鲜旅游业取得了新的进展,如对平壤国际机场进行现代化改造、修建世界级的马息岭滑雪场等。朝鲜目前共划分了平壤地区、金刚山地区、妙香山地区、开城地区、南浦地区等9个旅游地区。朝鲜旅游基本以生态旅游为主,并开展文化古迹游以及城市旅游。在国外游客中,中国和日本等亚洲的游客占到了85%以上。

朝鲜很重视旅游窗口建设,开发多种吸引外国人的旅游产品,朝鲜国际旅行社等多家旅行社为国际旅游市场推出多种主题的旅游产品,包括登山旅游、飞机迷旅游、火车旅游、建筑迷旅游、自行车旅游、体育旅游、体验劳动生活旅游、商业旅游、钓鱼旅游、会议旅游等,可以满足人们过去主要以参观游览城市和名胜为主的传统旅游之外追求其他多种形式旅游的愿望。朝鲜希望通过开发旅游资源来改善国家形象,加强同国际社会的交流,赚取更多的外汇。

任务四 草原之国:蒙古国

案例导入

探访蒙古国之年

"恳请你们帮助我们邀请中国游客,你们每一条关于蒙古国的新闻,都是向中国游客发出的一封'邀请函'!"2023年初在接受《环球》杂志记者采访时,蒙古国政府新闻办公室主任钢珠勒女士如是说。

随着中国有序恢复公民出境旅游,蒙古国对旅游业的复苏寄予厚望。钢珠勒特意为记者介绍了该国旅游业振兴计划。她表示,蒙古国明确的目标是2023年接待100万游客,总理奥云额尔登非常重视旅游业并亲自领导这项工作。

"探访蒙古国之年",是蒙古国政府对未来两年的界定。春风浮动,万物复苏,这个"草原之国"格外充满生机。

案例探究:1.如果让你为中国游客推介蒙古国,你会从哪些方面介绍?

2.请你试着结合蒙古国的旅游资源设计一条特色旅游线路。

一、国家概况

(一)地理环境

1. 区域与人口

蒙古国面积156.65万平方千米,位于亚洲中部的内陆国,东、南、西与中国接壤,北与俄罗斯相邻。蒙古国境内多山地和高原,有各种不同的地形,平均海拔1600米,北面和西面是陡峭的山脉,中部是平坦的高原,而南面的戈壁沙漠占全国面积的1/3。山地间多溪流、湖泊,主要河流为色楞格河及其支流鄂尔浑河,境内有大小湖泊3000多个。

蒙古国人口约345.8万(2023年7月),喀尔喀蒙古族约占全国人口的80%,此外,还有哈萨克等少数民族。蒙古国的主要语言为喀尔喀蒙古语,首都乌兰巴托常住人口约150万(2022年)。

2. 自然环境

蒙古国属典型的大陆性气候,常年平均气温为1.56 ℃,冬季最低气温可至−50 ℃,夏季戈壁地区最高气温达40 ℃以上。

蒙古国地域辽阔,自然风貌保持良好,是世界上少数保留游牧文化的国家之一,旅游业发展前景广阔。每年6—8月是蒙古国的旅游旺季。

(二)历史人文

1. 历史简况

蒙古国历史上曾被匈奴、鲜卑、柔然、突厥、契丹等多个民族统治过,在过去这些都是中国的少数民族,中国封建王朝长时期一直在和北方的少数民族抗争。直到公元1206年,成吉思汗建立大蒙古国,蒙古国才实现真正的统一。

2. 政治经济

蒙古国权力最高执行机关、政府成员由国家大呼拉尔任命,现政府由人民党组成。蒙古国奉行"爱好和平、开放、独立、多支点"的外交政策,强调对外政策的统一性和连续性。蒙古国明确对外政策首要任务是发展同俄、中两大邻国友好关系,并将"第三邻国"政策列入构想,发展同美国、日本、欧盟、印度、韩国、土耳其等国家和联盟的关系。

蒙古国的主要产业包括矿业、农牧业、交通运输业、服务业等,国民经济对外依存度较高。蒙古国曾长期实行计划经济。1991年,蒙古国开始向市场经济过渡。1997年7月,政府通过"1997—2000年国有资产私有化方案",目标是使私营经济成分在国家经济中占主导地位。2022年,蒙古国国内生产总值为157亿美元,国内生产总值增长率为4%,货币名称是图格里克。汇率:1美元≈3496图格里克(2023年1月)。

3. 文化符号

蒙古国具有代表性的文化符号有蒙古国的传统服饰蒙古袍和敖包。

蒙古国的男女老少,一年四季都喜欢穿长袍,包括单袍、夹袍、棉袍和皮袍。蒙古袍的特点是宽大、袖长、高领、右衽,下摆多不开衩,边沿、袖口、领口多饰以绸缎花边,做工精巧,美观大方。冬天的袍子一般用毛皮制作,配圆顶帽和护耳套,脚上穿长筒厚底皮靴。夏天穿单袍,春秋穿稍厚一些的夹袍,颜色浅淡。男装多为蓝、棕色,而女装则用红、粉、绿、天蓝色。妇女穿的袍子,绣花、纹饰更为丰富。节日里,蒙古袍愈加鲜艳夺目,特别是妇女们更加讲究,有的甚至佩戴用玛瑙、珍珠、珊瑚、宝石、金银玉器等编织的头饰。

蒙古国的另外一个不可忽略的文化符号是敖包,敖包是蒙古人的保护神,行人路过敖包,要下马献上钱财,供上酒肉,或剪下马鬃、马尾缀系在上面。

二、民俗风情

(一)主要节日

蒙古国法定节假日主要包括新年、白月节、国际妇女节,以及国庆那达慕、人民革命胜利日等。

1. 新年

1月1日是蒙古国的新年,放假1天。公历新年在蒙古国主要是官方节日和年轻人的节日。从12月上旬开始,大街小巷就开始呈现新年的气氛,中下旬渐入高潮。商家和公务机关在大门前或广场上竖起大型的圣诞树,上面挂满五颜六色的装饰灯。

2. 白月节

2月21日—23日是蒙古国的白月节,放假3天。蒙古国人崇尚白色,视白色为纯洁、吉祥、神圣的象征,把白月节作为春天的开始,期盼大地万物复苏,牛羊肥壮。

3. 国际妇女节

3月8日是蒙古国的妇女节,放假1天。三八妇女节是蒙古国女士们真正自由的日子,男士们心甘情愿为女士们服务,给她们买礼物,陪她们一起吃饭喝酒,让她们舒舒服服、快快乐乐地度过这一天。

4. 国庆那达慕、人民革命胜利日

蒙古国的国庆那达慕、人民革命胜利日在7月10日—15日,放假6天。1921年,蒙古人民革命党领导的人民革命取得胜利,7月10日,在库伦(今乌兰巴托)成立君主立宪政府。后来,蒙古国定其次日,即7月11日为国庆日。那达慕,意为"游戏"或者"娱乐",原指蒙古民族历史悠久的"男子三竞技"(摔跤、赛马和射箭),现指一种按古老的传统方式举行的集体娱乐活动,富有浓郁的民族特点,是蒙古国国庆活动的一个主要组成部分。

(二)民俗礼仪

1. 社交礼仪

在蒙古国,人们多行鞠躬礼。鞠躬礼是把双手高高举过头,然后再把右手放在胸前,身体前倾约30°。蒙古国民众无姓氏,称呼使用全名。他们开朗、豪爽、真诚、好客,即使对陌生人,见面也必致以问候。平辈、熟人相见,一般说"你好",对初次见面的人则说"您好"。亲友相遇,常先问牲畜是否平安,再问对方身体。见到长辈、老师,要点头、鞠躬,再请安。请安时,男士曲右膝,右臂下垂;女士曲双膝。

2.民俗禁忌

蒙古国人民喜爱红、黄、白、绿、蓝色,认为这些颜色是幸福美满的象征;认为黑色象征罪恶、不幸、背叛、妒忌、贫穷。

在蒙古国,当着主人的面称赞孩子和牲畜,是失礼行为。也不可以用手或其他东西指着清点人数。主人递过来的东西,特别是食品,客人不可以用右手,而应该用双手或左手接受。用烟袋或手指碰别人的头部,是极不礼貌的行为举止。蒙古国人民忌讳往火里扔脏东西,忌讳从火上跨越,忌讳在火旁放刀斧等锐器。

蒙古国人民由于自古以来逐水草而居,因此特别崇敬水,禁止在河里洗澡、洗脏东西、倒垃圾、大小便。蒙古国人民还忌讳骑马快跑到毡房门前,因为这样不仅会惊动人畜,同时也意味着有坏消息传来。马鞭、棍杖应立在毡房门口,不可以带入主人的毡房。蒙古国人民把锅灶、火盆和篝火堆等当作火神加以崇拜,逢年过节、迁居或举办婚礼,都要进行祭拜。

小知识

敬献哈达的礼仪

在蒙古国,有贵客来访,传统礼仪是敬献哈达,有的还会同时献上一碗鲜奶。献哈达者躬身,双手将哈达挂到客人脖颈上,或递到客人手上,有时还吟唱吉祥如意的赞词。客人应低头致意或双手合掌于胸前,再将接过来的哈达挂在自己脖子上,并向献哈达者表示谢意。蒙古国的哈达由天蓝色丝绸做成,不同于我国蒙古族的白色哈达。

3.旅游礼仪

进入蒙古包,可以不脱帽,应主人邀请,可盘腿坐在地毯的适当位置。若不会盘腿,也可以将双腿伸向门口坐下。女主人招待客人,会献上奶茶、奶豆腐和奶皮子等,客人应愉快地品尝这些食品。饮用奶茶,应一饮而尽,忌讳小口品尝、咂吧滋味。品尝食品时,应表示欣赏、热情赞美。

三、著名旅游城市及热点景观

(一)乌兰巴托

乌兰巴托为蒙古国首都,始建于公元1639年,位于蒙古高原中部,是一座具有浓郁草原风貌的现代城市,也是蒙古草原上一座古老的城市。市内高楼大厦鳞次栉比,一幢幢楼房拔地而起,在现代化楼群之中,传统的蒙古包仍然可见。乌兰巴托是一座神秘的、封闭的、急切奔向现代化的城市,一座在荒凉与广袤田野上拔地而起的城市,一座寒冷的、充满工业气息的新兴城市……一切都等着游人前来探寻,感受不一样的风情。

1.成吉思汗广场

成吉思汗广场位于蒙古国乌兰巴托市中心。广场中央立有苏赫巴托尔纪念碑,碑顶有苏赫巴托尔的骑马雕像。广场东侧为国家古典艺术剧院、中央文化宫,西侧为乌兰巴托市政府、中央邮局等建筑。每逢重大节日以及典礼,蒙古国官方均在该广场举行仪式,向苏赫巴托尔纪念碑敬献花圈。蒙古国官方还在此广场为来蒙古国访问的外国国家元首及政府首脑举行欢迎仪式。广场的官方名称于2013年被改为成吉思汗广场,以纪念在蒙古国被认为是开国元勋的成吉思汗,但是,乌兰巴托市民大多数习惯以"苏赫巴托尔"来称呼它。

2. 甘丹寺

甘丹寺位于乌兰巴托市区的西北部,是目前蒙古国较大的一座佛教寺庙。这座寺庙名字的意思为极乐之地,距今有将近200年历史,由当年的活佛主持修建,现在是蒙古国著名的景点。寺庙的所在地也曾经是乌兰巴托闹市区。

3. 蒙古国家历史博物馆

蒙古国家历史博物馆是蒙古国成立最早、馆藏最丰富的一座博物馆,位于乌兰巴托成吉思汗广场的西北角,原称革命博物馆,在20世纪90年代初更名为蒙古国家历史博物馆。博物馆共有3层,一层展品包括蒙古石器时代遗址,二层收藏了大量的民族服装,三层则集中展示了蒙古游牧文化的代表藏品,如公元12世纪的盔甲和珍贵的蒙古可汗与罗马教皇之间的通信。

(二)阿尔泰

阿尔泰曾名尤松布拉克,1960年改今名。阿尔泰属蒙古国西南部城镇,是戈壁阿尔泰省首府,位于蒙古国阿尔泰山山脉东麓。阿尔泰当地的经济来源主要依靠畜产品加工。同时,阿尔泰也是通商队的集镇。

(三)额尔登特

额尔登特位于蒙古国北部,是蒙古国鄂尔浑省省会、全国第二大城市,距离乌兰巴托约240千米。这座城市始建于1965年,因为发现了铜钼矿而建。现在额尔登特的铜钼矿已经成为世界主要铜钼矿之一,随着矿产资源的开采,吸引了来自全国各地的人。现在,额尔登特总人口在全国城市排名中位居第二。

(四)木伦

木伦位于蒙古国北部,是蒙古国库苏古尔省省会、全国第五大城市。这座城市环境比较优越,距离库苏古尔湖比较近。库苏古尔湖是蒙古国最大的淡水湖,湖水清澈,周边是茫茫草原,被誉为"蓝色的珍珠"。

四、旅游市场

蒙古国的经济很大程度上依赖矿产业。蒙古国政府认为,发展旅游业是实现经济多元化可行的方式之一。

旅游业对蒙古国经济社会发展具有战略意义,蒙古国政府和旅游部门将努力提高服务品质、产品质量和竞争力,以迎接更多的外国游客,尤其是中国游客,并将2023—2025年确定为"探访蒙古国之年"。此外,蒙古国政府还提出2023年接待100万人次外国游客的计划。

任务五　山地之国:越南

📎 案例导入

19名越南青年博主实地推介云南旅游

2023年8月,来自越南的19名网络短视频博主到云南开展旅游路线考察,实地推介云南旅游。该越南旅游团由云南省河口瑶族自治县当地旅游企业组织,通过河口口岸入境后,前往云南红河弥勒、泸西、建水、屏边和曲靖马龙,以及昆明宜良、石林等地进行旅游路线考察。越南青年博主们沿途拍摄旅游攻略视频,并通过短视频平台向越南受众推介云南的城市、美食、特产以及著名旅游景区等。

案例探究：1.如果你被邀请前往越南的某个城市,你怎么推介越南的旅游?

2.请你以越南文化为主题,进行越南文化研学线路设计。

一、国家概况

(一) 地理环境

1. 区域与人口

越南全称越南社会主义共和国,位于中南半岛东部,北与中国接壤,西与老挝、柬埔寨交界,东面和南面临南海。越南海岸线长3260多千米,面积329556平方千米。

越南人口9847万(2022年),有54个民族,京族占总人口的86%,岱依族、傣族、芒族、华人、侬族人口均超过50万。越南的主要语言为越南语,主要宗教有佛教、天主教、和好教与高台教等。越南首都是河内,面积3340平方千米。

2. 自然环境

越南地处北回归线以南,属热带季风气候,高温多雨。越南夏季平均气温28.9 ℃,冬季平均气温18.9 ℃,年平均气温24 ℃左右,年平均降雨量为1500—2000毫米。越南北方分春、夏、秋、冬四季,南方雨、旱两季分明,大部分地区5—10月为雨季,11月至次年4月为旱季。

在越南,11月至次年2月是最佳旅行时间,因为这个时段是越南旱季中的凉季,天气相对凉爽。同时,这也是越南节日比较聚集的时间段,1月的大叻鲜花节、2月的春节等,游客很容易在节日中感受到更纯正的越南风情。

（二）历史人文

1. 历史简况

越南在公元968年成为独立的封建国家，公元1884年沦为法国保护国。1945年9月2日，越南宣布独立，成立越南民主共和国。同年9月，法国再次入侵越南，越南进行了艰苦的抗法战争。1954年7月，关于恢复印度支那和平的日内瓦协定签署，越南北方获得解放，南方仍由法国（后成立由美国扶植的南越政权）统治。1961年起，越南开始进行抗美救国战争，1973年1月，越美在巴黎签订关于在越南结束战争、恢复和平的协定，美军开始从南方撤走。1975年7月，越南宣布全国统一，定国名为越南社会主义共和国。

2. 政治经济

2021年1月召开的越共十三大通过了《十三大政治报告》《2011—2020年经济社会发展战略实施总结及制订2021—2030年经济社会发展战略报告》《2016—2020年经济社会发展任务实施评估和2021—2025年经济社会发展方向、任务的报告》《十二届中央党建及党章执行工作总结报告》《十二届中央委员会履行领导职责的评估报告》，提出2025年南方解放和国家统一50周年摆脱中等偏低收入国家行列，2030年建党100周年跨入中等偏高收入国家行列，2045年建国100周年成为高收入发达国家。

越南属于发展中国家。1986年，越南开始实行革新开放。革新开放以来，越南经济保持较快增长，经济总量不断扩大，三产结构趋向协调，对外开放水平不断提高，基本形成了以国有经济为主导、多种经济成分共同发展的格局。越南的货币名称为越南盾。汇率：1美元≈23715越盾（2023年2月）。

3. 文化符号

越南的文化符号，如奥黛、香水等，都与美有关，深受越南当地人的喜欢。

奥黛是越南的国服，通常以丝绸制作，合身剪裁的上衣开叉到腰部，搭配宽松的裤装，相当凸显身体的曲线。它的设计类似我国的旗袍，是越南女性独特的传统服装，配同花式或白布料宽松长裤，色彩艳丽，飘逸美观。虽然现代城市的女青年对牛仔裤、西式裙装很青睐，但多数越南妇女还是喜欢穿国服奥黛长衫。

越南的另一个文化符号是香水。越南出产大量的天然香料，越南香水无论从包装、香味、品种各方面都不比法国香水逊色。其中，西贡小姐香水以穿着奥黛的少女作为瓶身设计，相当有越南特色。

二、民俗风情

（一）主要节日

越南受汉文化影响较深，其传统节日多与中国近似或相同，越南的节日主要包括国家法定节日和民间传统节日，如春节、元宵节、雄王节、清明节、端午节、中秋节以及国庆节等。其中，农历春节是越南最隆重的节日。

1. 春节

越南的春节从农历腊月二十三灶王节开始,过年的气氛一直延续到正月末。春节期间,家家户户都会送灶王爷、祭祀祖先、放烟花、贴春联、挂灯笼,大街上还有舞龙舞狮等表演活动。当然,长辈们也会给孩子们红包。

2. 元宵节

越南的元宵节是一家团圆的日子。全家会聚在一起吃饭,还会去寺庙祈福。越南人在元宵节这一天要吃"开年饭",扣肉、粽子、年糕、白切鸡、糯米饭、粉丝汤等一应俱全。越南人认为开年饭越热闹越好,其热闹程度不亚于春节期间的年夜饭。

3. 雄王节

每年农历三月初十是越南的雄王节。越南人认为雄王是其祖先,因此,每年都要祭祀雄王。越南人非常注重这个节日,雄王节当天全国的寺庙都会举行非常盛大的庆祝活动。其中,祭祀活动最隆重的地点是富寿省雄王庙。

4. 清明节

清明节在越南也是一个重要的日子。越南人认为,清明节是寄托对祖先的敬重与思念,报答祖先生成养育之恩的日子。在这一天,越南也有全家人扫墓、祭祀先祖的习俗。

5. 端午节

农历五月初五是越南的端午节。和中国一样,越南端午节也有包粽子、吃粽子,以及采草药驱虫的习俗。另外,在端午节这天,父母一大早就要为孩子准备好酸味小吃和水果。

6. 中秋节

农历八月十五是越南的中秋节。越南的中秋节和中国的中秋节习俗存在着很大的差异,越南的中秋节不仅是全家团聚的节日,而且还属于孩子们的节日。在中秋节,越南的儿童很喜欢提着鲤鱼灯笼出游,鲤鱼灯笼有着"鲤鱼跃龙门"的含义。

小知识

中秋节的故事

相传,古代有一条鲤鱼成精后祸害人间。包公为救苍生,用纸扎了鲤鱼灯来镇压。于是,孩子们在中秋夜都要提着鲤鱼灯出游,一方面是为了祈福平安,另一方面也预示长大后"跳龙门"之意。在不少越南人心里,走马灯、纸进士、捏塑是中秋节必备玩具,也是童年时光的美好记忆。

7. 国庆节

1945年9月2日,越南革命的先驱者胡志明主席在河内的巴亭广场宣读越南《独立宣言》,宣布越南民主共和国成立。国庆节当天,街上会举行盛大的庆祝活动。

（二）民俗礼仪

1. 社交礼仪

越南人见面时习惯打招呼问好，或点头致意，或行握手礼，或按法式礼节相互拥抱，年龄相近者多以兄弟姐妹相称。他们自称时不用"我"，而是用弟、妹、侄之类的谦词。对群众称乡亲们、父老们、同胞们。在对外交往中，称呼资本主义国家的外交官为先生、小姐、夫人。日常生活中，作揖、合十礼也能看到。

2. 民俗禁忌

越南人的姓名与中国汉族人民的姓名相似，多数由3个字组成。连名带姓称呼人，被认为是不礼貌的。平时只称呼名字的最后一个字，且在其后加上表示辈分的称呼，如叔、伯、兄、弟等。

越南的饮食习惯与我国广东、广西和云南一些民族相似，以米饭为主食，喜清淡或冷食、酸辣味食物，用筷子。越南人看重吃饭时的氛围，不鼓励在餐桌上讨论政治或宗教，也不要在吃饭时擅自离开餐桌。在越南北方，吃饭或理发等服务不需要给小费。但在南方，可以给一定的小费。

越南人喜爱红色，视红色为吉祥、喜庆之色。认为桃花鲜艳、美丽，是吉祥之花，称其为国花。在越南，生气发脾气是丢人现眼的行为。忌讳3个人合影，也不能用一根火柴或打火机连续给3个人点烟。越南人不愿让人摸头顶。席地而坐时，不能把脚对着人。不喜欢别人用手拍自己的背，也不可以用手指着人呼喊。日常生活中，他们忌说新生儿长得好看、漂亮，认为这会引起神的妒忌。

3. 旅游礼仪

在越南游览，对越南的现状不要发表负面的看法，也不要在对话中批评越南政府，因为这些都可能让当地人不适。给越南人赠送礼物，一般选择水果、糕点或限量版纪念品。忌送人钟表等，因为在越南文化里送钟意味着送人的寿命。进入宗教场所，如佛寺庙宇，要穿宽松、遮膝衣服。女士不要戴帽子，要脱鞋进入。参观佛像时要双手合十，以示敬意。

三、著名旅游城市及热点景观

（一）河内

河内位于越南北部，1—3月天气凉爽，降雨少；4—9月进入雨季，温度不断升高，时有台风，应随身携带雨伞；10—12月气温回落，天气凉爽舒适。

河内作为越南首都和第二大城市，融合了1000多年的历史和现代化的发展。河内历史文物丰富，名胜古迹遍布，享有"千年文物之地"的美称。如今有4000多处遗迹和景点，其中1000多处被列入国家遗迹与景点目录。河内也是越南最大的旅游中心，游客赴河内旅游不可错过其艺术、文化、建筑之美，以及秀美宜人的自然景点，还有千百年存在的手工艺品、传统节目、文化产品等。河内的主要旅游景点有胡志明陵、河内西湖、还剑湖、文庙、巴亭广场等。

1. 胡志明陵

胡志明陵位于河内的天安门广场主体位置,天安门广场两侧是展开的巨大观礼台。1945年9月2日,胡志明在这里宣读了越南《独立宣言》,建立了越南民主共和国。夜色中的胡志明陵与白天所见迥然不同:前者肃穆、宁静;后者博大、宽广。

2. 河内西湖

河内西湖在越南的名气和杭州西湖在我国差不多,是河内最大的湖泊,有"河内最美的风景区"之称。从古代起,历朝历代的帝王将相都热衷在河内西湖湖畔兴建住宅或是别墅,因此这里的古代建筑特别多。河内西湖湖面荡漾的游艇,湖边飘拂的丝丝绿柳,青年路上盛开的鲜花,熙熙攘攘的游客和来往行人,都为河内这座城市增添了绚丽的色彩与勃勃生机。天气晴朗时,游人漫步堤上,可以看到远处淡蓝色的伞园山。

3. 还剑湖

还剑湖位于河内老街区的中心位置,是河内的地标。还剑湖虽不大,但树木环绕、湖水清澈,环境优雅。有关还剑湖的传说众说纷纭,其中一说是越南后黎朝开国皇帝黎太祖乘船在湖上游览,看见一只大龟浮上水面,用箭射不中,便用剑去砍,不料剑掉进了水中,龟也随之下沉。黎太祖很生气,下令筑了一道堤坝堵塞湖口,但把湖水抽干也没有找回剑。另一说是黎太祖早年在这里的地下挖出一把宝剑,后来用这把宝剑抵抗明朝。可是有一天他来游览湖景时,不慎将宝剑掉入湖中,正在束手无策时,忽然有一只大龟用嘴把剑奉还,因此就得名"还剑湖"。还剑湖岸边伴有笔塔、和风塔、水榭等古建筑,湖中有玉山祠、栖旭桥、镇波亭和龟塔等胜迹点缀,是河内第一风景区。

(二)岘港

1. 巴拿山

巴拿山坐落于岘港市区以西40千米处,海拔1487米,是岘港海拔最高的山脉。巴拿山属于热带季风性气候,年平均气温在15—20 ℃,山上的气温相比山下低8 ℃左右。由于巴拿山的海拔较高,且远离海岸线,所以山上终年被云雾所覆盖,清凉惬意,宛如人间仙境,有着"天空之城"的美誉。巴拿山缆车系统是世界上单线最长的缆车系统,至今仍保持着两项吉尼斯世界纪录:世界最长的单线缆车系统(5042米),世界起点和终点海拔落差最大的缆车系统(1291米)。

2. 岘港大教堂

岘港大教堂是法国统治时期建立的一座教堂,也是越南中部最大的一座西式教堂。原本为当年的法国人而建,如今服务于当地天主教徒,镶嵌着中世纪风格的彩色玻璃,粉红色建筑几乎成为岘港的标志。

3. 美溪海滩

美溪海滩距离岘港仅隔一座桥,长达900米的沙滩柔软、洁白、细腻,是一处公共海滩。美溪海滩周边有许多海鲜餐厅,人气非常旺。清晨和傍晚的海滩上,有很多锻炼身体的市民。美溪海滩被《福布斯杂志》评为"世界六大最美丽的海滩"之一。

（三）芽庄

芽庄位于越南南部海岸线最东端的地方,是海滨旅游的理想胜地。芽庄的海滨沙滩一望无际,幼滑的白沙,潮平水清,海底千姿百态的珊瑚,色彩斑斓、成群追随在潜水者身旁的鱼类,就足够让海底探险者乐此不疲。

1. 芽庄海滩

芽庄海滩属于城市沙滩,拥有独特的城市景观,与街市仅有一条马路之隔。在芽庄海滩上,小贩和商人随处可见,海滩对面是一条长长的椰子树人行道,海滩在城市高楼与椰林的包围中,供人们嬉戏娱乐。

2. 芽庄教堂

芽庄教堂是一座典型的哥特式建筑。这里地势较高,登上教堂,可以俯瞰整个芽庄的街景。教堂内部装饰质朴,四面是石造的内壁,整体彰显出复古和大气。教堂每天早晚会举行弥撒。

3. 钟屿石岬角

钟屿石岬角是一座小小的岬岛,是法国电影《情人》的外景拍摄地之一。钟屿石岬角挨着一处质朴的沙滩海湾,这里虽没有修脚和按摩的人,但有独特的海岛风光和淳朴的乡土风情。钟屿石岬角有芽庄少有的花岗岩海岸,突起的岩石朝着大海的方向延伸,人们可以感受到惊涛拍岸的震撼。而到了日落时,钟屿石岬角在晚霞映照下显得更为宁静、美丽。

四、旅游市场

越南旅游资源丰富,下龙湾等多处风景名胜被联合国教科文组织列为世界自然和文化双重遗产。近年来,越南旅游业增长迅速,经济效益显著。2022年以来,越南旅游业逐步复苏,全年接待国际游客逾350万人次,旅游总收入约208亿美元。

2023年6月,越南国会已正式批准将电子签证延长至90天,将单边免签停留期限延长至45天。新签证政策在本年8月生效,正值越南迎来国际游客的旅游旺季。这些政策成为越南旅游业吸引国际游客的重要因素。

任务六　橡胶王国:马来西亚

案例导入

你知道马来西亚哪些有趣的民俗?

众所周知,马来西亚是一个热带雨林国家,是多元化种族、集美食和购物于一身的地方。除此之外，说到马来西亚，还有很多有趣的地方。例如，马来西亚人每天都在使用的马币，你知道它为什么叫令吉吗？很多外籍游客来到马来西亚，搭电梯时都很好奇为什么会少了4楼这一层？

案例探究： 1.马来西亚的文化特色有哪些？

2.如果你带团去马来西亚，你会为游客做什么样的行前说明会？

一、国家概况

（一）地理环境

1.区域与人口

马来西亚面积约33万平方千米,位于东南亚,国土被南海分隔成东、西两部分。西马位于马来半岛南部,北与泰国接壤,南与新加坡隔柔佛海峡相望,东临南海,西濒马六甲海峡。东马位于加里曼丹岛北部,与印尼、菲律宾、文莱相邻。全国海岸线总长4192千米。

马来西亚人口3300万(2023年)。其中,马来人70%、华人22.7%、印度人6.6%、其他种族0.7%。马来语为马来西亚的国语,通用语言为英语,华语使用也较广泛。

2.自然环境

马来西亚位于赤道附近,属热带雨林气候。马来西亚无明显四季之分,年温差变化极小,全年雨量充沛,3—6月以及10月至次年2月是雨季。马来西亚内地山区年均气温22—28℃,沿海平原年均气温25—30℃。马来西亚的5—9月是最佳旅游季节。

（二）历史人文

1.历史简况

公元初,马来半岛有羯荼、狼牙修等古国。公元15世纪初,以马六甲为中心的满剌加王国统一了马来半岛的大部分。公元16世纪,开始先后被葡萄牙、荷兰、英国占领。20世纪初完全沦为英国殖民地。加里曼丹岛沙捞越、沙巴历史上属文莱,1888年两地沦为英国保护地。二战中,马来半岛、沙捞越、沙巴被日本占领。战后英国恢复殖民统治。1957年8月31日,马来西亚联合邦宣布独立。1963年9月16日,马来西亚联合邦同新加坡、沙捞越、沙巴合并组成马来西亚(1965年8月9日新加坡退出)。

2.政治经济

马来西亚的最高元首阿卜杜拉·艾哈迈德·沙阿,于2019年1月31日就任,是第16任最高元首。马来西亚实行君主立宪联邦制。因历史原因,马来西亚的沙捞越州和沙巴州拥有较大自治权。

20世纪70年代前,马来西亚的经济以农业为主,依赖初级产品出口。20世纪70年代以来,马来西亚不断调整产业结构,大力推行出口导向型经济,电子业、制造业、建筑业和服务业发展迅速。同时实施马来民族和本土居民优先的"新经济政策",旨在实现消除贫困、重组社会的目标。1987年起,马来西亚经济连续10年保持8%以上的高速增长。1991年,马来西亚提出"2020宏愿"的跨世纪发展战略,旨在到2020年将马来西亚建成发达国家。马来西亚重视发展高科技,启动了"多媒体超级走廊""生物谷"等项目。1998年,受亚洲金融危机的冲击,马来西亚经济出现负增长。马来西亚政府采取稳定汇率、重组银行企业债务、扩大内需和出口等政策,经济逐步恢复并保持中速增长。2008年下半年以来,受国际金融危机影响,马来西亚国内经济增长放缓,出口下降,政府为应对危机相继推出70亿林吉特和600亿林吉特刺激经济措施。2009年纳吉布总理就任后,采取了多项刺激马来西亚经济和内需增长的措施,马来西亚经济逐步摆脱了金融危机影响,企稳回升势头明显。2015年,马来西亚公布了第十一个五年计划(2016—2020年),继续推进经济转型,关注改善民生。2016年,马来西亚提出2050国家转型计划(TN50),为马来西亚2020—2050年发展规划前景。2019年,马来西亚政府提出"2030年宏愿",把缩小贫富差距、创建新型发展模式、推动马来西亚成为亚洲经济轴心作为三大主要目标。

3. 文化符号

在马来西亚,一个人被封勋衔是一件特别光荣的事情,称其勋衔表示对其尊敬,更符合当地习惯。入乡随俗,当然比称其先生和太太分量重得多。马来西亚的封勋衔制度始于1958年。联邦封勋衔制度类似欧洲的爵位制度,但要比欧洲的爵位制度复杂得多。马来西亚各州也有相对独立的封勋衔制度。联邦勋衔制大约分为28个等级,其中常见的、为人们所熟悉有"敦""丹斯里""潘斯里""太平局绅""拿督""拿汀"等。如丈夫为"敦",其夫人就是"托篷";丈夫为"丹斯里",其夫人就是"潘斯里"。

二、民俗风情

(一) 主要节日

马来西亚全国各地大小节日有上百个,其中,政府规定的全国性节日包括公历新年、开斋节、大宝森节、农历新年、国庆节、哈芝节、屠妖节、五一节、圣诞节、卫塞节、现任最高元首诞辰等。除少数节日日期固定外,其余节日的具体日期由政府在前一年统一公布。马来西亚是名副其实的节日与庆典之国。

1. 公历新年

马来西亚同世界许多国家和地区一样,在每年公历1月1日庆贺新年。公共广场、酒店、餐厅皆有庆祝活动,尤其是在吉隆坡的独立广场,众多狂欢者聚集在此,庆祝新年。

2. 开斋节

马来人的开斋节是全国重要的节日。每逢伊斯兰教历9月,全国穆斯林(主要是马来人)都要进行白天禁食(即斋月)活动,然后恢复正常的生活习惯。斋月过后的第一天即为开斋节。节日前夕,穆斯林都要进行捐赠活动,帮助有困难的人等。开斋节的早晨,穆斯林们都前往清真寺,进行隆重的祷告仪式。仪式过后,人们互相热烈祝贺,表示把过去的恩恩怨怨全都忘记,一切从头开始。在亲切和睦的气氛中,人们还要相互登门拜访,家家户户都准备了丰富的糕点招待来访的客人。好客的马来西亚人还特别喜欢其他民族人士前来拜访,把他们的来访看作是十分荣幸的事情。

3.大宝森节

从1月下旬到2月初是印度教的大宝森节,是印度教徒为印度神穆卢干王(也称苏巴马廉王)举行的奉献礼。信徒们戴着枷锁(一种雕工精细的木框,上面有尖刺与钩子),拿着鲜花及水果向印度神许愿。他们还戴着枷锁踏上272层台阶,登上吉隆坡的黑风洞,在神明面前忏悔求恕。

4.农历新年

马来西亚的农历新年是一个热闹非凡的节日。节日的风俗和中国的春节大致相同,到处张灯结彩、敲锣打鼓。人们舞龙舞狮以驱邪逐妖,在新年前一天的夜晚燃响爆竹烟花,揭开农历新年的序幕。亲朋好友互相登门拜年、茶话叙旧,共享美食佳肴,派发"利是"(红包),祝贺财运亨通。这一天是全国公共假日,华人会举行团拜,国家总理、总理夫人以及其他政府官员还将亲自前来祝贺,并给舞龙舞狮者和儿童等发放红包。

5.国庆节

马来西亚的国庆节又名独立节。1957年8月31日是马来西亚联邦独立的日子,每年的这一天,全国人民普天同庆,首都举行盛大的庆祝游行活动和文艺演出。

(二)民俗礼仪

1.社交礼仪

在日常交往中初次见面时,马来西亚人习惯交换名片,在其名片上大多注明其勋衔。当你接过名片,看其勋衔,如何正确称呼对方就一目了然了。传统的问候礼节是互相摩擦一下对方的手心,然后双掌合十,再摸一下自己的心窝。穆斯林之间行抚胸鞠躬礼,即弯腰鞠躬,同时右手抚于自己胸前,道一声"Salam"。马来西亚人特别注重社交场合衣冠整洁。去别人家中做客,进内厅前要脱鞋,放在楼梯口或门口。

2.民俗禁忌

马来西亚男士一般不主动与女士握手,除非女士主动伸手。马来西亚人认为左手是肮脏的,因此在接、递物品时应用右手。忌用食指指人或指路,不跷二郎腿,不用手摸小孩的头。马来西亚禁酒,也忌讳在物品上印有动物或人像的图案。清真寺是穆斯林举行宗教仪式的地方,对外开放时,女士要穿长袍及戴头巾,否则会被拒之门外。

小知识

马来西亚的服饰文化

在马来西亚,男女传统礼服分别是:男士为无领上衣,下着长裤,腰围短纱笼,头戴"宋谷"无边帽,脚穿皮鞋;女士礼服为上衣和纱笼,衣宽如袍,头披单色鲜艳纱巾。除皇室成员外,一般不穿黄色衣饰。打工族为了工作穿着方便,一般着轻便的西服,只在探亲访友或在重大节日时才着传统服装。在各种正式场合,男士着装除民族服装或西服外,还可以穿长袖巴迪衫。巴迪衫是一种用蜡染花布做成的长袖上衣,质地薄而凉爽,现已渐渐取代传统的马来礼服,成为马来西亚的国服。

3. 旅游礼仪

在马来西亚,介绍人们认识时,先向女士介绍男士,向年长者介绍年幼者,向地位高者介绍地位低者。在指示地点、物品或他人时忌用食指,通常用右手的拇指,且另外四指紧握。主人对来访宾客十分热情,常用糕饼或点心、茶、咖啡、冰水等招待客人。客人应当大方接受招待,若不吃不喝,则被认为是对主人不敬。

三、著名旅游城市及热点景观

(一)吉隆坡

吉隆坡是马来西亚的首都,是全国的政治、经济、文化中心和交通枢纽,位于马来半岛的中西部,面积244平方千米,是马来西亚最大的城市。吉隆坡在马来语中的意思是"泥泞的河口",开埠于19世纪中叶,当时华人叶亚来率领一支垦荒队,顺巴生河而上,开采锡矿,后来这里逐渐形成集市。1880年英国接管此地,逐渐发展成为大城市。吉隆坡具有现代化城市基础设施,市容美观整洁,高层建筑林立,同时又有多种风格的古老建筑和高大茂盛的灌木丛林,现代化气氛与传统景观并存,使这座马来名城独具风采。

1. 吉隆坡塔

吉隆坡塔位于咖啡山上,于1996年开幕,高约421米,是世界名塔联盟的成员之一。吉隆坡塔是一座无线通信塔,用来提升无线通信的质量以及广播传输的清晰度,是无线通信业的一个里程碑。吉隆坡塔外观采用阿拉伯文字、伊斯兰风格瓷砖、花卉图案,搭配错综复杂的装饰与令人镇静肃穆的色彩。在塔顶鸟瞰整个吉隆坡的怡人景色,在旋转餐厅边品味美食边欣赏风景是很多游客喜欢的选择。

2. 国家清真寺

国家清真寺建于1974年,可容纳大约8000人同时祈祷,最令人瞩目之处则在于其多褶伞状屋顶。还有一圆顶处有18颗星,代表马来13州属及回教的5大支柱。约73米高尖塔更直指蓝天,精致巍然。寺内经堂、走廊、图书室等的装潢与麦加的三大清真寺相仿。每逢星期五主麻日,虔诚的教徒们便涌向这里做祈祷。

3. 国家石油公司双峰塔

国家石油公司双峰塔是一座超经典现代的建筑物,也是目前全世界最高的双塔楼。这座美轮美奂的特色建筑物的建筑理念是由伊斯兰5大支柱思想所激发来的,有88层楼高。双峰塔内设有国有交响乐厅,是马来西亚交响乐队及国油表演艺术团例常练习及表演的场所。登上双峰塔,整个吉隆坡市秀丽的风光尽收眼底。尤其是在晚上灯光璀璨的时候,景色尤为壮美。

(二)槟城

槟城亦称槟州,位于马来西亚北部,曾经以槟榔树多而得名。首府乔治市,位于槟榔屿的东北端。槟榔屿充满多姿多彩的宗教和文化特色,州立博物馆、艺术馆、佛教寺庙和清真寺遍布全岛,反映了自公元18世纪以来诸多民族共同开发这个美丽岛屿的灿烂历史。槟城植被苍翠,风景美丽,宾馆酒店建筑各具特色,风味小吃丰富多样。从吉隆坡、新加坡、曼谷等,均有班机直达槟城。从吉隆坡乘火车可到达槟岛对岸的北海,再换乘轮渡或巴士过海可达槟岛。

1. 乔治城街头艺术

在乔治城的街头,散落着许多壁画,这也是吸引诸多人来槟城旅游的原因之一,街头艺术是乔治城一处新的旅游景点。这些壁画多数是由来自立陶宛的艺术家尔纳斯为乔治城节庆而创作的街头画作,之后有更多的画家参与进来。现完成的作品分为两类:第一类是壁画和装置结合,如"单车姐弟"和"追风少年";第二类是巨幅壁画,如"跳墙少女"和"手艺大叔"等。只要漫步在槟城街头,总会在不经意间发现许多生动有趣的漫画,让怀旧的槟城增添一些童趣。

2. 升旗山

升旗山又名槟榔山,海拔830米。阴雨天会云雾缭绕,如同仙境,天气好的时候可以远望槟城美景。到了晚上,城市里灯光闪烁,迷离的夜景更是别有一番风味,是游客来到槟城必去打卡的景点之一。升旗山拥有一个全亚洲最早的瑞士制造之缆索铁道系统,一路上可观赏到美丽的别墅和铁道两旁的植物。山顶有一个印度庙,还有一家猫头鹰博物馆,里面有各种千奇百怪的猫头鹰作品,值得一看。

3. 姓氏桥

过去,华人到了槟城,以海为生,搭起桥板,在上面建造房屋,因为同姓者同住一桥,所以其聚集之地称为姓氏桥。因此,这里所谓的"桥"并非什么桥梁,而是建于海上的木屋,姓氏桥犹如几个小村落,颇有浓浓的甘榜风情。这里的房屋简单但不简陋,屋身外壁有许多颇具创意的壁画,一进入姓氏桥,浓郁的生活气息扑面而来。这里的居民生活简单而淳朴,现在老一辈的居民仍继续以捕鱼为生。

4. 张弼士故居

张弼士故居是一处传统的老宅,建筑通体蓝色。槟城盛产蓝花,花汁经加工后变成浆汁,用心者便将浆汁晒制之后酿制成颜料,然后涂于墙身。20世纪20年代,莲花河路一带都是蓝宝石般的屋宇,但如今只剩张弼士故居这一处。张弼士故居建于1897年,占地约4923平方米,建筑面积约为316平方米,共有38间房、5个天井、7个楼梯及220扇窗,由此可见其规模之大。张弼士故居是东南亚现存的最大的清代中国园林式住宅,曾获得联合国教科文组织亚太区文物古迹保护奖。

(三) 兰卡威

兰卡威位于马来半岛西北岸处,距离玻璃市港口30千米,距离吉打港口51千米。它由99个热带岛屿组成,主岛被称为兰卡威。这里环境优美,有美丽的沙滩、奇特的溶洞、青翠的森林、壮观的瀑布,以及种类繁多的野生动植物。马来西亚航空公司与亚洲航空公司每天都有班机从吉隆坡飞往兰卡威。此外,从吉隆坡也可以乘坐火车或汽车到槟城亚罗士打或玻璃市,然后转搭渡轮至兰卡威。

1. 天空之桥

天空之桥位于马来西亚的兰卡威群岛,总长125米,桥形呈圆弧状,主体由钢材料构成。又大又重的钢架仅用1根支柱支撑、8根钢缆牵引,被"吊"在海拔687米的高空。上天空之桥需要乘坐缆车,缆车有两个下车点:第一个在半山,天空之桥位于第二个下车点。桥体最大承载力为同时承重250人。

2. 珍南海滩

珍南海滩是兰卡威最热闹、最出名、沿途旅馆最多的公共海滩,也是兰卡威群岛上大部分海滩别墅及度假村的所在地。海上活动丰富,比较流行的是香蕉船和空中降落伞。海底生活着数千种丰富多彩的海洋生物,形成美妙的海底奇景。不过,在这里游泳要小心水母。

3. 瓜镇

瓜镇是兰卡威群岛的主要城镇,是拥有许多免税店及手工艺品中心的繁荣市镇。游客来到瓜镇大多是为了去银行、乘坐渡轮或去免税店购物。在瓜镇,本地居民可以以很便宜的价格购买到由泰国直接进口的各类家庭用品。除此之外,瓜镇还有很多家不错的餐馆,除了马来人及印度人的风味美食外,还有华人烹调的海鲜美食。

四、旅游市场

旅游业是马来西亚第三大经济支柱及第二大外汇收入来源。马来西亚的主要旅游点有吉隆坡、槟城、兰卡威、云顶、马六甲、刁曼岛、热浪岛、邦咯岛等。相关报告指出,从2021—2024年,预计入境人数将以23.4%的平均增长率逐步恢复。自从2022年4月国境重启后,马来西亚在2022年迎来超过700万名国际旅客。预计到2024年将升至980万人次。马来西亚政府不仅推出多项政策吸引境外游客,同时积极推动国内旅游发展。2022年,马来西亚政府推出"2022旅游复苏计划"。2023年,马来西亚旅游局又提出"走遍马来西亚之旅"等口号,鼓励民众在国内开展露营、乡村游、生态游、民宿旅游、历史古迹游等,以带动相关产业发展。

 任务七　千岛之国:菲律宾

案例导入

菲律宾的旅游策划

让目标客群对品牌从心动到行动,是衡量营销成效的最终标准,是促进目的地品牌高效增长的核心动能,也是支撑目的地穿越疫情周期后能够迎来快速恢复的"基石"。菲律宾特别策划《聆听西太平洋的呼吸》海洋电影放映会,向大众展示海洋生态,并向大家传递保护海洋生物及生态环境的理

念。且因菲律宾被誉为"亚洲潜水之都",活动现场还邀请到专业的潜水教练,为现场观众讲解潜水的小知识,分享潜水趣事和体验。

案例探究: 1.你认为案例中,菲律宾采用了哪些营销策略?

2.在营销过程中,菲律宾抓住了哪些关键因素?

一、国家概况

(一) 地理环境

1.区域与人口

菲律宾全称菲律宾共和国,位于亚洲东南部。北隔巴士海峡与中国台湾遥遥相对,南和西南隔苏拉威西海、巴拉巴克海峡与印度尼西亚、马来西亚相望,西濒南海,东临太平洋。共有大小岛屿7000多个,其中吕宋岛、棉兰老岛、萨马岛等11个主要岛屿占全国总面积的96%。菲律宾海岸线长约18533千米,面积29.97万平方千米。

菲律宾人口约1.1亿(2022年)。马来裔占全国人口的85%以上,主要民族包括他加禄族、伊洛戈族、邦板牙族、维萨亚族和比科尔族等;少数民族及外来后裔有华人、阿拉伯人、印度人、西班牙人和美国人;还有为数不多的本土居民。菲律宾有70多种语言,国语是以他加禄语为基础的菲律宾语,英语为官方语言。菲律宾的首都是马尼拉。

2.自然环境

菲律宾属季风型热带雨林气候,高温多雨,湿度大,台风多,年均气温27℃。大部分地区有明显的季节区别,分为凉季(12月至次年2月)、干季(3—5月)及雨季(6—9月)3个季节。依据菲律宾的气候特点,每年的12月至次年2月是菲律宾的旅游最佳时期。在这段时间,菲律宾的气候温度适宜,天气十分晴朗,此时非常适合旅行,不仅天气"天公作美",而且景色也最迷人。

(二) 历史人文

1.历史简况

公元14世纪前后,菲律宾出现了由土著部落和马来族移民构成的一些割据王国,其中最著名的是公元14世纪70年代兴起的苏禄王国。公元1521年,麦哲伦率领西班牙远征队到达菲律宾群岛。此后,西班牙逐步侵占菲律宾,并统治长达300多年。公元1898年6月12日,菲律宾宣告独立,成立菲律宾共和国。同年,美国依据对西班牙战争后签订的《巴黎条约》占领菲律宾。1942年,菲律宾被日本占领。第二次世界大战结束后,菲律宾再次沦为美国殖民地。1946年7月4日,菲律宾独立。

2.政治经济

菲律宾实行总统制。总统是国家元首、政府首脑兼武装部队总司令。除南部地区存在恐怖主义和分裂活动外,菲律宾政局总体稳定。

菲律宾是出口导向型经济,对外部市场依赖较大。菲律宾的第三产业在国民经济中地位突出,农业和制造业也占相当比重。20世纪60年代后期采取开放政策,积极吸引外资,经济发展取得显著成效。20世纪80年代后,受西方经济衰退和自身政局动荡影响,菲律宾经济发展明显放缓。20世纪90年代初,拉莫斯政府采取一系列振兴经济的措施,经济开始全面复苏,并保持较高增长速度。1997年爆发的亚洲金融危机虽对菲律宾冲击不大,但也使其经济增速再度放缓。马科斯执政后,将疫后复苏和经济发展作为首要任务,聚焦农业、能源等重点领域发展,菲律宾经济保持较高增速。菲律宾的货币名称为比索。汇率方面,1美元≈55比索(2023年4月)。

3. 文化符号

菲律宾是一个充满活力、热爱自由的民主国家,民俗既保留了传统的沧桑,又被西方文化同化着,加上多民族和宗教的融合,多元文化的碰撞,使菲律宾成为一个极有魅力的海岛国家,吸引各国友人为之着迷和探索。

二、民俗风情

(一) 主要节日

1. 圣周节

从复活节前那个周日开始,直到复活节的7天时间被称为"圣周"。这是宗教节日中除圣诞节以外极具特色的天主教重要节日。教徒们为纪念耶稣上十字架受难,举行一系列的宗教活动,包括:周一读经游行,周二做弥撒,周三纪念耶稣受难,周四忏悔,周五举行圣葬,周六耶稣复活和举行"会面游行"。

2. 巴丹日

4月9日为菲律宾的巴丹日,是为纪念在第二次世界大战中为国捐躯的英雄。1942年4月9日,巴丹岛被日本占领,当地人民奋起反抗,因此,这一天成为菲律宾的巴丹日。

3. 五月花节

5月的最后一个星期日为菲律宾的五月花节,这是菲律宾一个非常隆重热闹的节日,由于在百花盛开的5月举行而得名。这一节日的特点是选"花后"和举行圣母像大游行。

4. 独立日

独立日即菲律宾的国庆节,在每年的6月12日,举国上下纪念1898年6月12日菲律宾推翻西班牙殖民统治而宣告独立。这一天,首都马尼拉举行盛大的纪念活动,早上总统要到黎刹纪念碑前主持升旗仪式并发表讲话,届时全国各地的教堂都敲响大钟,各大电台播放国歌,还要举行体育比赛和文艺演出。

5. 国家英雄日

8月28日为菲律宾的国家英雄日。1896年8月28日,菲律宾人民在巴林塔瓦克举行起义,拉开了反抗西班牙殖民统治革命斗争的序幕。在国家英雄日,人们通过各种活动纪念在历史上为国捐躯的英雄。

6. 万圣节

菲律宾的万圣节在每年11月1日举行。孩子们身穿斗篷,手拿镰刀和扫把,提着小桶成群结队要糖果点心。各家门口装饰着巨大的"南瓜鬼脸"和假骷髅,院内点燃"鬼火",制造神秘气氛。人们纷纷奔向各地的陵墓,点燃红、黄、白色蜡烛,摆上鲜花水果,祭奠死去的亲人。

7. 伯尼法西奥日

11月28日为菲律宾的伯尼法西奥日,是为了纪念"菲律宾革命之父"伯尼法西奥(Bonifacio)而设立的。伯尼法西奥为推翻西班牙的殖民统治,争取菲律宾独立,创建了第一个秘密革命组织卡迪普南,打响了武装反抗西班牙殖民者的第一枪。

8. 黎刹日

12月30日为菲律宾的黎刹日。这一天是菲律宾著名的民族英雄、文学家、诗人、思想家何塞-黎刹殉难纪念日。

(二)民俗礼仪

1. 社交礼仪

菲律宾人性格开朗、热情友善,非常讲究礼节礼仪。在社交场合,男女都以握手为礼。初次见面,要把自己介绍给对方。在家里,晚辈每天早晨都要向长辈行吻手礼以示尊重。菲律宾人非常喜欢茉莉花,将其作为国花,认为该花象征幸福、纯洁、情操和友谊。如有贵客来访、重要活动,都有年轻女子敬献茉莉花环,花环越大越表示敬重。

2. 民俗禁忌

菲律宾人忌讳别人用手摸其头部和背部,认为触摸头部是对他们的不尊重,触摸背部会带来厄运。茶色和红色属禁忌之色。菲律宾人认为左手是肮脏的,应避免使用左手待人接物;登门拜访和探望时,忌进门时脚踏门槛。与菲律宾当地人交谈时,要避免谈论菲律宾国内政治纷争、宗教、菲律宾近代史等话题。菲律宾人忌讳数字"13",认为"13"这一数字是厄运、灾难的象征,因此对它讳莫如深。例如,旅馆房间、楼房编号、门牌号等都没有"13",购物不买13份,请客避免13人。总之,凡遇"13",定设法避开。

3. 旅游礼仪

在菲律宾,到朋友家做客,可比约定时间晚到一刻钟左右。拜访朋友,带上礼物,如鲜花等,被视为高雅礼貌之举。菲律宾社会虽以男士为中心,但女士优先之风盛行。

三、著名旅游城市及热点景观

(一)大马尼拉

大马尼拉是通往菲律宾7000多个岛屿中各目的地的首要门户,占地633.3平方千米,由16个城市和1个自治市组成,包括菲律宾的首都马尼拉和繁华的商业中心马卡迪。作为菲律宾的心脏与灵魂,大马尼拉集政治、经济、贸易、教育、文化、艺术和娱乐活动中心于一体,将历史文化与现代气息融合在一起,无论是西班牙风格的古城,还是摩登时尚的现代建筑,都散发着无尽的魅力。

1. 王城

"城中城"王城是300多年前西班牙殖民统治时期遗留下来的建筑,其高大厚重的石墙、壁垒、护坡河及鹅卵石街道,让游客宛如置身于西班牙古城之中。"王城",字面意思是"在城里"。这里最初是一个马来穆斯林人的聚居区,曾经一度是马尼拉最繁华的古城。公元16世纪,西班牙人建造王城以防御敌人的入侵。护城墙全长4.5千米,方圆占地64公顷,里面建有居民房屋、教堂、学校、政府大楼、吊桥等。后来,城区受到火灾、地震以及第二次世界大战的摧残,现在只剩下了部分城墙和建筑。经过政府的修复和维护,王城才得以再现昔日的风采。

2. 岷伦洛区

马尼拉岷伦洛区是马尼拉的华人区,是世界上古老的唐人街。早在公元11世纪,华人便开始移居菲律宾。公元16世纪,西班牙在帕西河北岸设立岷伦洛区,经过多年发展,这里如今已扩展成大片街区,从中国式的牌楼"中菲友谊门"开始,至另一端的"亲善门"。区内有数百条大小街巷,沿街店铺式样古老,丰富多样,其中大部分是华人开设的。最大的街道是王彬街,是以菲律宾华人领袖的名字而命名的。数百辆马车来往行驶,接载游客和市民,为繁华的市面带来古老气息。登顶圣地亚哥古堡,眺望帕西河,即可遥见对面唐人街熙熙攘攘的热闹景象。

3. 马尼拉电影中心

罗哈斯海滨大道的落日黄昏标志着马尼拉的夜生活拉开帷幕。马尼拉电影中心每周定期上演人妖表演,演出惊艳,掌声雷动。舞者们华丽的妆容、性感的舞姿、婉转的歌喉以及如梦如幻的舞台布景让人如痴如醉,当演出结束后,演员们会穿着厚厚的演出服站在出口处与观众合影,迷人的微笑、亲切的问候以及脸颊流淌的汗水会让每一位观众感受到菲律宾人的敬业精神与热情好客的天性。

(二)长滩岛

长滩岛位于菲律宾中部,坐落在马尼拉以南约315千米的班乃岛西北端。整个岛屿的形状如同一个哑铃,全长约7千米。对于阳光、大海和沙滩的追求者而言,长滩岛无疑是理想的度假胜地。这里有着全世界非常美丽的海滩,还有热闹的酒吧、丰富的美食和多姿多彩的娱乐活动。

1. 白沙滩

长滩岛最吸引游客的景点非白沙滩莫属,就是它让长滩岛得以名扬世界。白沙滩位于长滩岛的西岸中段,从南到北延伸,长达4千米,被誉为"世界上最细的沙滩"。连接着碧蓝大海的白沙滩平缓舒展,沙质洁白细腻,即使在骄阳似火的正午时分,踏在沙上也依然感觉清凉。游客可以脱掉鞋子,和这里超细的白沙来一个零距离的接触,体验一下这种别样的感觉。

2. 布拉波海滩

布拉波海滩的外海有珊瑚礁,像是一道天然屏障阻绝了海上波浪涌往海岸,形成一个环礁湖区。同时,从海上向海岸吹来的风也使得这里非常适合进行风浪板活动。在吹西南风的雨季时,水上活动就从西岸的白沙滩转移到此。

3. 水晶洞

在长滩岛的北部,有两个天然钟乳石洞,是适宜浮潜、探险和溯源的地方,人们称它们为水晶洞。水晶洞的海水颜色呈宝蓝色,有一个神秘隧道垂直向下通往洞穴,直达一个水晶般墨绿色的海水池,令人难忘。

(三)宿务

宿务是菲律宾第二大城市,也是菲律宾中部和南部的文化、经济中心和航空、航海交通转运中心。宿务面积315平方千米,工商、旅游、服务业发达,是公元1521年麦哲伦登陆菲律宾的第一站。宿务风景优美,气候宜人,商品充裕,物美价廉,被誉为"离天堂最近的地方"。宿务拥有菲律宾古老的城堡和街道,历史悠久,经济繁荣,被誉为"南部女皇城"。

1. 麦哲伦十字架

麦哲伦十字架是宿务的显著标志。公元1521年,葡萄牙航海家麦哲伦在宿务传扬天主教义,适逢该年4月14日,Pedro Valderama神父在当地为第一批菲律宾天主教徒——土著族长Rajah Humabon及其妻子Queen Juana和其他400名本土居民举行施洗仪式。为纪念这场盛大的宗教仪式,麦哲伦在宿务竖立了一个十字架。每逢周日早上,都有无数的善男信女带着香烛前来虔诚地祈求平安好运。

2. 圣婴大教堂

圣婴大教堂建于公元1565年,闻名于世的《圣婴像》就典藏于此。据说当年土著族长Rajah Humabon及其妻子Queen Juana受洗之后,麦哲伦赠送了一个黑皮肤造型的《圣婴像》给Queen Juana作为礼物。之后,一场大火把宿务夷为平地,唯有此《圣婴像》完好如故,因此,它被人们奉为圣物,至今仍旧受到市民热烈的崇拜。每年1月最后一个礼拜日的圣婴节,这里会举行盛大的庆祝仪式。

3. 瓯兰格岛

瓯兰格岛是菲律宾迁徙鸟类最集中的地方,这里的海岸上栖息着各种迁徙鸟类,它们来自西伯利亚、中国华北和日本等地。从宿务的麦丹岛出发,乘小船行30分钟后便可到达瓯兰格岛。在瓯兰格岛上,观鸟是宿务的传统节目。坐船出海,再换乘当地特色的三轮摩托车,即可前往鸟类保护中心。在这里,游客可以看到与《动物世界》栏目中的清晰鸟类相媲美的画面。鸟儿繁多,时而休憩,时而捕食,又时而漫步,一副悠然自得的样子。2—5月、7—11月是瓯兰格岛观鸟的适宜季节。

四、旅游市场

旅游业是菲律宾外汇收入的重要来源之一,主要客源国有美国、中国、韩国、日本、澳大利亚等。近年来,菲律宾国家旅游局一直深刻洞察新生代消费群体的旅游需求,并结合旅游市场的变化和游客的个性化需求不断调整品牌营销策略。作为最早一批关注圈层营销的目的地,2023年出境游重启之后,菲律宾国家旅游局反应迅速,携手文旅和蔚蓝海岸共同开启了"欢乐可期,相遇蔚蓝海岸——菲律宾海岛乐园节"主题活动。

任务八　花园之国:新加坡

案例导入

"新"动了,就来一次"坡"有创意的旅行

2020年以前,中国出境游规模消费额持续位列世界第一。其中,新加坡一直以来都是备受中国游客喜爱的出境游目的地。2019年,中国内地赴新加坡旅客超360万人,以年均6.1%的增速连续3年蝉联新加坡最大入境客源国。基于中国游客对于新加坡旅游的热情和认知基础,新加坡旅游局与小米营销的合作应运而生。2021年,小米营销与新加坡旅游局联合推出以"箱"传情,"箱"见恨晚创新营销活动,以"小米有品快递箱"作为创新沟通渠道,成功在疫情中传递出了新加坡旅游有温度的品牌形象。以"箱"传情1.0合作中,快递"箱"内放置了新加坡旅游元素定制贴纸、手工涂鸦卡片等元素,持续曝光新加坡旅游形象来影响用户、种草用户。延续以"箱"传情理念,2022年,新加坡旅游局与小米营销的2.0合作再次以"旅行箱"为传"情"载体,期待在等待旅行重启的日子里进一步唤醒用户对于新加坡旅行的畅想。此次以"旅行箱"为载体,创新沟通创意再升级,新加坡旅游局联合小米营销首次定邀"米粉"及新加坡旅游局插画师,联合打造了两款限量版创意图案旅行箱。从可爱的鱼尾狮到知名的滨海湾、新加坡动物园,创意联动旅行场景,成功构建起品牌与用户的长效沟通内核。

案例探究:1.新加坡旅游局的营销策略抓住了哪些关键因素?

2.请你结合新加坡国家的学习来设计新加坡旅游局与小米营销的3.0合作,你会怎样做?

一、国家概况

(一) 地理环境

1.区域与人口

新加坡全称新加坡共和国,位于马来半岛南端、马六甲海峡出入口,北隔柔佛海峡与马来西亚相邻,南隔新加坡海峡与印度尼西亚相望。新加坡面积733.2平方千米(2022

年),由新加坡岛及附近63个小岛组成,其中新加坡岛占全国面积的88.5%。新加坡地势低平,平均海拔15米,最高海拔163米,海岸线长193千米。

新加坡总人口约564万(2022年),公民和永久居民407万。其中,华族占74%左右,其余为马来族、印度族和其他种族。马来语为新加坡国语,英语、华语、马来语、泰米尔语为官方语言,英语为行政用语。华语是华人的母语,使用简体汉字,当地民间也通行粤语、闽南语、潮州话、客家话、海南话等各种方言。新加坡的首都为新加坡市。

2. 自然环境

新加坡是热带城市国家,属热带海洋性气候,常年高温、潮湿多雨。晴天日照强烈,也经常会有阵雨及雷雨。年平均气温24—32 ℃,年平均降水量2345毫米,年平均湿度84.3%。

新加坡一年四季都适合旅游。由于处于赤道附近,这里一年四季差别很小,全年都很温暖。只是6—8月相对较热,11月至次年2月是雨季,可以选择避开这些时段。

小知识

新加坡"超级树",立体绿化新地标

有着"花园之国""花园城市"之称的岛国新加坡,虽土地少、人口密,但目之所及都是绿,其中一个秘诀是"垂直绿化"。垂直绿化又叫立体绿化,是改善城市生态环境、丰富城市绿化景观重要而有效的方式。滨海湾花园是垂直绿化理念的一个极佳体现。

这里是当今全球非常时尚的立体公园,垂直绿化集中了立体绿化最新的高科技手段,尤其是令人印象深刻的"超级树",是滨海湾花园的地标(18棵"超级树"高度25—50米,躯干为钢结构,采用钢筋混凝土核心,树冠处犹如一把倒置的巨伞。设计师在超级大树的树干上安装了种植面板。园林规划人员按照适宜垂直绿化、需土量小、重量轻、耐寒、易于维护、适用于当地气候等标准来选择种植面板上的植物,以攀爬植物、附生植物和蕨类植物为主。据统计,这些"超级树"上共计种植了超过200种16万株植物,不少品种来自巴西、厄瓜多尔、巴拿马、哥斯达黎加等遥远的国度。除了通过垂直绿化来营造栖息场所和荫蔽空间外,一些"超级树"还安装了光伏电池来收集太阳能,一些则加有雨水收集装置。"超级树"不仅可以收集雨水,产生太阳能,还是花穹馆和云雾林的通风管道。花穹馆和云雾林是滨海湾花园的两处室内植物园,也采用立体绿化的理念。花穹馆室内凉爽干燥,多为奇花异草和旱地沙漠植物。云雾林则还原了热带山地潮湿的气候和地中海及半干旱、亚热带地区的气候,种植了多样的植物。室内35米高的"云山"长满了胡姬花、蕨类植物和凤梨科植物。30米高的室内瀑布从"云山"直泻而下,奇妙景观绝对不容错过。

(二)历史人文

1. 历史简况

新加坡古称淡马锡,公元8世纪属室利佛逝王朝,公元18—19世纪是马来柔佛王国的一部分。公元1819年,英国人史丹福·莱佛士抵达新加坡,与柔佛苏丹订约,开始在新加坡设立贸易站。公元1824年,新加坡沦为英国殖民地,成为英国在远东的转口贸易商埠和在东南亚的主要军事基地。1942年,新加坡被日本占领。1945年日本投降后,英国恢复其殖民统治,次年划为直属殖民地。1959年,新加坡实现自治,成为自治邦,英国保留国防、外交、修改宪法、宣布紧急状态等权力。1963年9月,新加坡与马来西亚、沙巴、沙捞越共同组成马来西亚联邦。1965年8月9日,新加坡脱离马来西亚,成立新加坡共和国;同年9月,新加坡成为联合国成员国,10月加入英联邦。

2. 政治经济

新加坡自独立以来,人民行动党长期执政,政绩突出,地位稳固,历届大选均取得压倒性优势。李光耀自新加坡1965年独立后长期担任总理,1990年交棒给吴作栋。1993年举行独立后首次总统全民选举,原副总理、新加坡职工总会秘书长王鼎昌当选为首位民选总统。2004年8月,李显龙接替吴作栋出任总理,并于2006年、2011年、2015年、2020年四度连任。2023年9月2日,新加坡选出了新总统:现年66岁的尚达曼以70.4%的得票率在3名候选人中胜出,当选新加坡第九任总统。

新加坡属外贸驱动型经济,以电子、石油化工、金融、航运、服务业为主,高度依赖中、美、日、欧和周边市场,外贸总额是GDP的3倍。新加坡经济曾长期高速增长,1997年受到亚洲金融危机冲击,2001年受全球经济放缓影响,经济出现2%的负增长,陷入独立之后严重衰退。2008年,受国际金融危机影响,新加坡的金融、贸易、制造、旅游等多个产业遭到冲击。2011年,受欧债危机负面影响,新加坡经济增长再度放缓。2012—2019年,新加坡经济增长率介于1%—4%。2020年受疫情影响,新加坡经济衰退5.8%。2021年,新加坡经济实现强劲反弹,同比增长7.6%。2022年,新加坡国内生产总值增长率回调至3.6%。新加坡的货币为新加坡元。汇率:1美元≈1.36新加坡元(2023年7月)。

3. 文化符号

新加坡有着多元的文化、进取精神、果敢态度和惊艳的美食。新加坡在语言、美食、文化习俗等方面也和中国有着很大的相似度。

二、民俗风情

(一)主要节日

新加坡的主要节日包括春节、劳动节、国庆节、开斋节、万灯节、圣诞节、复活节、哈芝节等。

1. 春节

春节是新加坡重要的传统节日,也是华人世界里一个非常重要的节日。庆祝春节的活动包括团圆饭、舞龙舞狮、放鞭炮、挂红灯笼等。

2. 劳动节

在新加坡,5月1日为劳动节,也称五一节,是国家的法定节假日。这是一个宪报公布的假期,以表彰工人对新加坡进步和繁荣的贡献。

3. 国庆节

新加坡的国庆日是法定节假日,在每年的8月9日,是纪念1965年8月9日新加坡独立的日子。这一天,新加坡国民会在滨海湾举办国庆日典礼,总理将出席并发表演讲,同时伴随着阅兵仪式、歌舞表演和烟花秀,以表达爱国和感激之情。

4. 开斋节

伊斯兰历10月1日是穆斯林宗教节日开斋节,象征着净化和更新,因此人们会进行清扫除尘、添置新衣、寺庙祈福和宗祠祭拜等节庆活动。牛肉饭、桑巴墨鱼等是开斋节当天穆斯林家庭会分享的食物。

5. 万灯节

万灯节是新加坡印度教徒的节日之一,是庆祝光明战胜黑暗的节日。这一天,人们会点亮小灯笼和蜡烛,燃放焰火,参加游行和音乐表演。

(二)民俗礼仪

1. 社交礼仪

在社交场合,新加坡人与客人相见时一般行握手礼。马来族人则是先用双手互相接触,再把手收回放到自己的胸口。新加坡不允许在公共场所咀嚼口香糖,乘坐公共汽车、地铁等不允许喝饮料、吃东西。

2. 民俗禁忌

新加坡是华人占人口多数、拥有多个种族的城市国家。华族、马来族、印度族等各族群虽风俗习惯各异,但相互间友好相处、团结和睦。华族多信奉佛教和道教,注重伦理道德,保留着过春节、端午节和中秋节等中华传统节日的习惯。马来族待人接物多用右手。小孩的头被视为神圣的,除长辈和父母外,他人不可触摸。印度族许多人是素食者,生活简朴,但对庙宇建筑十分讲究,大部分印度族家庭设有祭坛或祷告室。新加坡人多视牛为物,不吃牛肉,不能赠送以牛皮革制成的礼品。

3. 旅游礼仪

新加坡是世界上较清洁的城市国家,游客必须随时注意保护环境卫生,随便吐痰、丢垃圾要罚款。新加坡主张禁烟,公共汽车、剧场、影院、餐馆和装有空调的商店、政府机关办公室等场所都属禁烟区,违禁要罚款。行人须走人行横道,翻越栏杆会罚款。如果50米内无人行横道,要从交通指示灯下过马路。

三、著名旅游城市及热点景观

1. 鱼尾狮

鱼尾狮雕像是新加坡的国家标志:鱼身,指新加坡由小渔村发展而来;狮头,代表新加坡最早期的名字"狮城"。每个造访新加坡的游客都会前往鱼尾狮公园与它合影留念。鱼尾狮雕像高8.6米,口中昼夜不息地喷出水柱汇入新加坡河。公园内还有一座高2米的小鱼尾狮雕像。除了打卡鱼尾狮雕像,面向滨海湾的鱼尾狮公园还是拍摄诸多经典景点(如金沙酒店、滨海艺术中心、摩天轮等)全貌的绝佳区位。

2. 圣淘沙岛

圣淘沙岛这座大型玩乐岛,距离新加坡中心城区仅15分钟车程,适合呼朋引伴或携家带口玩上一两天。圣淘沙岛的好玩程度超乎想象,景点包括新加坡环球影城、S.E.A海洋馆、水上探险乐园等。岛上还有惊险刺激的娱乐项目,如室内跳伞、高空蹦极、斜坡滑车、空中吊椅;也有悠闲惬意的休闲场所,如西罗索沙滩、高尔夫球场;还有孩子喜欢的趣味景点,如蝴蝶园、昆虫王国和教育主题公园趣志尼亚。另外,"亚洲大陆最南端"也是圣淘沙岛一处值得打卡的景点。

3. 牛车水

牛车水因早期华人用牛车从此处的一口井运水回家而得名,花上半天到一天在这里逛吃逛玩会是难忘的经历。有句话说得好,"有华人的地方就有美食"。牛车水汇聚了新加坡非常受欢迎的几家熟食中心,从早、午、晚餐到夜宵,从世界各地的特色美食到新加坡的地道小吃,人均每餐30元左右,就能吃饱吃好。另外,牛车水还是购买旅行纪念品性价比较高的地方。值得一提的是,牛车水的恭锡路被《孤独星球》评为"2017亚洲最佳旅行目的地",在这片传统与时尚产生奇妙化学作用的地方,美味餐厅、个性酒吧和精品酒店隐匿于色彩斑斓的小店中。

四、旅游市场

新加坡的旅游业是外汇主要来源之一,游客主要来自中国、澳大利亚、印度和日本等。政府高度重视对旅游业的管理和规划,注重保存历史和发扬自身特色,措施包括:因地制宜地规划布局旅游景点;聘请知名专家和学者先后编制了新加坡旅游业发展规划、分区规划、圣淘沙旅游区建设规划等。新加坡按自然生态、文化与人文、遗产与娱乐、寓教于乐、时尚休闲等规划11个旅游片区,把旅游资源的开发从"有限"扩展到"无限"。

任务九　微笑之国:泰国

案例导入

《泰囧》"不小心"带火泰国旅游

一部电影的导演因影片拉动拍摄地旅游而受到该国政府最高领导人的接

见,《泰囧》可谓开了历史先河。泰国旅游业到底因《泰囧》受益多大?有统计数据显示,当年因影视效应前往泰国的中国游客超过250万人次,春节期间报名参加泰国团队游、自由行的国内游客比往年同期增加了3倍,泰国游价格也水涨船高。有业内人士分析,决定影视能否带火旅游、旅游热度能持续多久的因素有多种,电影做的是形象宣传,解决的是"到哪儿去"的问题。接下来,当地还应当"借力使力",通过满意的旅游服务吸引更多的人来,也就是解决"要不要再去"的问题。

案例探究:1. 请结合案例中提到的"满意的旅游服务",你认为它包含哪些信息?

2. 如果你带团前往泰国,你认为游客在泰国想获得哪些旅游服务?为什么?

一、国家概况

微笑之国:
泰国

(一)地理环境

1. 区域与人口

泰国全称泰王国,位于中南半岛中部。泰国与柬埔寨、老挝、缅甸、马来西亚接壤,东南临泰国湾(太平洋),西南濒安达曼海(印度洋)。

截至2023年9月,泰国人口6617万,全国共有30多个民族,泰族为主要民族,占人口总数的40%,其余为老挝族、华族、马来族、高棉族,以及苗族、瑶族、桂族、汶族、克伦族、掸族、塞芒族、沙盖族等山地民族。泰国官方语言是泰语,首都为曼谷。

2. 自然环境

泰国属热带季风气候,全年分为热、雨、凉三季,年均气温27℃。泰国国土面积51.3万平方千米。

(二)历史人文

1. 历史简况

公元1238年,泰国形成较为统一的国家,先后经历素可泰王朝、大城王朝、吞武里王朝和曼谷王朝。泰国古称暹罗。公元16世纪,葡萄牙、荷兰、英国、法国等殖民主义者先后入侵。1896年,英法签订条约,规定暹罗为英属缅甸和法属印度支那间的缓冲国,暹罗成为东南亚唯一没有沦为殖民地的国家。19世纪末,拉玛四世王开始实行对外开放,五世王借鉴西方经验进行社会改革。

2. 政治经济

1932年6月,泰国改君主专制为君主立宪制。1939年更名泰国,后经几次更改,1949年正式定名泰国,实行君主立宪制。

泰国实行自由经济政策,属外向型经济,依赖中国、美国、日本等外部市场。泰国是传统农业国,农产品是外汇收入的主要来源之一。泰国是世界天然橡胶最大出口国。20世纪80年代,泰国电子工业等制造业发展迅速,产业结构变化明显,经济持续高速增长,人民生活水平相应提高,工人最低工资和公务员薪金多次上调,居民教育、卫生、社会福利状况不断改善。1996年,泰国被列为中等收入国家。1997年,亚洲金融危机后,泰国陷入衰退。1999年,泰国经济开始复苏。2003年7月,泰国提前两年还清金融危机期间国际货币基金组织提供的172亿美元贷款。泰国的货币名称为铢。汇率(2022年全年均价):1美元≈34.5铢。

3. 文化符号

泰国素有"黄袍佛国"美誉,是一个具有2000多年佛教史的文明古国,在美丽富饶的国土上,有3万多座充满神话色彩的古老寺院和金碧辉煌的宫殿。泰国佛寺外观造型宏伟壮观,建筑装饰精巧卓绝,享有"泰国艺术博物馆"美称,是泰国的国宝、文化的精粹。

颜色对于泰国人来说,是一个有趣的文化符号。例如,泰国人习惯用颜色表示一星期中的某一天,如星期日为红色,则星期一、二、三、四、五、六分别为黄色、粉红色、绿色、橙色、淡蓝色、紫红色。人们还经常按不同的日期穿不同色彩的服装。过去白色用于丧事,现在改为黑色。

小知识

泰文化中的大象元素

大象是泰文化的核心元素,它们是力量和优雅的象征。泰国人认为,大象善解人意,勤劳能干,既是很好的劳动力,又是乖巧的旅游宠物,是聪慧的、富有灵性的。如果某位驯象人生病,他所训练的大象也会不吃不喝。

大象与佛教相关,是很多佛教故事和传说中的主角,也是泰国历史上身经百战的"功臣"。如同中国古代将领身骑战马冲锋陷阵,泰国古代战将大都骑着大象驰骋沙场。传说在历史上,泰国皇家军队中有2000头训练有素的战象,连国王出巡都是骑着大象。在泰国曼谷大皇宫展出的一个3米多高的御象台,就是专供国王乘象而设立的。东南亚历史上几次著名战役也与大象有关,一位泰国历史学家曾说:如果没有大象,泰国的历史可能要重写。

历史上,泰国森林覆盖率曾超过90%,境内曾有数十万头大象。随着森林的减少,从20世纪80年代开始,泰国政府开始禁止伐木,数千头大象"下岗失业"。大象们被迫学"画画""打球"等十八般武艺,走上"演艺"道路。如今大象数量锐减,到了濒危状态,登记在册的只有3800多头,而1000多头野生大象更是受到严格保护。大象村的驯象师龙缪就是大象由多到少的见证者,他祖上世代以捕象为生。龙缪年轻时在丛林里先后捕获过100多头野生大象。经过驯化,转卖给东南亚各地的伐木公司,从事木材搬运工作。

大象品种中,数白象最为珍贵。除了白色,大象还有金黄、银白、嫩绿、淡红等肤色。这种得了"白化病"的大象,在东南亚被视为至宝,象征着王权与繁荣,无论谁发现了白象,都要献给国家。历史上,暹罗与缅甸之间著名的"白象之战"就是为争夺两头白象而引发的。

至今,泰国海军舰旗上仍是白象的图案。泰国民间流传着这样一个笑话:如果泰国国王对哪个部下不满,就会送他一头白象,为了供奉白象,他很快就会倾家荡产。后来,英语里也有了这个比喻,即"White Elephant"(白象)可用来形容"需要高昂费用维持,却难有巨大经济效益的资产"。

泰国的素辇府、清迈府等每年都举办大象节,目的是唤起泰国人对大象文化的集体记忆。

大象在泰国象征着荣誉、神圣和尊贵,也是力量的"标尺"。不过,大象的力量再大,也大不过人们的戮力同心。因此,有谚语云:箭装满袋,大象踩不断;团结起来,力量胜过大象。

二、民俗风情

(一) 主要节日

泰国节日较多,主要有万佛节、宋干节、佛诞节、守夏节、水灯节、父亲节等。

1. 万佛节

泰国的万佛节一般在泰历3月15日,即公历的2月。万佛节源于佛祖在世时,于王舍城传经讲道。3月15日这一天,数以万计的僧侣不约而同地来到王舍城朝拜佛祖。

2. 宋干节

宋干节又称泼水节,也是泰历新年,在公历4月13日—15日。在节日来临之前,人们要清扫家内外,焚烧旧衣服,以避晦气;节日期间,人们互相泼水祝福,还会举办布施法会、选美大赛、花车游行、美食展览、文化艺术表演等一系列庆祝活动。

3. 佛诞节

佛诞节又称浴佛节,在泰历6月15日,为佛祖释迦牟尼诞生纪念日。

4. 守夏节

泰国的守夏节始于泰历8月,是泰国重要的佛教节日,也表示泰国已进入盛雨季节,僧侣进入为期3个月的坐禅、颂经期。期间,僧侣除早上外出布施化缘外,其他时间一律不得随意走出寺庙,膳食只能早、午两餐,晚餐只能吃流食。

5. 水灯节

泰国的水灯节一般在每年公历11月(泰历12月)月圆之日。水灯节是泰国的主要节日,亦是泰国民间最热闹、最富诗意且富含神话色彩的节日。按照泰国传统习俗,泰国人会在水灯节当天将亲手制作的水灯放入河流中,以寄托心中美好的愿望和祝福。

6. 父亲节

每年12月5日是泰国的父亲节,即拉玛九世王生辰纪念日。这一天,皇家田广场会有慈善组织搭起大棚为公众免费发放食物,甚至还有理发服务。各大景点也能享受半价甚至免费的特别待遇。晚上,皇家田广场还会有盛大的歌舞表演为国王庆生。

（二）民俗礼仪

1. 社交礼仪

泰国是一个礼仪之邦，被誉为"微笑的国度"。泰国人名在前，姓在后，平时相互之间只称名，不称姓，只在很正式的场合或通信时才使用姓。平时口头尊称，无论男女，一般只在其名字前面加一冠称"Kun"就行了，意思是"您"或"先生""太太""女士"。

2. 民俗禁忌

泰国人安详有礼，大街上很难看到吵闹，甚至听不到大声叫喊，当地人对外国人客气和蔼。泰国人的见面礼节是双手合十。别人向你行合十礼，要还以同样的礼节，否则就是失礼，但僧侣对俗家人士不一定回礼。一般是年轻者先向年长者打招呼、行合十礼，年长者随即也以合十回礼。行合十礼时要稍稍低头，口说"Sawattdee"（即"您好"）。用手指着对方说话是不礼貌的行为，而接吻、拥抱，甚至朋友见面时搂腰拍背等举止被认为有伤风化。

3. 旅游礼仪

泰国是佛教国家，90%以上的人信奉佛教。佛像在泰国被奉为圣物，不得对佛像做出不尊重的行为，切记不得攀爬佛像来取景照相。参观庙宇、王宫时，应着装整齐得体，不穿无袖背心、短裙、短裤及其他不合适的服装。进入主殿时，应根据要求脱鞋后进入，参观过程中保持肃穆，不得追逐、嬉戏、打闹。女士不得与僧侣直接接触，如需向僧侣递交物品，要将物品交予一位男士，由其代劳，或由僧侣将袈裟铺在面前，将物品放到袈裟上。

三、著名旅游城市及热点景观

（一）曼谷

曼谷是泰国的首都和最大城市，位于泰国的中部。从曼谷出发，到南部的普吉岛和北部的清迈所用的时间几乎一样。曼谷是世界上拥有佛寺最多的城市，所以曼谷也被誉为"佛教之都"。曼谷是一座具有强大包容性的城市，在曼谷，游客可以目睹泰国历史文化的精粹，感受城市的古老，也可以在集现代时尚与繁华热闹于一体的购物中心忘情"血拼"；既可以在随处可见的路边摊品尝地道的美味，也可以在豪华酒店尽情享受五星级的高端奢华服务；既可以在寺庙中禅修拜佛，寻求心灵的净化，也可以感受街边丰富多彩的、独特的夜生活。曼谷的周边也是旅游热门区域，原始古朴的水上市场、"全球最危险"之一的铁道市场、历史古城大城、皇室后花园华欣，以及海滨旅游度假胜地芭堤雅等都让游客们想要一探其神秘和美丽。

1. 大皇宫

大皇宫位于曼谷市中心区，是泰国历代王宫保存最完美、规模最大、最富有民族特色的王宫。大皇宫是曼谷中心一处大规模古建筑群，汇集了绘画、雕刻和装饰艺术的精华。曼谷王朝从拉玛一世到八世，均居于大皇宫内，如今该地仅用于举行加冕典礼、宫廷庆祝等仪式。现在，整个大皇宫景区包含了皇宫、玉佛寺、皇殿等多个景点，是一个非常受欢迎的地方,来此参观的游客相对较多。

2. 郑王庙

郑王庙又叫黎明寺,规模仅次于大皇宫,其主殿和标志性的5座佛塔是大家最常游览的景点。庙内著名的大佛塔,属于大乘舍利塔式,尖塔的外部装饰以复杂的雕刻,并镶嵌了各种彩色陶瓷片、玻璃和贝壳等,是泰国规模最大的一座大乘塔。塔尖高79米,直插云霄,傍晚或天气晴朗时观赏,景色绝美,令人叹为观止。

3. 湄南河

湄南河又名昭披耶河,是泰国水量最大、长度最长的河,有泰国"河流之母"之称。湄南河全长1352千米,纵穿泰国东南部,贯穿曼谷市区,在城市交通运输及岸边居民生活中扮演着重要角色。白天游览可乘坐昭披耶快船,沿途可观赏到郑王庙、大皇宫、玉佛寺等文化古迹。

(二)清迈

清迈位于泰国北部,距曼谷约696千米,面积20107平方千米。清迈北部与缅甸接壤,东北部隔清莱府与老挝相望。清迈是泰国第二大城市和泰北政治、经济和文化中心。

清迈是一座历史名城,始建于公元1296年,是兰纳古国的首都,孕育了丰富多彩的文化。清迈西北部为山区,居住着阿卡族、苗族、瑶族、侗族、克伦族等山地民族。清迈地处亚热带,气候宜人,风景秀丽,旅游景点众多,主要有普屏行宫、素贴山双龙寺、兰花园、美莎大象园、茵塔农国家公园和乃帕萨夜市等。清迈每年会举办宋干节、水灯节和花卉节等具有浓郁民族特色的民俗活动。清迈交通、通信设施便利,酒店、餐厅、超市众多,人民热情好客,吸引了大量游客前来观光购物。

1. 清曼寺

清曼寺又称昌挽寺,是清迈最古老的一座寺庙,其中极具特色的是由15只大象承载的塔。寺中有两座兰纳式僧院,其中一座佛坛前有一尊造于公元1465年的立佛,是目前为止清迈发现最早的佛像。

2. 清迈3D艺术博物馆

清迈3D艺术博物馆是世界上最大的3D艺术博物馆。该博物馆共3层,拥有超过130幅3D墙上绘画,其中包括海底世界、灭绝动物、沙漠,以及举世闻名的法老坟墓。清迈3D艺术博物馆中的作品绚丽多彩,人们可以以互动的形式参与进来,拍出超有想象力的摄影大片。

3. 大象自然保护公园

大象自然保护公园收留了一些曾受到虐待或是已经退休了的大象,是一个半野生的庇护所。这里完全没有带鞍骑行和表演,人们可以通过喂食和为其洗澡等方式来近距离接触大象,公园里的导游也会详细地为游客讲解大象的生活习性。公园有一日游、多日游和各种义工项目。目前,参加义工项目的多是来自欧美的年轻人,希望之后有更多的人可以参加,让更多的人了解到大象处境的艰难,意识到保护大象的重要性。

4. 布帕兰寺

布帕兰寺金碧辉煌，宁静圣洁，位于塔佩门外的闹市中，是电影《泰囧》的取景地。其规模不算大，却融合了缅甸和兰纳两种寺庙文化。寺中最吸引人的是小木造僧院，有超过300年的历史，屋宇至今还保存着原样。寺庙里有众多的动物和人偶雕像，有的造型憨态可掬，栩栩如生。

（三）芭堤雅

芭堤雅位于曼谷东南154千米、印度半岛和马来半岛之间的暹罗湾处。芭堤雅旅游区素以阳光、沙滩、海鲜名扬天下，是世界著名的海滨旅游度假胜地。白天的芭堤雅热闹非凡，灿烂的阳光、细腻的沙滩等吸引了各地无数游客来此度假。

1. 富贵黄金屋

富贵黄金屋是芭堤雅的一个富丽堂皇的庄园，名字源于庄园里有一尊纯金望海观音金佛。庄园濒海而建，无论建筑设计，还是景观雕塑环境，都称得上艺术精品。

2. 芭堤雅泰迪熊博物馆

芭堤雅泰迪熊博物馆是东南亚第一家和唯一一家泰迪熊博物馆。跟世界上其他任何地方不同，这家博物馆会给参观者幸福的印象。博物馆共分为12个区：印加区、恐龙区、化石区、非洲区、泰国区、海底区、爱斯基摩人区、圣诞老人城区、宇宙区、童话区、中国区、欧洲区。游客可以体验泰迪熊的可爱，无论抱或者摸它都行。温度、光亮和音效经过调整，让游客感觉像是在真实的泰迪熊世界。每到周末，在童话区还会有泰迪熊的特殊表演。

3. 七珍佛山

七珍佛山是为了庆祝泰皇登基五十周年纪念而雕刻的一座释迦牟尼的神像，此为芭堤雅最大的释迦牟尼雕像。七珍佛山令人大开眼界，传说这是一位高僧为九世王找的龙脉所在，就着山形剖开一面山，削平山面，依山用黄金造了一座大佛，然后用高科技镭射画出打坐佛像，用进口的金镶嵌线条，金线耀眼，在佛的心脏处藏有释迦牟尼的舍利。打坐佛像慈眉善目，数里之外也能看到。由于合理安排，再加上地理环境方面的原因，除正面外，左右两面较偏的地方也能看清坐在莲花座上的佛像金身。

四、旅游市场

泰国旅游业保持稳定发展势头，是泰国外汇收入重要来源之一。泰国的主要旅游地有曼谷、清迈、普吉、帕塔亚、清莱、华欣、苏梅岛等。泰国内阁批准了旅游业5年发展详细计划，包括推动泰国发展成为世界领先的医疗保健目的地。计划中的主要目标包括：旅游业对国内生产总值贡献至少25%；每年有至少3000家旅游企业和旅游景点获得认证。此外，泰国接待游客量年均增长5%，泰国成为联合国可持续发展目标成绩较佳的35个国家之一。

任务十 火山之国:印度尼西亚

案例导入

印尼巴迪克

巴迪克是印度尼西亚特有的一种蜡染花布,也泛指用这种花布制成的服装。巴迪克被印尼人视为国服,是印尼主要的传统服饰,已有1200多年的历史。巴迪克也是一种在国外广为人知的印尼文化,2009年,联合国已将巴迪克列为世界非物质文化遗产。过去,巴迪克常被用作正式服装,但现在巴迪克也可用于非正式活动。

案例探究:1.通过上面案例查询相关资料,说说为什么巴迪克被称为印尼的国服且被评为世界非物质文化遗产?

2.通过案例和任务学习,你还能列举印尼哪些传统文化?请查询并介绍其特点。

一、国家概况

(一) 地理环境

1. 区域与人口

印度尼西亚全称印度尼西亚共和国,面积1913578.68平方千米。印度尼西亚位于亚洲东南部,地跨赤道,与巴布亚新几内亚、东帝汶、马来西亚接壤,是全世界最大的群岛国家,疆域横跨亚洲及大洋洲,别称"千岛之国""火山之国"。

印度尼西亚人口2.76亿(2022年12月),是世界第四人口大国。印度尼西亚有数百个民族,其中爪哇族人口占45%,还有巽他族、马都拉族、马来族等,语言为印尼语。印度尼西亚的首都为雅加达。

2. 自然环境

印尼属赤道热带气候,终年分成两季:4—10月为干季,11月至次年3月为雨季。雨季炎热潮湿,平均气温为27—32℃。印尼各岛处处青山绿水,四季皆夏,人们称其为"赤道上的翡翠"。

(二) 历史人文

1. 历史简况

印尼历史悠久。爪哇是人类发源地之一,远古时期已有人在此繁衍生息。印尼社会长期处于封建割据状态,先后分为印度教王国和伊斯兰教王国两个时期。公元5世纪出现最早的王国,如加里曼丹东部的古戴王国和西爪哇的达鲁玛王国,公元7世纪在苏门答腊的巨港出现了东南亚强大的海上王国室利佛逝。公元13世纪末,拉登威查雅在爪哇建立了印尼历史上最强大的麻喏巴歇王国,统一了印尼。公元13世纪,伊斯兰教传入印尼。公元16世纪,伊斯兰教王国淡目灭掉麻喏巴歇,印尼进入伊斯兰王国鼎盛时期。1945年8月17日,苏加诺宣布印尼独立,建立印度尼西尼亚共和国。

2. 政治经济

1945年8月17日印尼独立后,先后武装抵抗英国、荷兰的入侵,其间曾被迫改为印度尼西亚联邦共和国并加入荷印联邦。1950年8月,印度尼西亚重新恢复为印度尼西亚共和国,1954年8月脱离荷印联邦。

印尼是东盟最大的经济体。20世纪60年代后期,印尼调整经济结构,经济开始提速,1970—1996年GDP年均增长6%,跻身中等收入国家。2014年以来,受全球经济不景气和美联储调整货币政策等影响,印尼经济增长有所放缓。总统佐科执政后,提出建设"全球海洋支点"构想,大力发展海洋经济和基础设施,印尼经济保持稳步增长。2022年,印尼国内生产总值19588.4万亿印尼盾(约合1.29万亿美元),同比增长5.31%;人均国内生产总值4783.9美元。印尼的货币为印尼盾。汇率:1美元≈14863印尼盾(2022年全年均价)。

3. 文化符号

印度尼西亚的国服是传统民族服装巴迪克。这是一种蜡染纺织品,绘有图案,并绣以金丝等作为点缀。正式社交场合,男士穿巴迪,深色裤子,头戴黑色无边礼帽,或扎头巾。按照传统,男子到了成年就应戴上无边黑色礼帽。外出或参加庆典时,男士喜欢在腰间挂着一把精致漂亮的"格里斯"(一种短剑),据说可辟邪驱秽,同时也是社会地位和风度的体现。

二、民俗风情

(一)主要节日

印度尼西亚的主要节日有开斋节、卫塞节、静居日、独立日、宰牲节等。

1. 开斋节

印尼的开斋节在伊斯兰教历10月1日。伊斯兰教历每年9月,全国伊斯兰教徒白天都要斋戒禁食,斋月过后的第一天,也就是10月1日,教徒们开禁,白天可以进食,这一天便成为开斋节。对印尼人来说,这是一年中最重要的节日。开斋节前夕的晚上是一个不眠之夜,上至总统、政府要员,下至普通百姓都要去清真寺举行会礼。

2. 卫塞节

印尼的卫赛节在夏历4月15日。卫赛节是佛教的重要节日,用于纪念佛教的三个重大事件:佛陀的出生、觉悟和涅槃。这三件事恰巧发生在不同年份的同一天。卫赛节期间,印尼的佛教寺庙均会有庆祝活动,位于日惹的婆罗浮屠佛塔的庆典尤为盛大。

3. 静居日

巴厘历10月1日是巴厘印度教的新年,也称静居日。从早上6点至次日6点,巴厘岛一片安静。入夜后,家家都不点灯,整个巴厘岛一片漆黑,所有娱乐场所都停止活动。人们24小时实行多种禁忌,即闭门不外出、不干活、不生火等。除医院、消防、警察等必要公共服务机构外,岛上所有商铺或机构暂时关闭,行人车辆不得在室外活动。人人只是静静地思过,检点自己的品德是否端正,以求净化自己的灵魂,获得内心的安宁,并进而将它融于自然界的宁静之中。

4. 独立日

1945年8月17日,印尼共和国宣布独立。为纪念该事件,每年的8月17日被确定为印尼的国庆日,又称独立日。

5. 宰牲节

宰牲节又称古尔邦节,伊斯兰教历12月10日为穆斯林的宰牲节。每年的这一天穆斯林教徒便宰羊向真主献祭,并将它定为宰牲节。在印尼,宰牲节是除开斋节之外的伊斯兰教第二大节日。

(二)民俗礼仪

1. 社交礼仪

印尼人待人讲究谦恭,不讲别人的坏话,认为笑口常开是社交中不可缺少的礼貌。因此,文雅、谦恭、和蔼是穆斯林公认的美德。在印尼,人们见面常行握手礼,但一般不主动与异性握手。合十礼也很流行。穆斯林行礼时常伴随阿拉伯语的问候"愿真主保佑你"。在印尼,尊卑、上下、长幼等级观念很强,对成年男子一般称呼"Park"("老伯""您""先生"之意)。下级对上级,即使后者年纪较轻,也应称呼"Park×××"。在长者、上级、客人座位前经过,要弯腰并将右手伸至右膝处,以示敬重。跟有身份的人打交道,最好以其正式头衔相称。

2. 民俗禁忌

印尼人偏爱茉莉花,视茉莉花为纯洁和友谊的象征。在公共场合拥抱和亲吻,被视作粗野、没有教养的表现。印尼人视陌生人触摸自己的头部为粗鲁无礼的行为。通常不宜询问印尼人的姓名。男子有互称兄弟的习惯。印尼人喜食辛辣和油炸食品,调味时喜加多种香料。日常吃饭用右手抓食,宴会上则使用刀、叉、勺等。用餐完毕,出于礼貌,应在盘子里留点食物。印尼人认为左手不洁,不用左手接受礼物或递交物品。

小知识

印尼人的饮食习俗

印尼地处热带,不产小麦,所以居民的主食是大米、玉米或薯类,尤其是大米更为普遍。在印尼,大米除煮熟外,他们还喜欢用香蕉叶或棕榈叶把大米或糯米包成菱形蒸熟吃,称为"克杜巴"。不过,印尼人也喜欢吃面食,如吃各种面条、面包等。印尼人吃饭不用筷子,而是用刀、勺、叉等,有时也喜欢用手抓饭。抓饭时，先把米饭盛在盘子里，然后用右手将饭捏成小团，送到嘴里一口一口地吃。喜欢手抓饭的人，觉得这样吃很开胃。饭桌上要放一碗清水，边抓饭，边不时用手沾一下清水，以免使米饭粘在手指上。

3. 旅游礼仪

在印尼，要注意尊重当地宗教信仰和民俗文化，进入宗教寺庙景观，一定要脱鞋。在巴厘岛游玩，进入寺庙要在腰间束腰带。另外，在餐馆吃饭时，如果同桌有印尼人，不要点含猪肉的菜，因为印尼人绝大多数是不吃猪肉的。在赠送印尼人礼品时，不要送酒类物品。

三、著名旅游城市及热点景观

（一）雅加达

印尼首都雅加达，是全国政治、经济、文化中心和海陆交通枢纽，位于爪哇岛西北部海岸，面积661.26平方千米，是东南亚最大城市，也是亚洲南部与大洋洲之间的航运中心。500多年前，雅加达称"巽他格拉巴"，意即"椰林密布之地"，是输出胡椒和香料的著名海港。公元1527年，改称"雅加达"，含有"胜利和光荣"之意。公元1618年为荷兰殖民军攻占，易名"巴达维亚"。1945年印尼独立后，雅加达恢复原名，并被指定为印尼的首都。雅加达有独立广场、印尼国家博物馆、伊斯蒂克拉尔清真寺等著名景点。

1. 独立广场

独立广场位于雅加达市中心，又称莫迪卡广场。莫迪卡广场四周街道宽阔整齐，花草树木点缀其间，绿意盎然。中间的民族独立纪念碑是雅加达市的象征，也是雅加达的最高建筑物。

2. 印尼国家博物馆

印尼国家博物馆位于雅加达市中心独立广场西边的独立西街，是印尼规模最大、收藏最丰富的博物馆。馆前草坪石墩上立有一座铜大象，为公元1871年暹罗王拉玛五世来访时所赠，故博物馆又称"大象博物馆"或"象屋"。博物馆中设有金银饰物室、青铜器室、货币室、古物展览室、史前展览室、木器展览室、民俗展览室、东印度公司陈列室等，其中包括30万年前爪哇猿人头骨化石、中国青铜时代的鼎和鬲、中国古代的陶瓷器和古币、爪哇岛上的象首人身佛像、苏门答腊岛独特的房屋模型以及皮影戏、木偶戏道具等。

3. 伊斯蒂克拉尔清真寺

伊斯蒂克拉尔清真寺号称是东南亚最大的清真寺，是为纪念印尼独立而建，同时感谢真主对印尼的眷顾。这座印尼国家清真寺被命名为"Istiqlal"，在阿拉伯语中是"独立"的意思。

（二）爪哇岛

爪哇岛位于马来西亚和苏门答腊东南、婆罗洲南方、巴厘岛西面，是印尼第四大岛，拥有全国一半以上的人口。

1. 伊真火山

伊真火山是位于印尼东爪哇省伊真高原上的一座活火山,海拔2386米,最震撼的是它神奇的蓝色火焰,这是世界上最大的自然蓝色火焰,想一睹这一抹蓝色魅焰,需要在夜间抵达火山口附近。这里还有着世界上最大的酸性火山湖——伊真火山湖,火山湖口以富含硫磺著称,正是大量高纯度硫使得岩浆点燃时呈现奇异的蓝色。伊真火山湖湖深200米,总面积达5.466公顷,如一颗蓝宝石镶嵌在山谷中,一天之中随日光温度呈现不同色彩。

2. 婆罗浮屠佛塔

婆罗浮屠佛塔是举世闻名的佛教千年古迹,位于爪哇岛中部马吉冷婆罗浮屠村。这座宏伟瑰丽的佛教艺术建筑,与中国的长城、印度的泰姬陵、柬埔寨的吴哥古迹和埃及的金字塔被誉为"古代东方的五大奇迹"。佛塔共有10层,四周的中间各有一条笔直的石级通道,由基角直达顶层。

(三)巴厘岛

巴厘岛是爪哇岛以东的一个岛屿,面积5560多平方千米。这里温和多雨,四季常青,花木繁茂,人们生性爱花,处处用花来装饰,因此该岛有"花之岛"之称,并享有"南海乐园""神仙岛"的美誉。全岛山脉纵横,地势东高西低,最高的山是阿贡火山,海拔3142米。沙努尔、努沙杜尔和库达等处的海滩是巴厘岛景色优美的海滨浴场,沙细滩阔,海水湛蓝清澈。巴厘岛是印尼文化宝库之一,其舞蹈、音乐、雕刻和绘画闻名遐迩。其中,极具代表性的舞蹈为狮舞和猴舞。乌布文化艺术村以绘画和雕刻艺术闻名。在木雕和绘画中心,可以观赏当地的艺术精品,也可以观看和购买当地人现场制作的木雕、蜡染、银饰、串珠等工艺品。

1. 蓝梦岛

蓝梦岛是位于巴厘岛东南边的一个离岛,比巴厘岛本岛更安静,仿佛身在马尔代夫一般。这里的海水清澈无比,非常适合潜水,水下生物清晰可见,因此也被称为"玻璃海"。此外,岛上还有梦幻海滩、恶魔的眼泪、红树林等很多著名景点,非常有特色。在这里可以玩转各种水上项目,探秘海底世界,乘船在红树林中探险,体验一场碧海蓝天的梦境。

2. 金巴兰海滩

金巴兰海滩位于巴厘岛机场南部,海滩狭长,以其壮观的海上日落美景闻名,被评为"全球最美的十大日落"之一。除了日落,傍晚时遍地的露天海鲜大排档也是金巴兰海滩的一大特色。可以一边观赏落日,一边享用海鲜烛光晚餐。海滩很好地保留了原来的风貌,村民们特有的热情和朴实使得整个海滩极具亲和力。

3. 情人崖

情人崖是巴厘岛西南海岸的一座断崖,到巴厘岛的情侣都会在此合照,情人崖被认为是爱情圣地。传说有一对青年男女相爱却受到父母阻挠,在这里跳海殉情,所以今天人们到这里以期待爱情的美好长久,也有很多人在这里举行婚礼。情人崖绝壁之上有一座海神庙,全部使用坚硬的花岗岩建造的,面向波涛汹涌的大海,是巴厘岛上最为庄严宏伟的庙宇。

(四)日惹

日惹位于爪哇岛中部,是日惹特别行政区省会。日惹历来是哈孟古扑沃诺苏丹统治的地区,因日惹第九世苏丹在反荷斗争中的贡献,中央政府给予日惹特别行政区的地位。日惹旅游和教育业发达,有"学生城"的称号。附近有"东方四大奇迹"之一的婆罗浮屠佛塔。普兰巴南寺庙群及日惹王宫、水城等也是值得一游的名胜。

1. 普兰巴南寺庙群

普兰巴南寺庙群是印尼最大的湿婆神建筑群,供奉着印度教的三位主神——湿婆、毗湿奴和罗摩。普兰巴南寺庙群是现今印尼境内最大、最美丽的印度教庙宇,是记录印尼人祖先灿烂文化的载体。

2. 日惹王宫

日惹王宫内拥有一系列豪华的大厅、宽敞的庭院和精致的凉亭,是爪哇宫廷建筑的极佳范例。日惹人的传统观念非常强,宫殿都是交由高贵的老家臣掌管,他们至今仍坚持穿着爪哇的传统服饰。王宫的中心是接待大厅黄金阁,大厅铺有大理石地板,屋顶更是装饰精美,荷兰式彩色玻璃窗和柚木雕刻的巨大圆柱吸引着人们的眼球。目前,王宫的大部分区域已经改为博物馆,藏品颇丰,有欧洲君主们馈赠的礼物、王室的传家宝、镀金饰品(很多是复制品)、加麦兰乐器等。

3. 水城

水城位于日惹王宫的西南方向,是宫殿建筑群的一个分支,由当时来自葡萄牙的设计师精心打造,但在爪哇战争爆发后,建筑受到了严重损毁,后来的一场地震更是彻底摧毁了这座曾经奢华的建筑。

四、旅游市场

旅游业是印尼非油气行业中仅次于电子产品出口的第二大创汇行业,政府长期重视开发旅游景点、兴建饭店,以及简化入境手续等。1997年以来受金融危机、政局动荡、恐怖爆炸、自然灾害、禽流感等不利影响,印尼旅游业发展缓慢。2007年起,印尼旅游业发展加快。2017年,外国赴印尼游客达1404万人次。2018年,外国赴印尼游客1581万人次。2019年,外国赴印尼游客1611万人次。受疫情影响,2020年入境游客仅369万人次。其中,马来西亚、中国、新加坡、东帝汶和澳大利亚为印尼前五大游客来源国。印尼当局于2023年6月取消了对159个国家及地区的免签入境政策,其中包括中国。目前,印尼的免签入境政策仅适用于文莱、菲律宾、柬埔寨、老挝、马来西亚、缅甸、新加坡、泰国和越南等东盟成员国。

任务十一 孔雀之国：印度

案例导入

印度的影视业

2016年，印度电影海外票房占到总票房收入40%左右。从那时起，印度电影开始进军中国市场。2017年和2018年，印度电影在中国市场的票房增长率达110.6%和87.68%。继《摔跤吧！爸爸》在中国拿下12.91亿元人民币票房后，《神秘巨星》等系列印度电影也在中国市场异军突起，票房表现远超印度本土。如今，印度电影正以新的创作理念在国际电影圈"攻城掠地"。

印度电影产业与音乐产业、旅游产业深度绑定，产业协同发展是其壮大的主要推力。热映影片的拍摄地通常会为当地带来就业机会和基建投资，除此之外，影视作品的宣传效应会增加目的地的旅游吸引力，从而吸引到更多的旅游者前去旅游。有报告指出，2022年，印度电影为其旅游业创造了约30亿美元的收入。

案例探究：1.印度的知名电影有哪些？从中可以看出印度有哪些独特的社会现象？

2.请从旅游目的地营销的角度思考影视对于旅游业的推动作用。

一、国家概况

（一）地理环境

1. 区域与人口

印度全称印度共和国，是南亚次大陆最大国家。印度东北部同中国、尼泊尔、不丹接壤，孟加拉国夹在东北国土之间，东部与缅甸为邻，东南部与斯里兰卡隔海相望，西北部与巴基斯坦交界。印度东临孟加拉湾，西濒阿拉伯海，海岸线长5560千米，国土面积约298万平方千米（不包括中印边境印占区和克什米尔印度实际控制区等），居世界第7位。

印度人口约14.2亿（2022年）。联合国人口基金会2023年4月发布《2023年世界人口状况报告》预测，2023年年中，印度的人口将为14.286亿，成为世界人口第一大国。印度有100多个民族，主要为印度斯坦族，官方语言为印地语和英语。世界各大宗教在印度都有信徒，其中印度教徒和穆斯林分别占总人口的80.5%和13.4%。印度的首都是新德里。

2. 自然环境

印度全境炎热,大部分属于热带季风气候。而印度西部的塔尔沙漠则是热带沙漠气候。气温因海拔高度不同而不同,喜马拉雅山区年平均气温12—14 ℃,东部地区年平均气温26—29 ℃。1—9月为印度的最佳旅游期,此时非雨季,适合旅游。冬季最适宜游览印度东南部,夏季最适合去高原地区避暑。

(二) 历史人文

1. 历史简况

印度是世界四大文明古国之一,创造了印度河文明。公元前1500年左右,原居住在中亚的雅利安人中的一支进入南亚次大陆,征服当地土著,创立了婆罗门教。公元前4世纪崛起的孔雀王朝统一印度,公元前3世纪阿育王统治时期达到鼎盛,把佛教定为国教。公元4世纪笈多王朝建立,形成中央集权大国,统治200多年。中世纪小国林立,印度教兴起。公元1398年,突厥化的蒙古族人由中亚侵入印度。公元1526年建立莫卧儿帝国,成为当时世界强国之一。公元1600年英国开始入侵印度。公元1757年印度沦为英殖民地,公元1849年印度全境被英国占领。1947年6月,英国通过《蒙巴顿方案》,将印度分为印度和巴基斯坦两个自治领。同年8月15日,印度独立。1950年1月26日,印度宪法正式生效,印度成立共和国,同时仍为英联邦成员。

2. 政治经济

印度是一个联邦制国家,总统是国家元首,但其职责是象征性的,实权由总理掌握。国家总统及副总统任期5年,由一个特设的选举机构间接选举产生。总统职位因去世、辞职或者罢免等原因缺席,印度宪法规定由副总统代行总统职务。行政权力由以总理为首的会议部长(即印度的内阁)行使。议会多数党向总统提名总理人选,由总统任命总理,然后再由总理向总统提名副总理和其他内阁成员。

独立后印度的经济有了较大发展。农业由严重缺粮到基本自给,工业形成较为完整的体系,自给能力较强。20世纪90年代以来,印度的服务业发展迅速,占GDP比重逐年上升。印度已成为全球软件、金融等服务业重要出口国。1991年7月开始实行全面经济改革,放松对工业、外贸和金融部门的管制。2022年,印度国内生产总值3.39万亿美元,人均国内生产总值2380美元。印度的货币是印度卢比。汇率:1美元≈83.2印度卢比(2023年10月)。

> **小知识**

印度的新兴产业

信息技术:信息技术(IT)(包括软件和硬件)是印度的重要行业之一。IT行业的收入估计为1900亿美元。预计到2025年将达到3500亿美元。2000年4月至2020年3月,印度的计算机软件和硬件部门吸引了累计价值449.1亿美元的外国直接投资。根据工业和国内贸易部(DPIIT)发布的数据,该行业在外国直接投资流入中排名第二。

生物技术：印度是全球12大生物技术目的地之一，也是亚太地区第三大生物技术目的地。到2022年，印度的生物技术产业已超过801.2亿美元，比2021年增长14%。在过去十年中，印度生物经济的估值增长了数倍。印度生物经济在2021年从702亿美元增长到801.2亿美元。目标是到2025年达到1500亿美元，到2030年达到3000亿美元。

太空技术：经过多年的发展，印度卫星的研发和应用技术已经达到或者接近国际先进水平，其运载火箭技术也不断取得突破性进展。

3.文化符号

印度的文化符号有种姓制度、孔雀、纱丽、宝莱坞等。

种姓制度以统治阶层为中心，划分出许多以职业为基础的内婚制群体。种姓制度涵盖印度社会绝大多数的群体，并与印度的社会体制、宇宙观、宗教与人际关系息息相关，是印度非常重要的社会制度与规范。

孔雀是印度的国鸟。它代表了印度宇宙学中时间周期的连续性。除此之外，人们相信它的羽毛能带来繁荣。有人说孔雀的叫声可以提醒人们可能发生危险。根据印度的宗教信仰，孔雀是由神话中的迦楼罗（金翅大鹏鸟）的一根羽毛创造出来的。这是一只巨大而威严的鸟，背上驮着毗湿奴神。孔雀也被认为能促进心理健康，因为看孔雀能让人在精神上平静下来。

印度妇女传统服饰是纱丽。纱丽是指一块长5.5米、宽1.25米以上的布料，穿着时以披裹的方式缠绕在身上。印度的纱丽样式繁多，不同的种族、区域、信仰会有不同的色彩、质感和穿着方式。印度妇女穿着纱丽时，上衣是一件短袖、露出肚脐的紧身衣，下身是一条及地的直筒衬裙。

宝莱坞是宝莱坞制片厂外景的简称，位于印度孟买电影基地，代表部分印度电影产业。宝莱坞是世界上较大的电影生产基地，拥有数亿名观众。

二、民俗风情

（一）主要节日

印度节日数量繁多，有20多个，大体分为四类：政治性节日、季节性节日、历史性节日和宗教性节日。

1.共和国日

印度的共和国日在每年的1月26日。1950年1月26日，印度宪法正式生效，印度建立共和国。每年的共和国日，印度都会举行盛大的游行和阅兵仪式。

2.独立日

印度的独立日在每年的8月15日。1947年8月15日，印度人民摆脱英国殖民统治，取得独立。独立日这一天，印度首都新德里会举行一场大型军乐队表演活动，印度总理会在红堡升起三色国旗，并发表电视讲话。

3. 洒红节

印度的洒红节在每年的公历3—4月,是印度教四大节日之一。节日前一晚,人们点燃篝火,庆祝恶魔胡里卡的毁灭,并迎接春天的到来。洒红节这天,印度就会化作一片色彩的海洋,人们无论相识与否,都互相抛洒五彩颜料,互相淋水,以示吉祥,众人嬉闹欢笑,纵情歌舞。

4. 排灯节

排灯节又称万灯节,在公历10—11月,是印度教徒最大的节日,全国庆祝3天。排灯节是印度教、锡克教和耆那教"以光明驱走黑暗,以善良战胜邪恶"的节日,也是印度最盛大、最著名的节日。为了迎接排灯节,印度的家家户户都会点亮蜡烛或油灯,因为它们象征着光明、繁荣和幸福。

5. 元旦

印度的元旦第一天,谁也不许对人生气,更不准发脾气。有些地区的人们以禁食一天一夜来迎接新的一年,由元旦凌晨开始直到午夜为止。因此,印度的元旦也被人称为"禁食元旦""痛哭元旦"。

(二)民俗礼仪

1. 社交礼仪

在印度,拥抱是常见之礼。献花环在印度是欢迎客人常见的礼节,尤其是对于远道而来或是比较尊贵的客人,主人都要献上一个花环,戴到客人的脖子上。点吉祥痣是印度人欢迎宾客的礼数;印度人回答问题时,头部向左右两边摆动,表示肯定的意思。

2. 民俗禁忌

印度人认为左手是不洁的,不要使用左手与印度人握手、进食,也不可以随意触摸他们的头。在印度,不要公开评论宗教。在商店和宗教圣地拍摄时,需要征得他人的同意,不要拍摄神像。与印度人交谈时,目光要看着对方的眼睛。情侣在公共场所有过于亲昵的动作,包括搂抱,会被视为不妥当的行为。不要问当地人有关他们种姓和肤色的问题。

3. 旅游礼仪

印度教徒奉牛为神,忌食牛肉,可以喝牛奶。他们普遍食羊肉和鸡肉。很多印度教徒为素食者,主要以大米、面饼、蔬菜、豆类、牛奶、酸奶和奶酪为食。印度菜多汁,味道厚重,印度人一般用右手把米饭、面饼、菜和在一起进食。进入宗教圣地时,着装要得体,特别是不要穿着短裙、短裤、无袖装,最好不要穿着印有神佛图案的衣服。印度人视鞋子为不洁之物,进入住所、宗教圣地、部分店铺及医院需要脱鞋,并且不要用脚触碰任何人。观看宗教仪式时,不能妄加评论。

三、著名旅游城市及热点景观

(一)新德里

新德里是一个文化多元、娱乐活动丰富的城市。德里市内主要分为两部分:北面的旧德里和南面的新德里。旧德里以红堡为中心,曾是莫卧儿帝国的首都,充满中世纪风格;新德里则在殖民时期由英国人规划,更加现代化,以政治地标、博物馆和现代化场所为特色。主要景点有顾特卜塔、印度门、巴哈伊教莲花庙等。

1. 顾特卜塔

顾特卜塔是印度的第一位穆斯林国王为了庆贺战胜当地印度教徒而修建的世界上最高的砖砌高塔。它由红砂石和大理石建成,高达73米,已有近1000年历史,被列为世界文化遗产。这座高塔是典型印度-伊斯兰风格建筑,塔身上镌刻着阿拉伯文的《古兰经》经文和各种花纹图案。

2. 印度门

作为德里的一个突出的地标,印度门坐落在国王大道上,许多重要的道路从这里向外放射出去。印度门由埃德温·鲁琴斯设计,最初称为全印战争纪念馆,纪念在第一次世界大战和第三次英阿战争中为英属印度而丧生的军队士兵,相当于印度的人民英雄纪念碑。

3. 巴哈伊教莲花庙

巴哈伊教莲花庙是德里著名的地标式建筑,高34.27米,底座直径74米,由三层花瓣组成,全部采用白色大理石建造。因看起来像一朵盛开的莲花,故称"莲花庙"。包容性很强的巴哈伊教规定,任何宗教信仰的人,都可以在这里无差别地崇拜自己的神祇。

(二)斋普尔

斋普尔位于新德里西南250千米处,是印度著名的古城,也是珠宝贸易中心。斋普尔与德里、阿格拉一起被誉为印度旅游之"金三角"。斋普尔有着粉红色的建筑风格,屋顶、墙壁一律是粉红色,连女性的纱丽也偏爱粉红色,因此,斋普尔被称为"粉色之城""玫瑰城"。斋普尔的主要景点有风之宫殿、斋普尔城市皇宫、纳哈加尔堡等。

1. 风之宫殿

风之宫殿建于18世纪中叶,粉红城墙以及许多窗户,吸引了无数目光。它是印度建筑史上的杰作,因众多窗户,使得宫殿任何地方皆有风可吹入。倘若遇上狂风,将窗门打开,宫殿就不会被吹倒。每当皓月当空,整座宫殿便闪闪发亮,所以它又被称为"月宫"。风之宫外部建筑雄伟,内部采光良好,回廊四通八达,可以通过标示方便地找到出口。

2. 城市皇宫

城市皇宫位于斋普尔旧城中心,是印度保存得较为完好的一处古迹,能够在此探索印度的悠久历史。皇宫由多个宫殿组成,建筑奢华。它不仅仅是一处遗迹,更像是一个逼真的博物馆,收藏着王公贵族们留下来的衣物、地毯、兵器、艺术品等,历史、艺术价值极高。

3. 纳哈加尔堡

纳哈加尔堡也叫老虎堡,矗立于斋普尔老城北部的山上,可以俯瞰整座城市。老虎堡有着坚固的军事防御设施,当年一次次地抵御了外来侵略者的进攻。这里有当时世界上最长的大炮,正是由于这个大炮,整个斋普尔才以不可战胜而闻名。

(三) 阿格拉

阿格拉位于印度北方邦，距离德里约200千米，是经典旅游线路"金三角"上重要的一站。阿格拉曾是强大的莫卧儿帝国的首都，是当时世界上人口较多、较繁华的城市。在这座不大的城市里，它拥有三处世界遗产：泰姬陵、阿格拉堡、法塔赫布尔西格里城。

1. 泰姬陵

泰姬陵是皇帝沙·贾汉为了纪念已故妻子玛穆塔兹·玛哈尔而兴建的陵墓，为"世界七大奇迹"之一。泰戈尔说，泰姬陵是"永恒面颊上的一滴眼泪"。泰姬陵是伊斯兰建筑的代表之作，其规划具有对称状的美感，是典型的莫卧儿风格。它以天空为背景，在一天不同时间和不同自然光线中会显现出不同的风情。

2. 阿格拉堡

阿格拉堡有400多年的历史，是强盛的莫卧儿王朝时期精美的城堡，被列入《世界遗产名录》。因为由红砂岩构成，阿格拉堡又被称为"红堡"，与德里的红堡齐名。这座伟大的建筑由著名的阿克巴大帝开始建造，总长2.5千米，庞大建筑包含数百座如迷宫般的宫殿、大厅、高塔和清真寺。现在，虽然大部分建筑年久失修，但其墙壁上的石雕和镶嵌画依然精美。

3. 法塔赫布尔西格里城

法塔赫布尔西格里城又被称作"胜利之城"，是阿格拉的又一处世界遗产。这座宏伟广阔的古迹位于阿格拉去往斋普尔的路上，城墙三面总长6千米，是阿克巴大帝的另一座宫殿式的建筑群体，包含数座宫殿、清真寺等宗教设施，以及政府行政机关、花园、图书馆和医院等。

(四) 瓦拉纳西

瓦拉纳西位于印度北方邦东南部，距离佛教圣地鹿野苑仅10千米，是印度著名历史古城和印度教圣地。这里拥有1500多座庙宇和众多名胜古迹。

1. 恒河

恒河是印度的母亲河，也是瓦拉纳西的生命源头，是教徒心中最神圣的地方，无数印度教徒千里迢迢来到瓦拉纳西，就为了能浸身恒河沐浴净身。他们深信恒河水能洗净罪孽与病痛，帮助灵魂升天，有些教徒死后家人也会将遗体运来瓦拉纳西火化，将骨灰撒入河里。恒河边有80多个河坛，每一个都有自己的名字和功用，其中有几个每天傍晚都会举行恒河夜祭。

2. 鹿野苑

鹿野苑是印度重要的佛教遗迹，也是印度佛教圣地，传说释迦牟尼在这里完成第一次说法。佛教在印度没落之后，鹿野苑的许多佛教建筑都遭到破坏。目前，鹿野苑的佛教遗迹公园包括达美克佛塔、阿育王石柱残迹、朝山丘、慕尔甘陀哈·库提·维哈尔、考古博物馆，以及后来兴建的各国寺院。

3. 达萨斯瓦梅朵河坛

达萨斯瓦梅朵河坛是恒河边上非常热闹的一个河坛，在瓦拉纳西乃至印度都具有非常神圣的宗教地位。这里的夜祭分两组,靠上游处和靠下游处都有多位祭司分别负责这项活动。日落后约半小时,身着黄色丝绸法衣的祭司打扫、整理好法器后便开始当天的仪式,每个印度教徒都庄重地吟唱着圣歌,这是他们对河神的回应。

四、旅游市场

印度因为独特的历史文化,旅游业发展迅速。印度不断推进、修改签证便利化措施,给入境游客大开"方便之门",旅游业在印度国民经济中的产业地位越来越重要。2018年,印度旅游业收入约占国内生产总值的10%,旅游业就业人口占总就业人数的8.1%。印度在在线旅游、酒店、旅行社、景区等领域都进行颇具代表性的创新发展,为近些年旅游业的整体发展提供了产业支撑。

入境游方面,印度积极提升硬件水平,以"不可思议的印度"(Incredible India)作为国家整体旅游宣传口号,展开多层次的营销推广,效果明显。2017年是一个标志性年份,印度接待外国游客突破1000万人次大关,大大超过2016年的880万人次。其后单月最高纪录是2018年12月,创下接待外国游客近120万人次的新高。整体来看,印度入境游的代表业态有五大主题:医疗之旅、瑜伽之旅、宗教之旅、历史人文之旅、生态之旅。出境游方面,2018年,印度出境旅游达2500万人次,其中入境中国80万人次。当前,在可支配收入增长、互联网和智能手机普及率提高以及国际航班增多的推动下,越来越多的印度人渴望出国旅行。

任务十二 宝石之国:斯里兰卡

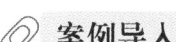

案例导入

斯里兰卡的海上小火车

到斯里兰卡旅行,很多人一个重要的情节就是去打卡海上小火车,感受经典的《千与千寻》动漫中海上小火车浪漫而温暖的情节。现实中,在斯里兰卡,就可以看到海上小火车的原型。所谓的"海上小火车",不是行驶在海上,而是火车极为靠近印度洋行驶,最近的距离只有1米,是全世界最长的沿海岸线铁路。

案例探究:1. 请你从携程旅行网上搜索斯里兰卡经典旅游线路,并分析其旅游特色。

2. 从旅游市场营销的角度,思考提升旅游目的地知名度的举措。

一、国家概况

(一)地理环境

1.区域与人口

斯里兰卡全称斯里兰卡民主社会主义共和国,是南亚次大陆以南印度洋上的岛国,西北隔保克海峡与印度相望。斯里兰卡国土面积65610平方千米,人口2218万(2022年)。僧伽罗族占75%,泰米尔族占16%,摩尔族占9%。僧伽罗语、泰米尔语同为官方语言和全国语言,上层社会通用英语。居民70.2%信奉佛教,12.6%信奉印度教,9.7%信奉伊斯兰教,此外还有天主教和基督教等。

2.自然环境

斯里兰卡接近赤道,终年如夏,年平均气温28℃,受印度洋季风影响,西南部沿海地区湿度大。斯里兰卡风景秀丽,素有"印度洋上的明珠"之称。

斯里兰卡的最佳旅行时间是12月至次年3月。尤其是圣诞节前后,大批欧洲游客来此避寒度假。斯里兰卡终年炎热,一年只分旱季、雨季。全年有两个雨季,分别为每年5—8月和11月至次年2月。

(二)历史人文

1.历史简况

2500年前,来自北印度的雅利安人移民至锡兰岛建立僧伽罗王朝。公元前247年,印度孔雀王朝的阿育王派其子来岛弘扬佛教,受到当地国王欢迎,从此僧伽罗人摈弃婆罗门教而改信佛教。公元前2世纪前后,南印度的泰米尔人也开始迁徙并定居锡兰岛。从公元5—16世纪,岛内僧伽罗王国和泰米尔王国之间征战不断。公元16世纪起先后被葡萄牙人和荷兰人统治。公元18世纪末成为英国殖民地。1948年2月获得独立,定国名锡兰。1972年5月22日改称斯里兰卡共和国。1978年8月16日改国名为斯里兰卡民主社会主义共和国。

2.政治经济

总统为国家元首、政府首脑和武装部队总司令,享有任命总理和内阁其他成员的权力。2022年7月20日,斯里兰卡议会举行总统选举,维克拉马辛哈当选总统,任期至2024年。

斯里兰卡以种植园经济为主,主要作物有茶叶、橡胶、椰子和稻米。斯里兰卡工业基础薄弱,以农产品和服装加工业为主。斯里兰卡在南亚国家中率先实行经济自由化政策。1978年,斯里兰卡开始实行经济开放政策,大力吸引外资,推进私有化,逐步形成市场经济格局。近年来,斯里兰卡经济保持中速增长。2005—2008年,斯里兰卡国民经济增长率连续4年达到或超过6%,为独立以来的首次。2008年以来,受国际金融危机影响,斯里兰卡外汇储备大量减少,茶叶、橡胶等主要出口商品收入和外国短期投资下降。斯里兰卡国内军事冲突结束后,斯里兰卡政府采取了一系列积极应对措施。2022年,斯里兰卡遭遇独立以来最严重经济危机。当前,斯里兰卡宏观经济逐步回暖,但仍面临外债负担重等困难。

3.文化符号

斯里兰卡的文化符号除了前面提到的海上小火车,还有锡兰红茶、香料、宝石等,这些符号在一定程度上代表了斯里兰卡。

锡兰红茶出产于斯里兰卡,是一种统称,又被称为"西冷红茶""惜兰红茶",该名称源于锡兰的英文"Ceylon"的发音,直接音译而来。锡兰高地红茶与安徽祁门红茶,大吉岭红茶并称世界的三大红茶。其主要品种有乌沃茶或乌巴茶、汀布拉茶和努沃勒埃利耶茶几种。

斯里兰卡地处赤道附近,常年雨水丰沛,适合各种奇花异草生长,自古以来就盛产香料,与印度共享"香料天堂"的美誉。郑和下西洋开辟了海上贸易通道,出口的大宗货物主要是丝绸和瓷器,而进口的商品主要是香料,除了被称为"海上丝绸之路"之外,还有"海上陶瓷之路"和"海上香料之路"的称谓。

斯里兰卡最大优势在于矿业,它是一个宝石富集的岛屿,世界前5名的宝石生产大国,被誉为"宝石岛"。在斯里兰卡的诸多宝石中,蓝宝石的美丽无与伦比。蓝宝石属于刚玉的一种,刚玉在斯里兰卡有两种,就是非常珍贵的红宝石和蓝宝石。另外,国外客户不管在哪里购买的宝石,斯里兰卡国家珠宝局的实验室都将提供免费的宝石测试服务。

二、民俗风情

(一)主要节日

斯里兰卡是一个节庆活动丰富多彩的国度,主要节日有独立日、佛牙节、僧伽罗和泰米尔新年等。

1.独立日

斯里兰卡在1948年2月4日获得独立,于是,此后每年这个日子,全国各地都会举行各种庆祝活动,如游行、阅兵、烟火表演等。

2.佛牙节

7月和8月月圆节前后,斯里兰卡各地会举行盛大的巡游庆典。佛牙节特指8月月圆节前后在斯里兰卡中部山区佛教圣地康提举行的,以佛陀释迦牟尼的佛牙舍利为中心展开的庆祝活动。该活动持续时间约一周,成千上万的佛教徒对供奉在佛牙寺的佛牙朝拜,举行盛大的巡游活动。

3.僧伽罗和泰米尔新年

僧伽罗和泰米尔新年在每年公历的4月13日—14日举行,是斯里兰卡重要的传统节日,类似于中国的春节。斯里兰卡新年有一个特别的习俗,就是把新年钟声敲响的前后半小时称为"凶期"或"行善期",期间大家停止一切活动待在家里,或出去听念经。"凶期"或"行善期"一过便立刻喧嚣起来,鞭炮齐鸣,开始进行大规模的娱乐活动。

（二）民俗礼仪

1. 社交礼仪

斯里兰卡是一个大多数人都信仰佛教的国家，许多习俗都与佛教有关，僧侣是备受尊敬的，居民和佛教僧侣对话时，不论是站着还是坐着，都设法略低于僧侣的头部。斯里兰卡的居民与人初次见面，多采用握手、双手合十的方法来打招呼，双手在面部合十是较为规范的做法。斯里兰卡人喜欢红色、白色、黄色等颜色，视乌鸦为吉祥物，喜欢用燃灯的方式来庆祝开业、奠基、宗教仪式等。

在斯里兰卡，点头和摇头的含义与中国相反，点头表示"不是"，摇头则表示"是"。斯里兰卡人吃饭是用右手的拇指、食指、中指这三根指头拿起食物食用。给当地人送礼物时不要送花，吃饭和接受礼物时都要用右手。

📎 小知识

斯里兰卡的婚俗

斯里兰卡人的婚俗比较特别，以僧伽罗人的婚俗为代表，男女双方先定亲，确定婚期后，互换戒指。结婚当日，有小舅子为新郎洗脚、系同心结、打破椰子等习俗。而真正的礼成是新娘在结婚礼台上在腰上围上新郎所送的花布，并且头上戴上新郎所送的鱼形发卡。

2. 民俗禁忌

斯里兰卡的佛教徒除有"过午不食"的教规外，还有不进娱乐场所、不骑车、不快跑、不乘母畜拉的车、不戴手表，以及庙内赤足的规矩。斯里兰卡人大多信奉佛教，日常生活中，人们对僧侣格外尊敬。乘坐公共汽车，普通人均从后门上车，而僧人则从前门上车，车前还有僧人专座，他人不得擅坐。斯里兰卡僧侣禁止饮酒。

在斯里兰卡，人们忌讳使用左手传递东西或食物。因此，用左手为他们递送物品是极不礼貌的。

3. 旅游礼仪

斯里兰卡人宗教意识较强，因此，到这里旅游要尊重宗教。参观寺庙要脱鞋；穿着要得体，不可袒胸露背，不可穿无袖上衣和短裙、短裤，宜穿白色为主色的带袖衣服，裙、裤长度过膝。不要触碰僧人头部。女士须与僧人保持合适距离，不得与僧人有肢体接触，不得与僧人单独拍照，且多人合照时亦须与僧人保持合适距离。在寺庙一般须得到许可方可照相。在僧侣面前，应席地而坐，或选择较矮的凳子就坐，不能与僧侣并排就坐。在公共汽车上，要为僧侣让座。路遇僧侣，要躬身合十，请其先行。候机厅内的白椅子，是为宗教人士准备的，即使座位空着，普通民众亦不得占用。遇月圆节，不能喝酒。

斯里兰卡人信奉佛教"不杀生"的教义，有保护环境的传统。游客须尊重当地法律及习俗，不随意猎杀野生动物，以免引起法律纠纷或与当地人发生冲突。任何捕杀动物的行为，比如在野外抓蝴蝶、在家里杀鸽子等，都有可能被人举报而面临坐牢。

斯里兰卡当地人有收小费的习惯,景点、宾馆、餐厅的服务生,只要享受了他们的服务,就要支付小费。一些旅游景区,常有当地人热情指路或者搀扶游客上山,此种情况也须付小费。

三、著名旅游城市及热点景观

(一) 科伦坡

科伦坡是斯里兰卡的首都、第一大城市,位于锡兰岛西南海岸、克拉尼河以南,为进出斯里兰卡的门户,素有"东方十字路口"之称。科伦坡在僧伽罗语中为"海的天堂"之意。科伦坡历史悠久,早在公元8世纪,阿拉伯人在此筑屋定居,当时称"科兰巴"("港口和芒果树"之意),后葡萄牙人译为"科伦坡"。科伦坡的知名景点有科伦坡国立博物馆、独立广场和独立纪念堂、冈嘎拉马寺等。

1. 科伦坡国立博物馆

科伦坡国立博物馆是斯里兰卡一处古老的博物馆,位于首都科伦坡市中心。博物馆前面立着的是主持修建博物馆的英国殖民总督 William Henry Gregory 爵士的雕像。馆内收藏斯里兰卡各个历史时期的珍贵文物,包括各种石雕像、铜雕像、宝石、武器、画作以及康提王朝时期的各种编织品、金属制品、民俗手工艺品,以及最后一代康提国王的铠甲等。还有从康提运来的狮子王座,以及各地出土的中国瓷器。其中收藏的郑和碑是郑和访问斯里兰卡的见证。

2. 独立广场和独立纪念堂

独立广场是科伦坡标志性的文化广场,位于科伦坡大学东侧,是斯里兰卡1948年2月4日独立仪式举行的场所。广场中央的独立纪念堂是模仿康提王朝时期皇室接见朝觐者的大厅而建造的。广场周围绿色的草坪映衬着独立纪念堂,四周是石雕狮子,纪念堂的背面是斯里兰卡开国总理D·S森约那亚克的雕像。

3. 冈嘎拉马寺

冈嘎拉马寺融合了斯里兰卡、泰国、印度和中国的建筑特点,建有图书馆、博物馆、宿舍和一座三层的佛学院,院里有一棵菩提树。博物馆里收藏有数尊高大的佛像和数根巨大的象牙,还藏有罗汉舍利、珠宝、纯金法器和象牙法器,以及一些来自日本、缅甸、泰国等地雕刻精美的佛像。据称在所有藏品中,最珍贵的是一撮来自佛陀的头发,通常被紧锁于保险箱中,一般人无缘得见。

(二) 康提

康提建于公元14世纪,位于斯里兰卡南部中央,历史上是行政和宗教中心。辛加人祖先统治该岛长达2000多年,康提古城以佛教圣地闻名,是辛哈拉国王统治时期的最后一个首都。康提的主要景点有佛牙寺、皇家植物园、康提湖等。

1. 佛牙寺

佛牙寺位于康提湖北面,庙里安放着斯里兰卡重要的佛教圣物——佛祖释迦牟尼的牙舍利。寺院有上下两层,厅堂套厅堂,结构复杂,主要有佛殿、鼓殿、长厅、诵经厅、大宝库、内殿等,其中重要的建筑是中心大殿。

2. 皇家植物园

康提的皇家植物园号称是世界上最好的热带植物园,也是整个亚洲最大的植物园,占地超过60公顷。皇家植物园始建于公元1371年,曾经是康提国王的御花园。如今园内种植收藏了超过4000种斯里兰卡本土以及海外引进种植的植物,不乏一些非常稀有珍贵的热带植物,赤道的热带骄阳和康提地区的地中海式气候使得植物园四季如春,植物茂盛,到处鲜花盛开。

3. 康提湖

康提湖位于康堤市中心,是由一片稻田挖成的巨大人工湖。有人说康提湖之于康提,犹如西湖之于杭州,形象地说明了康提湖对整个康提的作用。康提湖景色秀美,湖边长满了热带花草树木,树木郁郁葱葱,构成天然的凉棚。著名的佛牙寺也坐落在康提湖旁,两者交相辉映,完美和谐,构成康提古城最美的一道风景线。

(三)加勒

加勒是斯里兰卡南部海滨城市,古城在公元16世纪被荷兰人占领,作为殖民产物,古城内处处彰显着欧洲的痕迹。加勒城堡已经被列入世界文化遗产,古城街道上处处可见欧式建筑、小小的咖啡馆,呈现出异彩斑斓的异国风情。加勒的主要景点有加勒古堡、乌纳瓦图纳、希卡杜瓦海滩等。

1. 加勒古堡

加勒古堡始建于公元16世纪葡萄牙人统治时期,后来被荷兰所占据,现在的城墙、城门、灯塔、钟楼等建筑都是荷兰殖民时代的建筑。公元18世纪英国人入侵之前,加勒古堡一度非常辉煌,发展到了它的鼎盛时期。它是欧洲人在南亚及东南地区建筑防卫要塞的典型代表,成功地融合了欧洲的建筑艺术和南亚的文化传统。

2. 乌纳瓦图纳

乌纳瓦图纳靠近加勒古堡,以美丽的海滩和珊瑚闻名,还是斯里兰卡著名的海龟养殖基地。乌纳瓦图纳位于加勒郊区东南5千米,海湾呈月牙状,沙滩细长洁白,风平浪静,非常适合游泳和潜水,海边矗立着一栋栋建筑物,各种客栈、酒吧、度假村、购物商店沿着海岸线一字排开,是一处非常受游客欢迎的休闲度假胜地。

3. 希卡杜瓦海滩

希卡杜瓦海滩是斯里兰卡开发得较早的一处海滩,也是斯里兰卡热门的观光地区之一。这里的一大亮点是"水下珊瑚公园",游客可以坐在玻璃船上欣赏珊瑚和游鱼。希卡杜瓦海滩凭借其独特的海滩文化,如壮丽的海洋景色以及科伦坡到希卡杜瓦的一段沿海火车,吸引了无数游客。

四、旅游市场

旅游业是斯里兰卡经济的重要组成部分。游客主要来自欧洲及印度、中国等国家和地区。根据斯里兰卡旅游发展局,2019年斯里兰卡全年接待入境游客总数191万人次,比2018年同期下降了18%。世界经济论坛也公布了《2019年旅游竞争力报告》,斯里兰卡位居全球第77位,排名较2018年的报告下降了13位。

2023年6月,《缅甸之光》报道,斯里兰卡国家在旅游行业上所获得的收入,相比5月有了明显的增长,比2022年同期增长了200%。2023年头5个月内,这里旅游业所获得的赋税收入共为8亿2750万美元,与2022年同期相比增长了30.4%。2023年头5个月内,进入斯里兰卡国家的国外游客量有5万多人次。旅游业是斯里兰卡国家获得外汇收入的一个重要行业。

任务十三　石油王国:沙特阿拉伯

案例导入

沙特阿拉伯旅游局首次在中国路演

沙特阿拉伯旅游局于2023年3月在中国举行路演,宣传沙特旅游,通过在北京、上海和广州等中国主要城市的一系列活动,向中国旅客介绍沙特旅游产品。包含沙特目的地管理公司和酒店经营者在内的13家沙特阿拉伯旅游局合作伙伴,向中国这个全球最大旅游客源市场的消费者分享贴合其需求的最新旅游资讯。100多家中国贸易企业参加了此次路演,路演期间宣布了若干战略合作伙伴关系。

沙特阿拉伯旅游局亚太区总裁Alhasan Aldabbagh表示,"我们很高兴能向中国各地的旅客展示沙特的美,介绍我们丰富多彩的旅游资源。中国的合作伙伴给予了我们非常积极的回应。沙特阿拉伯旅游局将致力于打造对中国市场有吸引力的旅游产品。类似此次路演等活动,有助于我们实现目标,增加到访沙特的中国游客数量。"

案例探究:1.请结合案例,查询沙特阿拉伯为了促进入境旅游发展开展了哪些工作?

2.从入境旅游市场营销的角度,思考沙特阿拉伯的路演带给你哪些启发?

一、国家概况

(一)地理环境

1.区域与人口

沙特阿拉伯全称沙特阿拉伯王国,位于阿拉伯半岛。沙特阿拉伯东濒波斯湾,西临红海,同约旦、伊拉克、科威特、阿联酋、阿曼、也门等国接壤,经法赫德国王大桥与巴林相接。沙特阿拉伯国土面积225万平方千米,居世界第14位,海岸线长2448千米。

沙特阿拉伯人口3218万(2023年6月),其中沙特公民约占58.4%,官方语言为阿拉伯语,首都为利雅得。

2.自然环境

除西南高原和北方地区属亚热带地中海型气候外,沙特阿拉伯其他地区均属热带沙漠气候。夏季炎热干燥,最高气温可达50℃以上,冬季气候温和,年平均降雨不超过200毫米。

沙特的旅游业比较发达,一年四季都适合游玩。穆斯林的朝觐圣地麦加和麦地那是沙特阿拉伯的两张旅游名片。

(二)历史人文

1.历史简况

公元7世纪,伊斯兰教创始人穆罕默德及其继承者统一阿拉伯半岛,建立阿拉伯帝国。公元16世纪,被奥斯曼帝国统治。公元1727年,沙特家族建立第一个沙特酋长国,公元1818年被奥斯曼帝国灭亡。公元1824年,沙特家族建立第二个沙特酋长国,公元1891年因统治家族内讧灭亡。1902年,阿卜杜勒阿齐兹建立第三个沙特酋长国,之后逐步统一阿拉伯半岛大部分地区,于1932年建立沙特阿拉伯王国。

2.政治经济

沙特阿拉伯是君主制国家,禁止一切政党活动。无宪法,以《古兰经》和《圣训》(记录伊斯兰教先知穆罕默德谈话的文集)为国家立法、执法依据。国王亦称"两圣地(麦加和麦地那)仆人",行使最高行政权和司法权,有权任命、解散或改组内阁,有权立、废王储,解散协商会议,有权批准和否决内阁会议决议及与外国签订的条约、协议。1992年3月1日,法赫德国王颁布《治国基本法》,规定沙特国王由开国君主阿卜杜勒阿齐兹子孙中的优秀者出任。

石油工业是沙特阿拉伯的经济支柱,石油收入占国家财政收入的68.2%,石油天然气产值占国内生产总值的27.4%。2022年原油产量约5.24亿吨。近年来,为摆脱对石油产业的依赖,沙特阿拉伯积极推进经济多元化发展,2016年以来提出"2030愿景"以及一系列重大发展规划和倡议,沙特是二十国集团中唯一的阿拉伯国家。近年来,沙特政府充分利用能源产业收益,积极引进国外先进技术设备,大力发展钢铁、炼铝、水泥、海水淡化、电力工业、农业、服务业等非石油产业。

3.文化符号

沙特阿拉伯的文化符号有石油王国、伊斯兰教圣地麦加和麦地那等。

沙特阿拉伯石油资源丰富,依靠石油,仅仅几十年的时间,就使一个沙荒遍地的贫瘠之邦一跃变成世界上屈指可数的几个富有国家之一。

麦加是伊斯兰教创始人穆罕默德的诞生地,穆罕默德于公元570年诞生于此。麦加是伊斯兰教第一圣城、沙特阿拉伯西部省省会,位于西部赛拉特山地中段易卜拉欣涧河的峡谷中,后来成为伊斯兰教中心和商业中心。麦加不仅有全世界最大的清真寺、禁寺,而且也是一座极具现代化的国际都市。

麦地那是伊斯兰教的第二圣城,在历史上麦加是伊斯兰教创始人穆罕默德的出生地,后来先知穆罕默德在麦加受到了当地人的排挤,因此就来到了麦地那,并把这里的城市名字"叶斯里卜"改为"麦地那",意思就是"先知之城",先知穆罕默德的最后安葬地。在穆罕默德时代,麦地那是伊斯兰教的政治和文化中心,在伊斯兰教历史上具有十分重要的地位。

小知识

朝觐旅游

6月26日至7月1日,沙特阿拉伯举行了2023年朝觐活动,本次朝觐是近三年参加人数最多的一次。对于朝圣者来说,朝觐是每个有能力的健全穆斯林一生一次的义务。对沙特来说,朝觐是启动王国圣城经济的机会,朝觐者的住宿、交通、费用和礼物是沙特政府的主要收入来源。许多朝圣者表示,尽管价格高昂,他们还是很高兴能踏上朝圣之旅,并为家人购买礼物。促进朝觐旅游是沙特王储穆罕默德·本·萨拉姆摆脱石油依赖,实现沙特经济多元化计划的一部分。

2015年,沙特政府就启动了一项耗资210亿美元的项目,扩建麦加大清真寺,以容纳30万名朝拜者。近年来,沙特政府投资350亿美元重建吉达阿卜杜勒阿齐兹国王国际机场等项目,旨在提高当地接待游客的能力。扩建计划将于2026年第四季度完工。同时,耗资160亿美元的麦加地铁项目将开通4条新的地铁线路,连接麦加重要的宗教场所。朝觐和朝圣部副部长阿卜杜勒·法塔赫·马沙特表示,朝觐和朝圣是沙特2030年愿景的主要组成部分,其目标之一是促进宗教旅游业,到2030年每年接待3000万朝觐朝圣者。

二、民俗风情

(一)主要节日

沙特阿拉伯的主要节日有国庆日、建国日、开斋节、宰牲节等。

1. 国庆日

沙特阿拉伯的国庆日在每年的公历9月23日。1927年签署的《吉达条约》使得沙特阿拉伯正式脱离英国的统治而独立。1932年9月22日,沙特阿拉伯正式宣布统一。每年的这个时候,沙特都会在全国多个城市举办多种多样的文化、娱乐和体育活动,以庆祝这一节日。

2. 建国日

沙特阿拉伯的建国日在每年的公历2月22日。2022年,沙特阿拉伯官方颁布法令,宣布将每年2月22日作为沙特阿拉伯建国纪念日。这个节日是为了纪念伊玛目穆罕默德·本·沙特于公元1727年成立沙特王国。在这一天,沙特阿拉伯将用旗帜装饰街道,举行一系列的庆祝活动等。

3. 开斋节

沙特阿拉伯的开斋节在伊历10月第一天,休假7天。每年伊斯兰教历的9月为斋月。在斋月的30天内,除病人、孕妇、喂奶的妇女和日出前踏上旅途的人以外,人们从日出到日落禁止饮水、进食。

4. 宰牲节

宰牲节也称古尔邦节,在伊历12月10日,长达2个星期。宰牲节也是朝圣的日子,从12月9日到12日,数百万世界各国的穆斯林涌向沙特,到圣地麦加和麦地那朝圣。在朝觐朝圣结束时,男性朝圣者将剃掉头发,女性将剪掉一绺头发,以作为完成朝圣的标志。在世界各地,穆斯林将庆祝朝觐朝圣的结束,并将屠宰羊和牛,把肉分发给穷人。

(二)民俗礼仪

1. 社交礼仪

沙特崇尚国际礼节,同时保持着游牧民族纯朴的好客习俗。喜欢以咖啡和红茶待客,喝咖啡时用小杯子,每次斟少量,直到客人轻轻摇晃杯子示意不再喝为止。握手或接送物品和食物须用右手,左手被视为不洁。沙特人通常与客人行握手礼,贴面和拥抱主要用于亲朋好友、情侣恋人之间。

2. 民俗禁忌

沙特阿拉伯宗教气氛浓厚,凡违背伊斯兰教信仰和教规的商品、行为都被严格禁止。2018年6月24日起,女性可以自驾车外出;女性外出时一般穿着长袍,不强制佩戴头巾。男性不得袒胸露背,一般不允许穿着短裤进入公共场所。未经许可的情况下,切忌对准女性照相。沙特斋月期间,每日祷告时段,商场、餐厅、咖啡馆等消费场所强制暂停营业。

3. 旅游礼仪

旅游者在旅游过程中,要尊重当地的饮食习惯、习俗禁忌、宗教礼仪等,入乡随俗,融入当地的民风民情。为了人身、财产的安全,旅游者应该避免在公开场合暴露贵重物品及大量现金,旅游时需要时刻看管好首饰、相机等随身物品。

三、著名旅游城市及热点景观

(一)利雅得

利雅得是沙特的首都,位于阿拉伯半岛中部的哈尼法谷地的平原之上,是一个典型的绿洲城市,为沙特的第一大城市。城中心8平方千米为纳绥里耶区,是国王与王室居住的特区,由数十幢宫殿、数百所别墅和花园组成。利雅得发展很快,已经成为阿拉伯世界著名的花园城市之一,市内有宏大的政府大楼、高层公寓,以及豪华的宫殿、巨型商场、宽阔的街道、多层立交桥、漂亮的公园等。

1. 王国大厦

王国大厦位于沙特首都利雅得市中心，是利雅得的地标性建筑，也是利雅得最大、最重要的金融经济中心。王国大厦共有100层，高311米，曾经是中东地区的最高建筑，现在仍然保持着中东第二高楼的地位。塔式高楼内有大量的办公室、一家五星级酒店和44间豪华套房。登上这座高楼，整个利雅得的风景尽收眼底。

2. 沙特国家博物馆

沙特国家博物馆位于利雅得，是沙特最大的历史博物馆，占地面积约28000平方米。它紧邻阿卜杜勒阿齐兹国王宫殿，馆内藏有沙特各个历史阶段的重要文物，从新石器时代的石刻，到吉达古旧建筑的复制品，可以领略阿拉伯世界的历史。

3. 费萨尔塔

费萨尔塔位于利雅得市中心商业区，是一座很高的建筑。该塔是由英国建筑师福斯特和哈帕德设计的，设计构思据说是来自一支圆珠笔，笔尖的圆球就是塔尖的豪华旋转餐厅。这是一个功能庞大的建筑，包括酒店、观光塔以及其他设施。游客可以搭乘电梯到达塔顶的旋转餐厅，边享用美食边欣赏利雅得市的全景。这座塔是伊斯兰传统文化与现代建筑理念的有机结合，很受沙特人的推崇。

（二）吉达

吉达位于红海之滨，被誉为"红海新娘"，是沙特的第二大城市、经济中心，也是中东和西亚地区非常富有的城市。因毗邻红海的缘故，吉达港是沙特的第一大港。沙特阿拉伯外交部与外国使节驻此，设有70多个总领事馆，因此有沙特"外交首都"之称。

1. 国王喷泉

国王喷泉是世界上最高的人造喷泉因建在海上而独具魅力。因为沙特国王法赫德喜欢大海，所以他在吉达的行宫就建在海边。行宫建好后，设计师为了让行宫和大海成为一体，就把本应建在宫殿中的喷泉建到了海上。国王喷泉被国际建筑界公认为是建筑杰作，如今也成了吉达的象征，喷泉喷出的水高达312米，喷射速度可以达到375千米/时。

2. 水上清真寺

水上清真寺位于吉达市滨海路，就建在红海边上，由几根粗壮的水泥柱子支撑起整座寺庙，远远望去就好像矗立在水上，所以叫水上清真寺。清真寺外观简洁大方，映衬在水中的倒影更加迷人。进入寺里参观要穿上指定的服饰，必须尊重当地的风俗。

3. 巴拉德老城

巴拉德老城是沙特阿拉伯令人回味的地区之一，2014年被联合国教科文组织列入了《世界遗产名录》。巴拉德老城古老的珊瑚岩建筑之间有着错综狭长的小巷，可以通向香气四溢的香料集市和传统面包房。近年来，这里的许多建筑都经过精心修复，包括拥有106个房间的纳西夫故居。沙特阿拉伯前国王阿卜杜勒阿齐兹·伊本·沙特在1925年成为沙特阿拉伯国王之前就曾在此居住。

(三) 麦加

麦加位于沙特西部赛拉特山区一条狭窄的山谷里,是沙特西部省省会,因伊斯兰教创始人穆罕默德诞生地而名震寰宇。麦加是一座历史名城,四周群山环抱,层峦起伏,景色壮丽,拥有克尔白、渗透泉、麦加大清真寺等多处地标性建筑。每年伊斯兰教历的12月,世界各地的穆斯林都千里迢迢来到麦加大清真寺朝圣,瞻仰真主真神和他们指点的圣地圣石。

1. 麦加大清真寺

麦加大清真寺位于麦加城中心,也称禁寺,是伊斯兰教第一大圣寺,有25个大门和7个高大的宣礼塔,主要景观有方形圣殿、石头建筑等。禁寺有着悠久的历史,是全世界穆斯林礼拜朝向的克尔白天房所在地,也是伊斯兰教最神圣的地方。经过多次扩建,禁寺非常雄伟,能够同时容纳几十万人做礼拜。

2. Abraj Al Bait塔

Abraj Al Bait塔又称麦加皇家钟塔饭店,是位于沙特阿拉伯麦加的建筑群。这座造型奇特而且复杂的塔楼成为2015年世界第三高建筑物,仅次于迪拜的哈里发塔与中国的上海中心大厦。

四、旅游市场

为了降低国家对石油的过度依赖,实现国家经济转型,沙特大力发展旅游业、物流业等非石油经济。沙特旅游部长2023年2月在Al-Ahsa经济论坛上发表讲话:2022年,沙特阿拉伯的国内外游客总数为9350万人次,全年旅游总消费达1850亿里亚尔。与2021年相比,2022年国内游客达7700万人次,同比增长21%,而全年外国游客人数为1650万人次。旅游业对GDP的直接参与达到3.2%。2022年6月,沙特拨款1亿美元为10万人提供旅游和可持续发展领域相关工作培训,使旅游业成为增长较快和可持续的经济活动之一。沙特阿拉伯以积极的行动促进旅游业更大的发展。世界旅游及旅行业理事会(WTTC)第22届全球峰会于2022年11月底在沙特阿拉伯首都利雅得举行,143个国家的宾客出席了会议,探讨旅游新时代最紧迫的问题,定义和完善关键战略举措,应对行业面临的社会、环境与经济挑战,讨论可持续性和包容性问题,让旅游业继续为国际社会创造共同繁荣。

任务十四 热气球王国:土耳其

案例导入

浪漫的土耳其

一首歌《带你去旅行》:"我想要带你去浪漫的土耳其,然后一起去东京和巴黎……"动听的旋律、直白的歌词,让人都忍不住想要去土耳其浪漫一下。蓝色土耳其,一场属于天空的浪漫热气球体验,说人生最长情的告白,是和你一起慢慢变老,而现在就能实现的,就是带你去浪漫的土耳其。

案例探究:1.为什么土耳其会被冠以"浪漫"之名?土耳其的旅游吸引力主要体现在哪些方面?

2.土耳其在促进入境旅游业发展方面有哪些举措?

一、国家概况

(一)地理环境

1.区域与人口

土耳其全称土耳其共和国,地跨亚、欧两洲,邻格鲁吉亚、亚美尼亚、阿塞拜疆、伊朗、伊拉克、叙利亚、希腊和保加利亚,濒地中海、爱琴海、马尔马拉海和黑海。土耳其面积78.36万平方千米,其中97%位于亚洲的小亚细亚半岛,3%位于欧洲的巴尔干半岛。海岸线长7200千米,陆地边境线长2648千米。土耳其地理位置和地缘政治战略意义极为重要,是连接欧亚的十字路口。

土耳其人口约8527万(2022年12月),其中,土耳其族占80%以上,库尔德族约占15%。土耳其官方语言为土耳其语,首都为安卡拉。

2.自然环境

土耳其西部及南部沿海地区属典型的地中海型气候,夏季炎热、少雨,冬季温和、多雨。北部沿海地区终年温和、多雨。中部和东部等非沿海地区为大陆型高原气候,夏季炎热、干燥,冬季寒冷、多雨,温差较大。内陆地区1月平均气温在0 ℃以下,全年平均气温为16—22 ℃,年降雨量平均在200—400毫米;沿海地区全年降雨量为500—700毫米。南部沿海地区夏季极端气温达40 ℃,东部地区冬季极端气温达零下40 ℃。

(二)历史人文

1.历史简况

土耳其人史称突厥,公元8世纪起由阿尔泰山一带迁入小亚细亚,公元13世纪末建立奥斯曼帝国,公元16世纪达到鼎盛期,20世纪初沦为英、法、德等国的半殖民地。1919

年,凯末尔领导民族解放战争反抗侵略并取得胜利,1923年10月29日建立土耳其共和国,凯末尔当选首任总统。

2.政治经济

土耳其建国后长期实行议会制。全称为土耳其大国民议会,是土耳其最高立法机构。共设600个议席,议员根据各省人口比例经选举产生,任期5年。实行普遍直接选举制,18岁以上公民享有选举权和被选举权。只有超过全国选票10%的政党或政党联盟才可拥有议会席位。

20世纪80年代实行对外开放政策以来,土耳其经济实现跨越式发展。2022年,土耳其主要经济数据如下:国内生产总值为9055亿美元,人均国内生产总值为10655美元,国内生产总值增长率为12.8%。土耳其工业基础好,主要有食品加工、纺织、汽车、采矿、钢铁、石油、建筑、木材和造纸等产业。

3.文化符号

土耳其的文化符号有棉花堡、热气球、蓝色清真寺、圣索菲亚大教堂、烤肉等。

棉花堡,土耳其语"Pamukkale"是一个合成词。其中,"Pamuk"是棉花的意思,"Kale"是城堡的意思。棉花堡位于土耳其西南部的代尼兹利省,距首都安卡拉西南约420千米,这里也是希拉波利斯古城的所在地。1985年,棉花堡及希拉波利斯古城遗址被纳入联合国教科文组织的文化与自然双重遗产名录。

土耳其卡帕多西亚地区的格雷梅小镇是世界闻名的热气球旅行宝地,在那里,可以望见数百只热气球迎着清晨第一缕阳光升上天空的壮丽景象。坐上热气球,可以在高空俯瞰整个小镇。

蓝色清真寺又名苏丹艾哈迈德清真寺,"蓝色清真寺"的名字是因其墙壁上的伊兹尼克瓷砖反射的太阳光线使整个清真寺内显现出蓝色光彩而来。蓝色清真寺是建筑师希南的弟子穆罕默德·阿伽的作品,也是伊斯坦布尔一处非常重要的建筑。

圣索菲亚大教堂现称阿亚索菲亚博物馆,位于伊斯坦布尔,希腊语的意思是"上帝智者教堂"。它是一座拜占庭式建筑,因巨大的圆顶闻名于世。

土耳其的传统美食是烤肉。服务员们会举着很大的一盘烤肉,然后用刀切下来几片放到盘里。除了烤肉外,土耳其的菜系大都非常健康。

二、民俗风情

(一) 主要节日

土耳其的主要节日有新年、国家主权和儿童日、青年和体育节、民主和国家团结日、胜利日等。除此之外,在伊斯兰教中,还有两个重要的宗教节日——开斋节和宰牲节。

1.新年

1月1日是土耳其新年的开始,土耳其人会用不同的方式庆贺新年。在这一天,无论男女老少,都喜欢给自己买一张彩票庆贺新年,想讨一个好彩头。

2.国家主权和儿童日

4月23日是土耳其的国家主权和儿童日。这一天,土耳其各大城市都会举办盛大的庆祝活动,邀请世界各地儿童来参加。每一个国际儿童都会和一个土耳其家庭生活在一起,这个土耳其家庭也会有一个年龄相仿的孩子。孩子们穿着漂亮的衣服,唱歌跳舞,庆祝属于他们的节日。土耳其总统和大国民议会议长也会在这一天在首都安卡拉接见儿童代表。整个庆祝会持续10天左右,伴随着丰富多彩的活动以及大巡游,传递出希望世界和平的心声。

3. 青年和体育节

5月19日是土耳其的青年和体育节,这一天所有土耳其人都会用自己的方式来庆祝和纪念。青年是国家的未来,青年强壮则国家强盛。青年和体育节凝聚着浓厚的爱国主义情怀,蕴含着不懈追求、勇于担当的时代精神。

4. 民主和国家团结日

土耳其的民主和国家团结日在每年的7月15日,这一天,会在全国范围内举行各种活动,以纪念在2016年土耳其军事政变中牺牲的人,缅怀民族的勇敢精神。

5. 胜利日

土耳其的胜利日在每年的8月30日,以纪念1922年8月30日在阿塔图尔克的指挥下在杜姆卢珀纳尔战胜外来侵略军,取得了全面反帝国主义斗争的最后胜利。阅兵式是主要的庆祝活动。

(二)民俗礼仪

1. 社交礼仪

摆手打招呼是土耳其人通常的见面问候礼节,用食指或脚尖指向任何人都是失礼的行为。土耳其人好客,亦礼貌周到,小礼物颇能增进初识朋友之间的友谊。中等阶级以上的土耳其人,大都自认为是欧洲人。英文在土耳其并不普遍,除观光旅馆、饭店或商店外,洽谈公务最好有当地翻译。土耳其人极崇敬其国父凯末尔将军,不论公司、政府机关,均悬挂凯末尔的相片。

2. 民俗禁忌

土耳其是伊斯兰国家,作息时间与西方无异。除进入清真寺须脱鞋及肃静外,国内气氛非常自由,尤其是伊斯坦布尔这样的国际都市,与其他中东地区伊斯兰国家迥异。

3. 旅游礼仪

在土耳其旅游,穿戴可随便,但泳装仅限于在海滩或游泳池游泳时穿。在一般的场合,吸烟不被限制,但禁止在电影院、剧院、公交车和合租的出租车上吸烟。

土耳其表示赞同时是向前点头,表示不赞同时则向后点头同时向上蹙眉,或眉毛上扬。在大城市,是允许游客拍照的。但在土耳其的乡下区域,拍照前需要询问被拍照的人,得到允许后才可以,特别是被拍照的对象是戴着头巾的女士。在土耳其的一些饭店及餐厅的账单已加算15%的服务费,但习惯上仍支付一定的小费。

三、著名旅游城市及热点景观

（一）伊斯坦布尔

伊斯坦布尔是世界上唯一一座跨亚欧两洲的城市。这里曾是古代三大帝国——罗马帝国、拜占庭帝国、奥斯曼帝国的首都，因此它的名字几经变换，直至1923年土耳其迁都安卡拉，伊斯坦布尔才正式成为这座城市的名字。自古以来，伊斯坦布尔就以其绝佳的地理位置、丰富的历史遗迹和令人着迷的融合性文化而著称。这里的清真寺、博物馆、教堂、宫殿以及大建筑、小街巷，从人文景观到自然景观，都让人流连忘返。伊斯坦布尔的主要景点有圣索菲亚大教堂、蓝色清真寺、博斯普鲁斯海峡等。

1. 圣索菲亚大教堂

圣索菲亚大教堂建于东罗马皇帝Justinian统治时期，当时拜占庭帝国正处于鼎盛阶段。拜占庭帝国衰落后，教堂转变成了供奉安拉的土耳其清真寺。圣索菲亚大教堂属于基督徒和穆罕默德信徒共有的一个宗教博物馆，是"世界上十大令人向往的教堂"之一，教堂里有一个哭泣柱，来此的人会把大拇指放进洞里，以其为圆心，其余手指转一圈，祈求健康平安。

2. 蓝色清真寺

蓝色清真寺位于伊斯坦布尔的苏丹迈德广场，是伊斯坦布尔的地标建筑。墙壁使用了土耳其瓷器名镇烧制的蓝彩釉贴瓷，以白色为底，刻有丰富的花纹图案，整个清真寺内充满了蓝色。蓝色清真寺是伊斯坦布尔最大的圆顶建筑，四周建有6座宣礼塔，是全世界唯一拥有6座高塔的清真寺，也是"世界十大奇景"之一。蓝色清真寺是奥斯曼帝国时期穆斯林礼拜的重要场所，也是伊斯兰教信仰的象征。

3. 博斯普鲁斯海峡

博斯普鲁斯海峡是亚洲和欧洲的分界线，沟通马尔马拉海、地中海和黑海，也是连接欧、亚两洲的交通要道。乘船游览时，可以在亚洲和欧洲之间切换，纵览两岸的清真寺、皇宫，还可以穿越大桥，远眺城市风光，近看海天一色，是一种神奇的享受。

（二）安卡拉

安卡拉是土耳其的首都，位于安纳托利亚高原西北部，依山临水，被分成新、旧城区两部分。旧城位于一座小山丘上，以古堡为中心，周边全是古香古色的房屋和奥斯曼帝国时期风貌的街道。新城区则包围着旧城，欧式建筑鳞次栉比，总统府、大国民议会、政府各部门以及使馆区都集中在这里。安卡拉的主要景点有土耳其国父陵、安纳托利亚文明史博物馆、安卡拉城堡等。

1. 土耳其国父陵

土耳其国父陵是为了纪念现代土耳其的建立者穆斯塔法·凯末尔·阿塔图尔克而修建的。国父陵被气势雄伟的回廊所环绕，在这里可以看到阿塔图尔克的肖像画、各国政要曾经赠送的礼物，以及阿塔图尔克生前用过的物品等。陵墓高居城市上方，由大量的大理石建成，让人肃然起敬。站在阿塔图尔克墓所处的山丘上，可以看到安卡拉的全貌。

2. 安纳托利亚文明史博物馆

安纳托利亚文明史博物馆收藏了大量的安纳托利亚重要考古遗址中的各种文物,展示了土耳其变幻无常的古代历史错综复杂的一面。博物馆的各大厅里展览的藏品,可以看到从石器时代开始,经过青铜器时代、赫梯时代、乌拉尔图时代、古希腊、古罗马时代的出土文物。

3. 安卡拉城堡

安卡拉城堡在公元前2世纪时由古罗马人建造,用于军事防御,这里曾是多个文明的发源地,现在是安卡拉非常受欢迎的旅游目的地之一。城堡里有古老的围墙、鹅卵石小巷、小型艺术工作室、世界知名的博物馆、才华横溢的街头艺人、时尚的咖啡馆和出售各种商品的墙洞商店。

(三) 伊兹密尔

伊兹密尔位于爱琴海伊兹密尔湾东南角,是爱琴海地区最大的工业贸易城市,同时也是土耳其的第三大城市、第二大港口。伊兹密尔的主要景点有以弗所古城遗址、希林杰小镇、塞尔丘克小镇等。

1. 以弗所古城遗址

以弗所古城遗址是土耳其目前保存最好的也是最大的露天遗址。古城建于公元前7世纪,曾是罗马小亚细亚的首都,亚历山大征服这里后成为古罗马帝国在亚洲的首府,兴建了剧场、赛跑场和竞技场。以弗所古城遗址至今只挖掘了一部分,已经挖掘出的那部分向人们展现了以弗所古城原来的繁华,图书馆已经根据原来的造型重建。其中的亚底米神庙属于"世界七大奇迹"之一,如今只留下一些圆柱。神庙出土的大部分艺术品被收藏在大英博物馆。土耳其每年一度的骆驼摔跤冠军赛就在以弗所古城的竞技场举行。

2. 希林杰小镇

"希林杰",土耳其语意为"美好",希林杰小镇这个红瓦白屋的古老小镇仿佛田园诗一般坐落于塞尔丘克小镇以东约4千米的山沟里。生活在这里的村民喜欢种植果树和橄榄,也喜欢酿果酒,包括蓝莓、哈密瓜和黑莓等各种口味。橄榄油、橄榄油香皂、葡萄酒和蕾丝花边都是这里的特色。一个世纪以前的希林杰村更大、更繁荣,主要居住的是奥斯曼希腊人,而且是周围山上7个清真寺的贸易中心。

3. 塞尔丘克小镇

塞尔丘克是一个拜占庭时期就存在的小镇,距离土耳其著名的景点以弗所古城3.5千米,是前往以弗所的必经之地,因此出名。如今的塞尔丘克小镇就是古代以弗所的一部分。塞尔丘克的旧城区大致保持原状,未经开发,保留了传统的土耳其文化和地方特色。塞尔丘克可以参观的景点有以弗所博物馆、伊萨贝拉清真寺和圣约翰大教堂、阿特密斯神庙、拜占庭水渠、圣母玛利亚之家等。

(四) 卡帕多奇亚

卡帕多奇亚不是一个城市,而是土耳其的一个区域,这里非常著名的有巧夺天工的山洞石屋、凄凉壮丽的喀斯特地貌、精彩刺激的热气球之旅。卡帕多奇亚的主要景点包括格雷梅露天博物馆、玫瑰谷、乌奇萨尔城堡等。

1. 格雷梅露天博物馆

格雷梅露天博物馆浓缩了卡帕多奇亚地区的自然和人文历史,汇聚了30多个石窟教堂,被评为世界文化遗产。当时,为躲避政治迫害迁移到卡帕多奇亚地区的基督徒修建了这座教堂。他们为了掩人耳目,选择将山体凿空建造教堂。教堂内部有很多彩色壁画,具有很高的艺术欣赏价值。

2. 玫瑰谷

玫瑰谷位于格雷梅北部的国家公园内,它的名字生动地描绘了这座山谷从远处看到的形象。流水、洪水和霜冻使这些岩石裂开,其较软的部分被侵蚀掉,形成了一种奇异月亮状的地貌。它由锥形、金字塔形以及被称为"妖精烟囱"的尖塔形岩体组成。

3. 乌奇萨尔城堡

乌奇萨尔城堡又称为"乌奇萨要塞"。乌奇萨是"第三个堡垒"的意思,与另外两个堡垒相比,这里最为险峻,也是格雷梅的制高点。乌奇萨尔城堡由60米高的巨岩开辟而来,早期的定居者将其挖空建成互相连通的要塞,外敌入侵时,居民平时在洞穴内存好的水粮可供使用数月。在城堡顶上,能观看玫瑰谷和鸽子谷上方的落日,还能一览卡帕多奇亚的乡村全景。

四、旅游市场

土耳其旅游资源极其丰富,古希腊、东罗马、奥斯曼三大历史遗迹在此汇聚,黑海、马尔马拉海、爱琴海、地中海四个美丽海洋将此环绕。土耳其的主要旅游城市有伊斯坦布尔、安卡拉、伊兹密尔、卡帕多奇亚、安塔利亚、布尔萨、科尼亚、博德鲁姆等,主要风景名胜有特洛伊、以弗所等古城遗址和棉花堡、卡帕多奇亚喀斯特地貌区等。

旅游业是土耳其外汇收入重要来源之一。2022年,来土耳其的外国游客总数达4456.4万人次,旅游收入462.8亿美元。德国、俄罗斯和英国等是土耳其重要的外国游客来源地。根据土耳其政府发布的"2023愿景",土耳其有望到2023年实现年接待外国游客5000万人次,旅游收入500亿美元。

项目训练

任务一:旅游攻略撰写训练

在学习该项目旅游目的地及客源地的基本知识之后,结合携程旅行网、马蜂窝搜索热门旅游景点及线路,选择喜欢的旅游地做一份旅游攻略。

填表说明:线路性质为私家团、自由行、跟团游。

评价指标	完成情况				改进建议
	优	良	中	差	
撰写攻略的思路是否科学合理					
攻略的关键要素是否精准					

续表

评价指标	完成情况				改进建议
	优	良	中	差	
攻略中的内容是否周全详尽					
攻略文案制作亮点是否突出					
攻略文案制作是否精美					
小组协作能力是否充分达成					

任务二：直播或短视频解说能力训练

请选择一个自己喜欢的国家、旅游城市或旅游景观，借助模拟实训平台或手机，进行直播或短视频解说。

评价指标	完成情况				改进建议
	优	良	中	差	
直播或短视频脚本准确和新颖度					
直播或短视频内容解说的流畅度					
直播或短视频解说的神态自然度					
直播或短视频解说的好评率					
直播或短视频画面感是否美观					

项目三
欧洲主要旅游客源地与目的地

项目导航

欧洲位于东半球的西北部、亚洲的西面。欧洲北临北冰洋,西濒大西洋,南隔地中海与非洲相望,东与亚洲大陆相连(以乌拉尔山脉、乌拉尔河、大高加索山脉、博斯普鲁斯海峡、达达尼尔海峡为界),西北隔格陵兰海、丹麦海峡与北美洲相对。欧洲面积1016万平方千米,约占世界陆地面积的6.8%,仅次于大洋洲,是世界第六大洲。欧洲在地理上习惯分为南欧、西欧、中欧、北欧和东欧5个地区。本项目从国家概况、民俗风情、著名旅游城市及热点景观、旅游市场等方面引导学习者对英国、法国和德国等国家的认识和了解,学习时对英国、法国和德国进行重点掌握。

欧洲概况

项目任务

请结合课程及电子资源,填写下表,完成项目预习任务。

主要客源地及目的地	首都	货币	国花	热点旅游城市	入境中国旅游数据	接待中国游客数据	签证类型
英国							
法国							
德国							
意大利							
希腊							
瑞士							
西班牙							
俄罗斯							

任务一　绅士之国：英国

案例导入

英国工业旅游

铁桥峡谷博物馆群位于英国施洛普郡,这个曾风光了百年的产煤重镇,在第二次世界大战期间受到德军轰炸,当地的工厂几乎全毁。战后,英国出现保护热潮,铁桥峡谷的发展协会于1967年筹组铁桥峡谷博物馆基金会,决心复兴当地文化。这个以教育与慈善为目的的基金会,不依赖政府资助,而是向工业界或其他民间来源征募,成立发展基金,营运所需的经费则来自游客的营收。

铁桥峡谷于1971年开始漫长的营建工程,郡政府规划单位从中协助及提供技术支援,例如协助修复铁桥峡谷西南方的铁桥本体。经过15年的努力,铁桥峡谷浴火重生,在联合国教科文组织的认定下,于1986年成为史上首个工业型的世界遗产。如今,铁桥峡谷聚集了10座工业博物馆,不仅可以维护该镇的自然景观,一系列的博物馆更为镇民创造上千个工作机会,兼具文史保存与商业观光的双重功能,每年有超过54.5万旅客到访。

案例探究： 1.结合案例,思考英国工业型遗产旅游带给你什么启发？

2.你还了解英国哪些新奇旅游典型案例？

一、国家概况

(一) 地理环境

1. 区域与人口

英国全称为大不列颠及北爱尔兰联合王国,位于欧洲西部的岛国,由大不列颠岛(英格兰、苏格兰、威尔士)、爱尔兰岛东北部和一些小岛组成,国土面积24.41万平方千米。英国处于西欧大陆之外,东南隔英吉利海峡与法国相望,最窄处仅28.8千米。东部隔多佛尔海峡与荷兰、比利时、丹麦、挪威隔海相望。南部与西班牙隔海,西部紧邻爱尔兰,大洋彼岸则为美国和加拿大。此外,英国在太平洋、印度洋、大西洋上还有一些零散的海外属地。英国的地形可分为四个部分:北部苏格兰高地,中部奔宁山脉,西部威尔士高地,东南部富庶的平原区。

英国人口为6702.6万(2021年),官方语言为英语,威尔士北部还使用威尔士语,苏格兰西北高地及北爱尔兰部分地区仍使用盖尔语。英国首都为伦敦,人口883万(2022年)。

2.自然环境

英国属温带海洋性气候,受西风控制,全年气候温和湿润,四季寒暑变化不大。通常最高气温不超过32 ℃,最低气温不低于-10 ℃,平均气温1月4—7 ℃,7月13—17 ℃。每年的2—3月最为干燥,10月至次年1月最为湿润。英国终年受西风和海洋的影响,适合植物生长。英国虽然气候温和,但天气多变,一日之内,时晴时雨。

夏季是英国的旅游旺季,6—9月出行非常合适,春秋季节气候比较多变而潮湿,出行人流较少,适合避峰出行。冬季(11月至次年2月)寒冷且日照时间短,是一年中的旅游淡季,许多景点会提前结束营业或关门,苏格兰高地、湖区等景区的当地旅游团也会停止。

(二)历史人文

1.历史简况

公元1—5世纪,大不列颠岛东南部受罗马帝国统治。后盎格鲁、撒克逊、朱特人相继入侵。公元7世纪开始形成封建制度。公元829年英格兰统一,史称"盎格鲁-撒克逊时代"。公元1066年诺曼底公爵威廉渡海征服英格兰,建立诺曼底王朝。公元1536年,英格兰与威尔士合并。公元1640年爆发资产阶级革命,公元1649年5月19日宣布为共和国。公元1660年王朝复辟。公元1688年发生"光荣革命",确立了君主立宪制。公元1707年,英格兰与苏格兰合并,公元1801年又与爱尔兰合并。18世纪60年代至19世纪30年代,英国成为世界上第一个完成工业革命的国家。1914年,英国占有的殖民地比本土大111倍。1921年,爱尔兰南部26郡成立"自由邦",北部6郡仍归英国。第一次世界大战后,英国开始衰落,世界霸权地位逐渐被美国取代。第二次世界大战严重地削弱了英国的经济实力,随着1947年印度和巴基斯坦相继独立,英国殖民体系开始瓦解,但英国仍是英联邦盟主,目前英联邦有56个成员国。英国官方称在海外有14块领地。1973年,英国加入欧共体,并于2020年退出欧盟。

2.政治经济

英国是议会制的君主立宪制国家,是英联邦宗主国,包括加拿大、印度、澳大利亚和牙买加等英联邦成员国。国王是国家元首、最高司法长官、武装部队总司令,形式上有权任免首相、各部大臣、高级法官、军官、各属地的总督、外交官、主教及英国圣公会高级神职人员等,并有召集、停止、解散议会,批准法律,宣战媾和等权力,但实权在内阁,国王只拥有象征性的地位,其权力的形式受到惯例与民意的约束。议会是最高司法和立法机构,由国王、上院和下院组成。

英国是世界第六大经济体、欧洲第二大经济体。私有企业是英国经济的主体,占国内生产总值的90%以上,服务业占国内生产总值的3/4以上,制造业占10%左右。2022年,英国国内生产总值2.2万亿英镑,同比增长4%。英国的药物、电子和光学设备、人造纤维和化工产品等制造业实力雄厚,生物医药、航空和国防等领域是英国工业研发的重点,也是最具创新力和竞争力的行业。英国是最大的金融服务净出口国,其中超四成的出口面向欧盟。伦敦是世界著名金融中心,拥有现代化金融服务体系。

3. 文化符号

英国的皇家文化、茶文化、文学艺术、音乐文化、体育文化等,都带有其特有的英国文化符号。英国皇室是英国文化的重要组成部分,也是英国极具代表性的文化符号。英国皇室的历史可以追溯到数百年前,至今仍然保持着强大的影响力。皇室成员的生活、婚姻、出行等方方面面都备受关注,成为英国文化的重要组成部分。英国人喜欢喝茶,茶文化也是英国文化的重要组成部分。英国人喜欢在下午喝茶,这种习惯被称为"下午茶"。下午茶通常包括茶、点心等,是英国人社交的一种方式。英国文学和艺术在世界上享有盛誉,其代表作品包括莎士比亚的戏剧、狄更斯的小说、毛姆的散文等。英国的博物馆、美术馆、剧院等也是英国文化的重要组成部分。英国是摇滚乐的发源地之一,也是流行音乐的重要中心。英国的音乐文化包括摇滚、流行、古典等多种类型,其中极具代表性的是披头士乐队和皇后乐队。英国人热爱体育,足球、板球、橄榄球等是英国非常受欢迎的体育项目。英国的体育文化也包括马术、高尔夫等项目,其中,温布尔登网球锦标赛和英国公开锦标赛是英国极具代表性的体育赛事。

小知识

为什么是英格兰队而不是英国队?

英格兰队的全称是"英格兰男子足球代表队",而不是"英国男子足球国家队"。从地理学上来说,英国(联合王国)包括英格兰、苏格兰、威尔士和北爱尔兰这4个部分;从足球层面来说,英格兰、苏格兰、威尔士和北爱尔兰都有各自的足总,互不隶属,都是国际足联和欧足联的成员,这4家足总平常是各自派遣代表的球队出战。在世界杯和欧洲杯的历史上,从来都没有出现过"英国队"的情况,而只有英格兰队、苏格兰队、威尔士队和爱尔兰队。此外,足球史上有记载的首场国际对抗,就是1872年的英格兰队PK苏格兰队,因此,他们从来都不是同一支"国家队"。

二、民俗风情

(一)主要节日

1. 新年

1月1日新年,是庆祝新一年的开始。人们举办各种各样的新年晚会,女王发表新年祝辞,各种教堂在除夕夜都做守岁礼拜。

2. 情人节

2月14日情人节,这是公元3世纪殉教的圣徒圣华伦泰逝世纪念日。情人们在这一天互赠礼物,故称"情人节"。

3. 圣帕特里克节

3月17日的圣帕特里克节,是悼念爱尔兰的守护神圣帕特里克的节日。公元432

年,圣帕特里克受教皇派遣前往爱尔兰劝说爱尔兰人皈依基督教。公元493年3月17日,圣帕特里克逝世,爱尔兰人为了纪念他,将这一天定为圣帕特里克节。3月17日,人们通常要举行游行、教堂礼拜和聚餐等活动。

4.英联邦纪念日

英联邦纪念日在每年的11月11日,也称为"阵亡将士纪念日",即"英联邦国家停战纪念日",是为了纪念在第一次世界大战、第二次世界大战和其他战争中牺牲的军人与平民。英联邦纪念日主要在英联邦国家设立,不同的地方对节日有着不同的称呼。

5.女王法定诞辰日

在英国,人们每年会为女王庆祝两次生日,一次在4月21日当天,而另一次在每年6月的第二个星期六,这一天被称作女王法定诞辰日。

6.圣诞节

12月25日的圣诞日,是英国重要的节日之一,是家庭团聚和礼物交换的时间,有很多传统的活动和仪式。

(二)民俗礼仪

1.社交礼仪

英国人喜欢安静,讲究礼节,性格内向含蓄,不会与陌生人随意搭讪或攀谈。如上门拜访一定要征得受访者的同意,并按约定时间准时到达,不能早到,更不能迟到。英国人在正式社交场合特别注重服饰衣着。在工作场合,他们着装严肃、庄重,男士通常穿西装,女士穿制服套装。

2.民俗禁忌

英国人生性保守,相当尊重传统,贵族精神产生了英国绅士文化。英国人忌讳"13"和"星期五",忌讳象征死亡的菊花和百合花,他们也不喜欢孔雀、猫头鹰和大象。在英国,切记不要以英国皇室的隐私作为谈资,英国女王被视为国家的象征,要给予最高的尊敬。英国人忌讳在屋子里撑伞,忌讳从梯子下面走过。

3.旅游礼仪

在英国旅行,需要格外提醒的是——所有车辆均沿马路的左侧行驶。英国人非常遵守纪律,即便是几个人上车,他们也会自觉地排队。在英国坐出租车,一般按总价的10%左右付小费,将小费列入服务费账单的饭店则不必另付小费。在主人家中做客数日,视情况付给提供服务的佣人一些小费。

小知识

英国绅士的礼仪准则

在英国,礼貌是"绅士礼仪"的最基本原则。一位绅士永远不会忘记说"请"和"谢谢"。当进入房间、商场或其他场所的时候,绅士会主动帮女士开门,让女士先进,并为后面的人扶门。但是,当两位或以上的人要从同一侧一同坐到车的后排座位时,绅士应该先入座,这样就可以避免其他人,尤其是同行中有女士的情况下,需要费劲地坐到最里端。

绅士知道什么时候保持沉默。好为人师,总是不分场合地炫耀自己的知识,毫无顾忌地去纠正别人的错误是一种没有教养的体现。一位绅士从不以炫耀自己为荣。

绅士们会时刻留意女士们的需求,例如,在下雨天为女士撑伞,天冷时主动将外套借给女伴等。这是一项自骑士时代保留下来的礼仪准则。

绅士从不会迟到。但是,如果一位女士迟到,当她问"你是否到了很久"时,无论等了多久,为了不让女士感到内疚,绅士的答案永远是"刚到"。

绅士们永远是世界上最好的倾听者。男士不应该成为谈话的主导者,滔滔不绝、口若悬河、夸夸其谈对于绅士来说不是一个好的品质。

三、著名旅游城市及热点景观

(一) 伦敦

伦敦是英国的首都,也是一座全球领先的世界级城市,是全球非常富裕、经济发达、商业繁荣、生活水平较高的城市,是到目前为止世界上唯一一个举办过3次奥运会的城市。伦敦是英国的政治、经济、文化、金融中心和世界著名的旅游胜地,也是世界艺术创作、传媒文化之都,拥有数量众多的名胜古迹和博物馆。

1. 泰晤士河

泰晤士河是英格兰南部的主要河流,发源于英格兰西南部的科茨沃尔德山,沿途汇集了英格兰境内的诸多细流,河水从西部流入伦敦市区,伦敦下游河面变宽,形成一个宽度为29千米的河口,最后经诺尔岛注入北海。

从入海口溯流而上,第一个游览点是格林威治,山岗古树苍郁,山巅有古天文台,市镇依山傍水,为英国皇家海军学院所在地。从格林威治西上可至泰晤士河第一座桥梁,即伦敦塔桥,沿河两岸船坞、码头、仓库密集。过塔桥而向西进入伦敦市区,两岸景色骤变,高楼广厦、皇宫苑囿鳞次栉比;议会大厦、皇家音乐厅、伦敦塔和索思瓦克大教堂、圣保罗大教堂等古建筑都依稀可见。伦敦市行政中心的郡政厅紧依河滨。沿河有桥梁20余座,结构风格不同,景色各有千秋。其中,滑铁卢桥、威斯敏斯特桥和兰勃士桥非常壮观。

2. 伦敦塔桥

伦敦塔桥是一座大型悬索桥,横跨泰晤士河,因在伦敦塔附近而得名,是从泰晤士河河口算起的第一座桥,也是伦敦的象征。该桥始建于公元1886年,将伦敦南北区连接成整体。

3. 威斯敏斯特宫

威斯敏斯特宫又称议会大厦,是英国议会(包括上议院和下议院)所在地,位于英国伦敦的中心威斯敏斯特市,坐落在泰晤士河河畔。威斯敏斯特宫是哥特复兴式建筑的代表作之一,被列为世界文化遗产。该建筑包括约1100个独立房间、100座楼梯和4.8千米长的走廊。尽管今天的宫殿基本上由公元19世纪重修而来,但依然保留了初建时的许多历史遗迹,如威斯敏斯特厅。

（二）爱丁堡

爱丁堡是苏格兰的首府,位于苏格兰中部低地的福斯湾南岸,是一座文化古城,被王子街分为旧城和新城,联合国教科文组织将这里列为世界遗产。

1. 爱丁堡城堡

爱丁堡城堡是爱丁堡甚至于苏格兰精神的象征,耸立在死火山岩顶上,居高俯视爱丁堡市区。每年8月,这里会举办军乐队分列式,将爱丁堡城堡庄严雄伟的气氛表露无遗。到爱丁堡旅游的人都不会错过爱丁堡城堡,爱丁堡城堡在市中心各角落都可以看到。自公元6世纪时成为皇室堡垒,爱丁堡城堡便成为重要的皇家住所和国家行政中心。

2. 皇家哩大道

皇家哩大道是爱丁堡著名的地区,主要的观光景点在这个由4条街道连接而成的大道上,从西至东分别为Castle Hill、Lawnmarket、High Street和Canongate。皇家哩大道两端分别为爱丁堡城堡和荷里路德宫,都是苏格兰以往重要的皇家居所。

3. 威士忌中心

位于爱丁堡城堡旁的苏格兰威士忌中心,以主题导引的方式,为游客提供基本的威士忌知识,包括历史由来、制作过程、实体模型,当然游客还可以免费品尝纯正苏格兰威士忌的风味。

（三）曼彻斯特

曼彻斯特是英格兰西北区域大曼彻斯特郡的都市自治市、单一管理区,它是英国重要的交通枢纽与商业、金融、工业、文化中心,也是国际化大都市,对英国经济有着较强的影响力。

1. 唐人街

曼彻斯特的唐人街是英国最大的唐人街,亦是英国北部地区最集中的华人社区,被夏洛特街、波特兰街、牛津街和莫斯利街包围。唐人街是20世纪70年代重新开发该地区的棉花仓库时逐渐形成的。每当星期天,这里的超市、中药店和餐馆异常的热闹,中国春节的舞狮表演是曼彻斯特每年一度的盛大节目。

2. 洛利艺术中心

洛利艺术中心内有剧院、画廊和商店,是现代人对工业建筑的致意。洛利艺术中心里的剧院、画廊、展厅、商店、餐馆和酒吧丰富了城市的文化生活,也反映了曼彻斯特对于创作和艺术的不懈追求。洛利艺术中心距市中心10分钟车程,可先乘电车然后再步行前往。这座建筑是献给索尔福德的大儿子——因工业和劳动题材而闻名的画家L.S. Lowry。这里收藏的洛利作品堪称世界之冠,主要作品以往收藏在索尔福德艺术博物馆。

3. 斯特拉夫德镇

从曼彻斯特出发,南行90千米,就到了莎士比亚的故乡——斯特拉夫德镇。斯特拉夫德镇在曼城与牛津之间,是典型的英国南部古镇。远望古镇,在丘陵起伏的绿色原野上,奔来一片浓绿的岛屿,浓绿衬托下,远近相连的陡尖的屋顶泛着陈年葡萄酒的殷红,亮丽中饱藏着深沉的底蕴。莎士比亚,让这个小镇在人们心中带着浓厚的神秘色彩。

四、旅游市场

英国是当今世界上旅游业较发达的一个国家,740多亿英镑的旅游业年产值,位居世界第五,占世界旅游收入的5%左右,从业人员约330万,占就业人口的10%。2019年,各国赴英游客总数约4086万人次。

英国政府的成功改革和发达的经济背景支撑下的旅游产业,不论在开发、管理与服务,还是理论研究与实践方面,都走在世界前列。英国高度重视文化与旅游行业管理架构的完善。为加强文旅领域的协调管理,20世纪90年代,英国成立了国家遗产部,后来又在国家遗产部的基础上成立文化、媒体和体育部。2019年,英国将文化、媒体和体育部更名为数字、文化、媒体和体育部,组织机构的更迭和优化加强了英国文旅相关领域的融合互促和统一管理。

为推动旅游业的复苏,英国旅游局启动了2023年"见你未见"国际营销计划,首阶段投入980万英镑的预算,向世界各国游客展示英国是一个"充满活力、多元化和令人兴奋的目的地"。随着英国旅游业快速复苏,奢华酒店也陆续加入了英国的市场,为游客打造更为舒适的旅游体验。

任务二　浪漫国度:法国

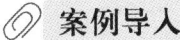
案例导入

法国乡村旅游案例

法国南部地中海沿岸的普罗旺斯,是法国国内最美丽的乡村度假胜地,吸引了来自世界各地的度假人群。普罗旺斯是"薰衣草之乡",也是农业观光旅游目的地。在普罗旺斯,游客可以参加田园风光观光游、葡萄酒酒坊体验游、香水作坊体验游。这里有家庭旅馆、艺术中心、特色手工艺品商铺、香水香皂手工艺作坊、葡萄酒酿造作坊。

薰衣草是普罗旺斯的代名词,在普罗旺斯不仅可以看到遍地薰衣草紫色花海翻腾迷人的画面,而且在各家庭院也常见各式各样的薰衣草香包、香袋。商店也摆满了由薰衣草制成的各种制品,如薰衣草香精油、香水、香皂、蜡烛等。在药房与市集中,还有薰衣草花草茶出售。而薰衣草花海同时也赋予了普罗旺斯浪漫的色彩,使其成为世界上非常令人向往的度假地。

在法国农村的葡萄园和酿酒作坊,游客不仅可以参观和参与酿造葡萄酒的全过程,而且可以品尝,并可以将自己酿好的酒带走,其乐趣当然与在商场购物非常不一样。

案例探究:1. 普罗旺斯的乡村旅游有哪些有趣的旅游项目?

2. 如果让你接待法国旅游团游览中国乡村旅游项目,你会怎样安排?

一、国家概况

浪漫国度:
法国

(一) 地理环境

1. 区域与人口

法国全称为法兰西共和国,位于欧洲西部,是欧洲国土面积第三、西欧面积最大的国家。法国北邻比利时、卢森堡,东北与德国接壤,东部与瑞士相邻,东南与意大利交界,南部毗邻摩纳哥,西南紧邻西班牙和安道尔,西北隔英吉利海峡与英国相望。法国国土面积55万平方千米(不含海外领地),地势东南高西北低,平原占其总面积的2/3,境内主要山脉有阿尔卑斯山脉、比利牛斯山脉、汝拉山脉等。

截至2023年1月,法国的总人口为6804万,主要为法兰西民族,大多信奉天主教,官方语言为法语。法国的首都为巴黎。

2. 自然环境

法国的气候是海洋性、大陆性、地中海型和山地气候并存。其西部属于海洋性温带阔叶林气候,南部属于亚热带地中海式气候,中部和东部属于大陆性气候。1月平均气温,北部1—7 ℃,南部6—8 ℃;7月平均气温,北部16—18 ℃,南部21—24 ℃。虽然法国的夏天气温有时超过30 ℃,但总体来说,气候较为舒爽宜人。

法国地处温带,一年四季气候分明,四季的景色变化比较明朗。夏季炎热干燥,冬季湿冷。春秋季,即5—6月或者9—10月适宜旅行。5—6月,法国南部的花季,9—10月则是法国的金秋时节,秋高气爽,气候宜人,法国各地会举办一些比较重要的盛会,例如一年一度的法国南部戏剧节等。

(二) 历史人文

1. 历史简况

法国古称"高卢"。公元1世纪,这片土地被罗马人占领。公元5世纪,法兰克人移居到这里,公元843年建立查理曼帝国,成为独立的国家。公元10—14世纪,加佩王朝统治时期改称法兰西王国。公元17世纪下半叶,波旁王朝路易十四统治时期达到鼎盛。公元1789年7月14日爆发资产阶级大革命,发表《人权宣言》,废除君主制,公元1792年建立第一共和国。此后历经拿破仑建立的第一帝国、波旁王朝复辟、七月王朝、第二共和国、第二帝国、第三共和国。公元1871年3月,巴黎人民武装起义,成立世界上第一个无产阶级政权——巴黎公社,当年5月被镇压。第一次世界大战中,法国参加协约国,对同盟国作战获胜。第二次世界大战期间遭到德国入侵,戴高乐将军组织了反法西斯的"自由法国"运动,1944年解放巴黎。1946年10月,法兰西第四共和国成立,进入政坛不稳定时期,12年间更迭了二十多届政府。1958年,第五共和国成立,戴高乐出任首任总统。

2.政治经济

法国实行国民议会和参议院两院制,拥有制定法律、监督政府、通过预算、批准宣战等权力。法国的中央政府是国家最高行政机关,对议会负责。总理由总统任命,领导政府的活动,并确保法律执行。政府成员由总理提请总统任免。本届政府于2022年5月20日成立,现任总统为埃马纽埃尔·马克龙。法国是世界上第一个同中华人民共和国正式建立外交关系的西方大国。

法国是全球发达的工业国家之一、世界第七大经济体,在核电、航空、航天和铁路方面居世界领先地位。法国是世界上第二大核能生产国、世界第四大汽车出口国、世界第三大药品出口国。法国是欧盟最大的粮食生产国、世界第二大农产品出口国、欧盟最大农业生产国和农副产品出口国、世界和欧盟第二大葡萄酒生产国、欧盟第二大和世界第五大牛奶生产国、世界最大甜菜生产国以及欧盟最大油料生产国。

3.文化符号

法国一直都是世界的文化中心。法国文化包罗万象、多姿多彩,无论是艺术、建筑、音乐、语言、美食还是艺术时尚,都享有盛名。例如,法语、埃菲尔铁塔、卢浮宫、凡尔赛宫(法国最宏大、最豪华的皇宫)、巴尔扎克、雨果、轩尼诗等,这些法国流行的文化符号,让世人无感受法国文化的独特魅力。另外,法国的工业设计、艺术设计领先世界,处处透露着法国的艺术元素。

> 📎 **小知识**
>
> **法国的浪漫随处可见**
>
> 法国的浪漫主义体现在其古老历史与现代艺术的融合之中。在法国,人们可以欣赏到古老的教堂、城堡、博物馆和艺术作品,同时也可以在现代艺术馆、时装店、餐厅和夜店里体验到前卫的文化和艺术风潮。巴黎是法国浪漫主义的代表城市之一。这座城市有着美丽的塞纳河、迷人的卢浮宫、古老的圣母院教堂、世界著名的凯旋门等。这些古老的建筑和历史遗迹,展示了法国的历史和文化底蕴。同时,巴黎也是现代艺术和时尚之都,拥有着许多世界著名的艺术博物馆、时尚品牌和高档餐厅。这些现代艺术和时尚元素,让巴黎成为一个前卫的城市,也为浪漫主义添加了一抹现代的色彩。除了巴黎,南法地区也是法国浪漫主义的重要代表。

二、民俗风情

(一)主要节日

1.新年

法国的新年本来是每年4月1日,直到公元1564年,国王查理九世才把它改作1月1

日。新年期间,亲朋聚会,馈赠礼品。法国人在新年到来之前,一定要把家中的余酒全部喝光,以致许多人喝得酩酊大醉。他们认为,新年时如果家中还有剩余的酒,新的一年定交厄运。

2. 复活节

复活节是西方的一个重要节日,在每年春分月圆之后第一个星期日。基督徒认为,复活节象征着重生与希望,为纪念耶稣基督被钉死在十字架之后第三天复活的日子。

3. 国庆节

法国的国庆节为每年的7月14日。公元1789年的这一天,巴黎人民攻占了象征封建统治的巴士底狱,推翻了君主政权。公元1880年,7月14日被正式确立为法国的国庆日。法国人每年都要隆重纪念这个象征自由和革命的日子。

4. 凯旋日

8月25日是凯旋日,即法国的国家纪念日,纪念同盟国在欧洲战场的胜利。在这一天,法国的阅兵式和纪念仪式在凯旋门举行。

5. 万圣节

每年的11月1日是法国的万圣节,它是西方国家重要的传统节日。万圣节这个节日最热闹的时间是10月31日万圣节前夜,当晚小孩会装扮成各种可爱的"鬼怪"逐家逐户地敲门,要求获得糖果,否则就会捣蛋。传说这一晚,各种"鬼怪"也会装扮成小孩混入群众之中一起来庆祝万圣节。

(二)民俗礼仪

1. 社交礼仪

法国人在社交场合衣着整齐得体,与客人相见时一般以握手为礼,主人与被介绍过的客人一一握手;亲朋好友之间相见,习惯亲面颊或行贴面礼,与女士见面还可以施吻手礼。

2. 民俗禁忌

法国人忌讳"13"和"星期五",认为它们代表的是不吉利的寓意。法国人厌恶墨绿色,忌用孔雀、仙鹤、蝙蝠、乌龟和黑桃图案。赠送礼物不宜选择刀、剑、餐具及带有明显广告标识的物品。男士不要向关系一般的女士赠送香水。法国人喜爱公鸡,认为公鸡有观赏价值和经济价值,更主要的是喜欢它勇敢、顽强的性格且有司晨报晓的特殊本领,把它视为光明的象征。法国人喜爱蓝色,认为蓝色是宁静和忠诚的色彩;对粉红色也较为喜欢,认为粉红色是一种积极向上的色彩,给人以喜悦之感。

3. 旅游礼仪

在法国,如果去别人家里做客,给女主人送上鲜花(不要送玫瑰花或菊花)或巧克力之类的小礼品是受欢迎的。在法国付小费的项目很多,旅游就餐时要注意付小费,一般付账面费用的15%。

三、著名旅游城市及热点景观

(一) 巴黎

巴黎是法国的首都、法国最大的城市、欧洲第二大城市,也是法国的政治、经济、文化、商业中心和"世界五大国际大都市"之一。巴黎横跨塞纳河两岸,建都已有1400多年的历史。在自中世纪以来的发展中,一直保留过去的印记,某些街道的布局历史悠久,也保留了统一的风格。巴黎拥有卢浮宫、凡尔赛宫、巴黎圣母院、埃菲尔铁塔等众多著名旅游景点。

1. 卢浮宫

卢浮宫是"世界四大博物馆"之一,始建于公元1204年,以收藏丰富的古典绘画和雕刻而闻名于世,是法国文艺复兴时期珍贵的建筑之一。卢浮宫分为希腊罗马艺术馆、埃及艺术馆、东方艺术馆、绘画馆、雕刻馆和装饰艺术馆等6个部分。

2. 凡尔赛宫

凡尔赛宫位于巴黎西南郊外的伊夫林省省会凡尔赛镇,是巴黎著名的宫殿,也是"世界五大宫殿"之一(中国故宫、法国凡尔赛宫、英国白金汉宫、美国白宫、俄罗斯克里姆林宫),被列为世界文化遗产。公元1624年,法国国王路易十三以1万里弗尔的价格买下面积达117法亩的凡尔赛宫原址附近的森林、荒地和沼泽地区并修建一座两层红砖楼房,作为狩猎行宫。公元1664年,路易十四决定将皇家行宫迁往凡尔赛,即在父亲当初修建的狩猎小屋基础上建造行宫。路易十四在位期间,凡尔赛宫兼收并蓄了很多法国艺术家与建筑师的设计精髓,成为欧洲最宏大、最华丽的宫殿。其间,凡尔赛宫被多次洗掠,沦为废墟。公元1833年,奥尔良王朝的路易·菲利普国王下令修复凡尔赛宫,将其改为历史博物馆。

3. 巴黎圣母院

巴黎圣母院位于首都巴黎中心城区,地处塞纳河中央西堤岛上,与巴黎市政厅和卢浮宫隔河相望,为哥特式基督教教堂建筑。巴黎圣母院始建于公元1163年,是基督教支派天主教巴黎总教区主教座堂、法国非常悠久和极具象征意义的纪念碑,也是法国及欧洲文学文化地标建筑之一,被列入了《世界遗产名录》。

4. 埃菲尔铁塔

埃菲尔铁塔矗立在法国巴黎市战神广场上,旁边为塞纳河。为举行1889年世界博览会,并庆祝法国大革命胜利100周年,法国政府进行建筑招标,最终确立为埃菲尔铁塔。埃菲尔铁塔初始高度312米,是当时世界最高建筑。铁塔设有广场、一楼、二楼、顶层、花园5个区域,每年接待游客700万人次。

(二) 马赛

马赛是法国第二大城市,也是法国古老的城市。马赛的著名景点有伊夫岛、贾尔德圣母院、马赛美术馆、马赛旧港、欧洲和地中海文明博物馆等。

1. 伊夫岛

在大仲马的小说《基督山伯爵》中,基督山伯爵被关押的地方便是伊夫岛上的伊夫堡,实际上这里是作为关押许多政治犯的监狱而使用的。游客一手拿着小说,一边沿着书中描写的道路探寻,另有一番情趣。法国大革命的初期领袖米拉波年轻时,也曾被关押在这里。游客可以从旧港乘船前往该岛。

2. 贾尔德圣母院

从旧港的利浦农布码头左转,再沿坡道向上走20分钟左右即可到达贾尔德圣母院。圣母院中有许多祈祷航海平安的模型船。同时,这里还残留着第二次世界大战时期德军对抗英美联军而留下的累累弹痕的墙壁。从这里俯望马赛全城,以及眺望地中海风景角度极佳。到这里可以步行,也可以从利浦农布码头附近的车站乘坐巴士抵达。

3. 马赛美术馆

马赛美术馆有在巴黎很少见到的埃克尔德·普罗旺斯作品。如瘟疫侵袭的马赛、马赛画家蒙特切利、彼切等人的作品,给人印象深刻。除此之外,展出的马赛的风俗、传统及民间工艺品的马赛历史博物馆也很能引起人们的兴趣。如果前去马赛历史博物馆参观,游客便能接触到公元前600年马赛诞生到公元4世纪马赛的古代历史,这对于了解阿拉伯文明渡海而来的过程很有帮助。

4. 马赛旧港

马赛旧港是马赛真正的中心区。旧港的两边分别是圣约翰城堡和圣尼古拉城堡,它们都是路易十四时代建造的。旧港事实上并不旧,是在第二次世界大战后才重建的,但当地人还是以"旧港"称呼它,除了习惯,应该是有一份历史情感在其中。每天清晨,这里的鱼市场都热闹非常,而码头则泊满小渔船及小艇。

(三)里昂

里昂位于法国的东南部,是一座拥有2000多年历史的城市。公元15世纪时,这里就已成为世界上较大的丝织品产地,公元17世纪曾一度成为法国的政治、经济和文化中心。而今,里昂是一座大学城、工业城。里昂的著名旅游景点有里昂老城、里昂美术馆等。

1. 里昂老城

里昂老城主要位于索恩河与罗讷河所交汇的狭长形半岛上,同时也包括索恩河西岸的部分地区。群山环抱中的里昂老城于1998年被评为世界文化遗产,是中世纪与文艺复兴结合的作品。这里保存着许多公元15—17世纪的古色宅居,橙红色调鲜艳醒目。沿着狭窄的街巷信步走去,许多哥特式、文艺复兴式及古典式的房屋彼此相连,几百年前的建筑物和凝重的空气混合起来,令人感受到浓厚的古老气息,仿佛置身于中世纪。圣让首席大教堂、里昂市政厅、里昂国家歌剧院等均在里昂老城内。

2. 里昂美术馆

里昂美术馆是法国较大的博物馆,位于沃土广场南侧。博物馆占地15000平方米,共有6300多项藏品。馆中收藏了欧洲各地在各个时代的优秀雕塑和绘画作品。这个博物馆的清理、修复耗费了大量资金和8年的漫长时间。1998年4月,装饰一新的里昂美术馆重新开门迎客,重新开馆后,博物馆新添了40幅印象派画家和现代派画家的作品,其中有莫奈的《阿尔坚泰雪景》、雷诺阿的《年轻女子肖像》等,也有毕加索、德加和英国画家弗朗西斯·培根的作品。馆内数量众多的艺术藏品使里昂美术馆一跃成为全法国仅次于巴黎罗浮宫的重要博物馆。

3. 富维耶山

富维耶山位于里昂市区西侧、罗讷河西岸,其平均海拔相对于里昂老城区高出了100米左右,被称为"祈福山",在山顶可以俯瞰里昂市区全貌。富维耶山有著名的富维耶圣母堂、富维耶金属塔、高卢-罗马文化博物馆等景点。

四、旅游市场

法国是世界上较早发展旅游业的国家,拥有非常丰富的旅游资源、得天独厚的自然条件和地理优势,有40多处古迹被联合国教科文组织列入《世界遗产名录》。法国是欧洲的浪漫中心,其悠久的历史、丰富的文化内涵,吸引着全世界的旅游者。法国的旅游业发达,占国内生产总值8%以上,提供了近200万个就业岗位。法国平均每年接待外国游客8000多万人次,是世界第一大旅游接待国。

为了促进服务业的发展,法国政府完善了许多与旅游相关的设施。此外,法国的优质服务闻名全球,而且法国的交通非常便利。法国旅游主管部门,主要职能之一就是旅游营销工作,目前法国已经形成了由国家—地区—基层(即旅游发展署—大区或省旅游委员会—旅游办公室)三级部门主导营销的格局。法国政府建立了多层次、全方位的营销网络。在各级政府机构之间的联合营销活动中,法国政府强调充分发挥不同机构的作用,通过分工协作来取得更好的市场效果。政府向国内外推介艺术和生活、文化和历史遗迹等多样化、多层次的旅游产品,积极鼓励旅游业实现产品升级与质量提升。

小知识

法国出招解"过度旅游"难题

据世界旅游组织的数据,95%的全球游客集中在全球陆地面积不到5%的范围内旅游,这其中就包括法国。法国政府的数据显示,法国国内80%的旅游活动集中在法国面积20%的范围内。为此,法国政府推出了一个防止过度旅游的计划。依照这个计划,2024年上半年将推出一个数据平台,集中旅游发展机构"法国优势"和全法重要景点观察站搜集的数据,给旅游行业人士提供帮助。另外,如今在社交网络和影视剧的宣传效果下,任何地点都有可能出其不意地成为"打卡地"。而政府的计划恰恰是要利用这股"反作用力",与网红合作开展宣传,让国内外游客理解合理分配旅游人流和旅游项目的重要性。

任务三 奥林匹亚之国：希腊

案例导入

希腊的梦幻海岛游

希腊的圣托里尼，就像是"浪漫"的代名词，这里是柏拉图眼中的"自由之地"。岛上最大的特色，就是这里拥有世界上最美的蓝白风情：蓝蓝海天，白白的房子，蓝得醉人，白得纯粹，无论身处岛屿何处，都仿佛置身于明信片之中。圣托里尼岛的首府是小镇菲拉，是岛上的商业中心和旅游集散地。小镇建在岛屿西边悬崖的中部，房屋都是依山而建，层层分布，错落有致，墙壁全是白色，屋顶则是蓝色，与天空和海洋浑然一体，构成一幅幅典型的圣托里尼风情画卷。圣托里尼岛最北端的伊亚小镇，是岛上极具人气的地方，被誉为"世界上最美的小镇"之一。这里有世界上浪漫的日落、美丽的蓝顶教堂以及非常浓郁的艺术气氛等，是情侣们拍摄婚纱照和浪漫写真的极佳布景。

案例探究：1.希腊旅游的特点是什么？
2.如果你带团去希腊，你将如何确定这个行程的主题？

一、国家概况

（一）地理环境

1. 区域与人口

希腊位于欧洲巴尔干半岛最南端，北邻保加利亚、马其顿、阿尔巴尼亚，东北与土耳其接壤，西南濒爱奥尼亚海，东临爱琴海，南濒地中海。希腊境内多山，3/4均为山地，沿海有低地平原。希腊国土三面临海，河流短小而急促，海岸多曲折港湾。岛屿众多，最大半岛是伯罗奔尼撒半岛，最大岛屿为克里特岛。希腊最高峰是奥林匹斯山，海拔2917米。希腊最低点海平面为0米。

希腊人口1043.2万（2022年），98%以上为希腊人，其余为穆斯林及其他少数民族。官方语言为希腊语，东正教为国教。希腊的首都是雅典。

2. 自然环境

希腊是亚热带地中海式气候，冬季温暖湿润，夏季炎热干燥。其地形以山地为主，平原狭小，矿产资源相当丰富。希腊总面积约13.2万平方千米，其中15%为岛屿，海岸线长约15021千米。

希腊四季分明，温差较大，因此希腊最好的旅游季节是4—10月。从复活节后到6月底都是非常适合旅游的时间。

（二）历史人文

1. 历史简况

希腊是西方文明的发祥地。公元前3000年至公元前1100年克里特岛曾出现米诺斯文明,公元前1600年至公元前1050年伯罗奔尼撒半岛出现迈锡尼文明。公元前800年,形成奴隶制城邦国家,公元前5世纪为鼎盛时期。公元前146年并入罗马帝国。公元15世纪中期被奥斯曼帝国统治。公元1821年,爆发争取独立的战争。公元1832年,成立王国。1974年,通过全民公投改为共和制。此后由新民主党和泛希腊社会主义运动轮流执政。希腊是民主制度、西方哲学、奥林匹克运动会、西方文学、历史学、政治学、科学与数学原理以及西方戏剧的发源地,其文明对世界历史具有很强的影响力。

2. 政治经济

希腊政体为总统议会共和制,实为议会共和制。总统为国家名义元首,任期5年,可连任一次;立法权属议会和总统,行政权属总理,司法权由法院行使。1986年,宪法修正案通过使总统的权力缩小,更多为象征意义。

希腊是经济中等发达国家,经济基础较薄弱,工业制造业较落后,海运业与农业较发达。是联合国创始会员国,也是欧盟、北约、经合组织成员国。希腊是东南欧地区重要国家,在巴尔干半岛具有较大影响力。希腊的国内生产总值为1685亿欧元。

3. 文化符号

古希腊是西方文明的发源地,拥有悠久的历史,创造过灿烂的古代文化,并对欧、亚、非三大洲的历史发展有过重大影响。古代希腊人在广泛吸收西亚和埃及等地文化成就的基础上,根据生产、社会和政治的需要,在包括数学、天文、医学、建筑、雕刻、戏剧、诗歌、哲学、历史、演说术等众多领域做出了富有创造性的巨大贡献。

希腊神话或传说大多来源于古希腊文学,包括如《荷马史诗》中的《伊利亚特》和《奥德赛》,赫西奥德的《工作与时日》和《神谱》,奥维德的《变形记》等经典作品。希腊神话最大的价值在于完整地保存在各种哲学、历史、文学和艺术著作中,是世界上最庞大的神话体系。

希腊城邦的繁荣催生出希腊璀璨的古代文化,使希腊艺术在世界文化艺术殿堂中熠熠生辉。无论是在音乐、数学、哲学、文学,还是在建筑、雕刻等方面,希腊人都曾取得巨大成就。不朽的荷马史诗,众多的文化伟人,诸如喜剧作家阿里斯托芬,悲剧作家埃斯库罗斯、索福克勒斯、欧里庇得斯,哲学家苏格拉底、柏拉图,数学家毕达哥拉斯、欧几里得,以及雕塑家菲迪亚斯等。

二、民俗风情

（一）主要节日

1. 新年

1月1日是希腊的新年。最早的新年由来大约在公元前5万年,古希腊人从长期的观察中发现,尼罗河泛滥的时间是有规律的,他们就把这个时间每次都记录在竹竿上,从中得知两次泛滥时间之间大约相隔365天。同时还发现,当尼罗河初涨的潮头来到开罗城附近的时候,也正好是太阳与天狼星同时从地平线上升起的时候,于是古希腊人便把这一天定为一年的开始。这就是希腊新年的由来。

2. 主显节

主显节也称主领洗节,在每年的1月6日,是东正教12大主要节日之一。在每年主显节庆祝活动上,一位东正教神父将一个十字架丢入水中,年轻人们不畏严寒,争相跳入水中取回十字架。

3. 净周一

净周一在3月15日,是东正教的传统节日,它标志着狂欢季的结束以及40天斋戒的开始一直到东正教的复活节。每年此时在盖拉西迪,人们涌上街头用面粉和带有颜色的粉末投掷对方,狂欢的人们参加粉末大战以庆祝节日的到来。

4. 独立日

3月25日为希腊的独立日,每年都会在市中心宪法广场举行阅兵式。公元1821年3月25日,希腊爆发反土耳其侵略军的独立战争,同时宣布独立,这一天由此成为希腊的独立日,亦称国庆节(第一个)。

5. 国庆节

10月28日为希腊的国庆节。1940年,意大利军队袭击希腊海军,同年10月28日,墨索里尼向希腊发出最后通牒,要求允许意大利军队进入希腊,但遭到拒绝,当日意军进攻希腊,希军顽强抵抗并击退了意军。从1942年开始,10月28日这一天被称为"说不纪念日",成为希腊、塞浦路斯和全球范围内的希腊人每年共同庆祝的纪念性节日,同时成为希腊的法定节日,被人们视为第二个国庆节。

(二) 民俗礼仪

1. 社交礼仪

希腊人属于典型的南欧人,性格开朗、热情、豪放、好客、健谈、易激动。希腊人在社交场合与客人见面时,常以握手为礼,较为熟悉的朋友、亲人之间行贴面礼。对上了年纪的人使用尊称并优先招待。希腊人注意着装整洁,在正式社交场合,男子通常穿深色西装,打领带或系领结。希腊人普遍喜欢黄、绿、蓝、白色,认为这些都是积极向上的颜色。

2. 民俗禁忌

希腊传统上忌讳黑色,但现在这种观念已有所改变,穿黑色衣服的人也非常多。进教堂或修道院参观时必须穿戴得体。不论男女,裸露着肩膀与膝盖进教堂被认为是对神不虔诚与亵渎。在希腊,久久地凝视别人是不怀好意的表现。当众打喷嚏和用手帕擦鼻涕更是十分忌讳的。忌讳"13""星期五",视"13"为厄运的数字,若"13日"恰逢"星期五",更是一个灾难的日子。希腊人忌讳黑猫,认为黑猫会把人引至阴间。

3. 旅游礼仪

希腊有不准随意拍照的规定,尤其是不允许随便拍摄古迹,否则会受到惩处。另外,希腊人不使用招手和摆手的动作,认为这是一种蔑视人的行为,因此在希腊旅游的时候要注意。

三、著名旅游城市及热点景观

（一）雅典

雅典是古希腊城邦之一,是世界上古老的城市,这里的每一座建筑都诉说着它悠久辉煌的历史。雅典卫城、奥林匹亚宙斯神殿、雅典卫城博物馆、宪法广场等,是雅典著名的旅游景点。

1. 雅典卫城

雅典卫城是希腊杰出的古建筑群、综合性的公共建筑,也是宗教政治的中心地。雅典卫城面积大约3万平方米,东西长约280米,南北宽约130米,位于雅典市中心的卫城山丘之上。雅典卫城中景点有帕特农神庙、卫城山门、雅典娜胜利女神庙、伊瑞克提翁神庙、酒神剧场、赫淮斯托斯神庙、阿迪库斯剧场等。

2. 奥林匹亚宙斯神殿

宙斯是希腊众神之神,人们为表示崇拜而建造了宙斯神殿。这里的宙斯神像曾是世界上最大的室内雕像,目前,只留下15根巨大的石柱。这里是奥林匹克运动会的起源地,曾有部分奥运会项目在此举行。

3. 雅典卫城博物馆

雅典卫城博物馆位于雅典卫城山下,是由瑞士建筑师伯纳德和希腊建筑师米哈利斯共同设计的。博物馆巧妙地将现代化与古典相结合,给参观博物馆的游客一种仿佛置身于时空走廊的感觉。

4. 宪法广场

宪法广场是雅典的中心地带,象征意义极强,有一定的政治意义,每次希腊发生大事,人们都会在这里进行庆祝或者悼念。它也是人们到雅典旅游必去的一个景点。

（二）圣托里尼

圣托里尼是在希腊大陆东南200千米的爱琴海上由一群火山组成的岛环,其中最大的一个岛便叫圣托里尼岛。圣托里尼的著名景点有伊亚、蓝顶教堂、卡马力黑沙滩、费拉等。

1. 伊亚

伊亚被称为"拥有世界上最美日落的地方",位于圣托里尼岛的北边。夕阳西下的时候,这里的游客总会蜂拥而至,找一个观赏日落的最佳位置静静坐上一小时,看着太阳慢慢地落下,消失在地平线上后游客们总会情不自禁地拍手鼓掌,赞美这美丽的夕阳。这里的景色被许多艺术家、摄影家作为灵感的来源。

2. 蓝顶教堂

蓝顶教堂几乎成了圣托里尼的代言,不仅外观壮美,大教堂内部的装潢也异常金碧辉煌,精美的壁画和从屋顶垂钓下来的大型吊灯,构成了一幅气势非凡的惊世巨作。

3. 卡马力黑沙滩

圣托里尼岛的黑沙其实是火山喷发时的岩浆石形成的。卡马力黑沙滩是游泳的极佳去处,海水干净清澈,据说还有美容作用。不过沙滩上都是石头,走路不方便。这里的夜晚才是这片沙滩出名的原因,晚上这里的酒吧和餐馆热闹非凡,很多酒吧有现场乐队演奏,提供舞池,还有巨大的屏幕可以观看球赛。

4. 费拉

费拉镇和其他小镇一样,都是建立在悬崖边上白色房屋的小镇。费拉修建在半圆形的锡拉岛西部边缘400米高的火山边缘,在这里,集中了银行、商店以及很多酒店和餐馆。

四、旅游市场

旅游业是希腊获得外汇收入和维持国际收支平衡的重要经济组成部分。自20世纪60年代以来,希腊的旅游业发展迅速,入境游客人数连年增长。近年来,希腊政府将旅游业的发展重心从增加游客数量转向提高游客消费水平,这一措施取得了较好的经济和社会效益。2004年,雅典奥运会为希腊的旅游业打下了良好的基础,特别是基础设施得到了十分明显的改善。2022年,希腊旅游业强劲复苏,总计接待游客2780万次,同比增长89.3%,旅游业总收入达176亿欧元,同比增长67.9%。

希腊政府努力开辟并拓展新市场,吸引高消费人群,已与部分国家的航空公司签订了增加航班数量的协议,并努力争取印度、韩国等亚洲国家市场。希腊的"全民旅游"补贴计划将持续至2025年。希腊政府已投入了大量资金,以促进国内的旅游消费,并将继续从升级邮轮等基础设施、推广主题类旅游、提高从业者平均工资、加强从业者培训等角度入手,不断增强当地旅游业的竞争力。希腊正在努力实现延长旅游旺季的目标,让希腊一年四季都能成为游客的选择。希腊政府当前正重点抓两项任务:一是发展可持续的旅游业,优化利用环境资源,重点保护部分游客承载量较大的标志性旅游目的地;二是解决劳动力短缺问题,为旅游从业者提供更高的工资和劳动保障,让每个人都能收获旅游业发展红利。

任务四　跑车王国:意大利

案例导入

意大利:艺术之旅

意大利是文艺复兴的发源地、美声学派及歌剧的发源地,素以"艺术之国"著称。

文艺复兴经常被看作是欧洲艺术史上的巅峰时期,涌现了达·芬奇、米开朗琪罗和拉斐尔等世界级大师。意大利音乐在欧洲音乐文化中占有重要地位,在声乐(歌剧)、器乐(弦乐)方面都起了开拓者的作用,对西欧各国的音乐发展有重要影响。意大利是"艺术殿堂",意大利的美术绚烂璀璨,这里孕育了很多传奇人物,比如达·芬奇、米开朗琪罗、拉斐尔、马可波罗等。意大利也是时尚的代名词,普拉达、范思哲等很多世界顶级奢华品牌都诞生于这里。意大利之所以能成为设计大国,在于他们把艺术真正融入到了生活当中。意大利因此也成为设计师向往的艺术胜地。

案例探究: 1.你知道哪些意大利的艺术家?

2.请你设计一条意大利的艺术之旅线路。

一、国家概况

(一) 地理环境

1.区域与人口

意大利全称为意大利共和国,位于欧洲南部,包括亚平宁半岛及西西里、撒丁等岛屿。北与法国、瑞士、奥地利、斯洛文尼亚接壤,东、南、西三面分别临地中海的属海亚得里亚海、爱奥尼亚海和第勒尼安海。意大利总面积约30.1万平方千米,海岸线长约7200千米。

意大利人口5885万(2022年7月),主要是意大利人,大部分人讲意大利语,西北部的瓦莱·达奥斯塔、东北部的特伦蒂诺-上阿迪杰和弗留利-威尼斯·朱利亚等少数民族地区分别讲法语、德语和斯洛文尼亚语。意大利大部分居民信奉天主教,首都为罗马。

2.自然环境

意大利北部有阿尔卑斯山脉,中部有亚平宁山脉。北部有波河平原,土壤肥沃农业发达。意、法边境的勃朗峰海拔4810米,是欧洲第二高峰;多火山和地震,亚平宁半岛西侧有著名的维苏威火山,西西里岛上的埃特纳火山是欧洲最大的活火山。意大利属亚热带地中海式气候。

意大利的最佳旅游时间,沿海一带适合6—9月出行,气候温暖,风光旖旎;去阿尔卑斯山和亚平宁山最好12月至次年3月,那时雪量充沛;4—6月全国气候温和,适合游览大多数城市,欣赏文艺复兴留下的伟大遗产。

小知识

米兰"树塔",家家户户满绿色

每当提起米兰,人们很容易联想到"时尚""创新""商业"等城市标签。不过,米兰也曾因空气污染问题"上榜"欧洲城市污染报告"污染最严重的20个城市",被评为意大利空气污染情况最严重的城市。在改善空气质

量方面，米兰不缺乏创意。一位米兰土生土长的建筑师史蒂法诺·博埃里和其设计团队成员决心把自然生态从森林搬到充斥着钢筋混凝土的城市当中。他们致力于建造出既能缓解高密度人口城市的用地压力，又能满足人与动植物共生、体现生物多样性的"生态"建筑。

世界首个"垂直森林"项目由此而诞生。自2014年该建筑落成以来，"垂直森林"以其独特的建筑风格吸引着来自世界各地的游客和开发商观摩参观。"垂直森林"坐落在米兰的一个主要商业区内，由约112米和80米高的两座高层建筑组成，种类纷繁、高低错落的树木和花草点缀着每一个楼层，每家每户的悬挑式阳台上都是满满的绿色，远远望去，"垂直森林"犹如两座高耸的"树塔"一般，现已成为米兰的地标建筑之一。

据评估测算，"垂直森林"可以容纳与占地约7.5万平方米的独栋住宅相当的家庭数量。

一座"会呼吸"的楼，引领生态生活新时尚。"垂直森林"的缔造者认为，该建筑的植物"外墙"不但能够对室内起到净化空气、降低城市噪音的作用，还有助于调节室内温度和湿度，形成宜居的室内微气候。

不是每种植物都适合种植在"垂直森林"。植物学家们研究哪些植物适合高层建筑的生长环境，并打造了一个专门的培育苗圃和园地，花费几年时间培育那些将要种植在"垂直森林"里的植物。这些植物最终被种植到了事先设计规划好的位置。

生长在这里的植物要经过严格的测试和定期检测，每隔一段时间，"垂直森林"就需要进行一次全楼的绿色"外墙"维护。此时，"空中园丁"们便会身着安全绳索，悬挂在建筑外墙四周，进行高空修剪作业，以确保植物的健康状态以及它们不会因强风等原因而成为危险的"高空坠物"。

(二) 历史人文

1. 历史简况

意大利是欧洲文明古国，意大利半岛史前就有人类活动迹象，最早可追溯到旧石器时代早期。公元前9世纪，伊特鲁里亚人曾创造灿烂的文明。公元前510年，罗马人结束罗马王政时代并建立共和国。公元前754年，罗马建城。公元15世纪，人文主义和文艺复兴运动在意大利应运而生，公元16世纪在欧洲广泛传播。公元19世纪，意大利民族复兴运动兴起。公元1861年，意大利王国宣布成立。第一次世界大战期间，意大利先宣布中立，后同其他欧洲列强进行殖民扩张竞争。1939年第二次世界大战爆发，意大利同样先宣布中立，后加入德国一方，向英法宣战。1943年，墨索里尼政府被推翻，同年意大利内阁与协约国签订停战协定无条件投降。1946年，正式宣告废除君主制，成立意大利共和国。第二次世界大战后，参加马歇尔计划、签署《北大西洋公约》并积极参加欧洲一体化进程，系欧盟创始国之一。

2. 政治经济

意大利现行的宪法规定，意大利是议会共和制国家，行政、立法、司法三权分立，总统为国家元首,总理行使管理国家职责,由总统任命,对议会负责。意大利议会是最高立法和监督机构,实行两院制,由参议院和众议院组成,两院权力相等。意大利政府为国家最高行政机关,其内阁是国家权力的核心,由内阁总理及各部部长组成,一般由执政的政党或政党联盟的议员担任。总理是政府首脑,主持内阁会议,领导整个政务工作,对政府总政策负责。

意大利是发达工业国,欧盟第三大、世界第八大经济体。2022年,意大利国内生产总值为1.9万亿欧元。意大利的中小企业发达,被誉为"中小企业王国",中小企业数量占企业总数的98%以上。地区经济发展不平衡,北方工商业发达,南方以农业为主,经济较为落后。

3. 文化符号

意大利作为古罗马帝国的发祥地,曾经空前繁荣,被誉为"欧洲文艺复兴的摇篮"。

古罗马圆形竞技场,这个距今近2000年的历史建筑,是古罗马极具代表性的文化标志。圆形竞技场建于古罗马的建筑艺术极盛时期,是古代西方建筑的一个高峰,是当时最重要的大型公共建筑。

意大利是文艺复兴的发源地,也是文艺复兴艺术文化建筑的巅峰作品所在地。文艺复兴这些艺术作品各有特色,既有雄伟辉煌的建筑,也有精美绝伦的雕刻作品和风格迥异的绘画,以及表达人们心声的各类文学作品。

意大利的足球文化,一直以来都是全球非常引人注目的足球文化。它不仅与意大利传统文化紧密相连,也深受全球球迷的喜爱。足球文化是意大利传统文化不可或缺的一部分,也是意大利身份认同的重要组成部分。它通过体现团结、技术、策略和艺术等特点,体现了意大利的价值观和礼仪风格,成为全球球迷所追捧的足球文化之一。AC米兰队是世界知名球队,深受各国球迷的喜爱和追捧。

二、民俗风情

(一) 主要节日

1. 主显节

1月6日是意大利的主显节,为纪念东方三贤士前来朝拜圣婴耶稣而设立,如今它已成为意大利的儿童节了。

2. 复活节

复活节是庆祝耶稣复活的节日,时间在春分月圆后的第一个星期天,一般在每年的3—4月。这是圣诞节后的又一重要节日,一般放假一星期,人们习惯利用这个假期外出旅游。

3. 解放日

意大利的解放日在4月25日。1945年4月25日,意大利北方百余座城市的人民举行起义,驱逐了希特勒的德国占领军,解放了米兰、都灵、热那亚等城市。第二次世界大战后,为纪念这个具有重要意义的日子,意大利政府决定将这一天定为全国解放日,放假一天。

4. 国庆节

意大利的国庆节在6月2日。1946年6月2日,意大利举行了决定国家体制的公民投票,结果大多数人赞成废除君主制、建立共和国,因此这一天是意大利的国庆节。

5. 八月节

8月15日是意大利的八月节,它是古罗马时代沿袭下来的节日,是为了庆祝圣母升天。

(二)民俗礼仪

1. 社交礼仪

意大利人热情好客,待人接物彬彬有礼,正式场合穿着讲究,奉行女士优先。见面礼是握手或招手示意;亲近的朋友之间行亲吻礼。对长者、有地位和不太熟悉的人,要称呼他(她)的姓,再加上"先生""太太"或"律师"等称呼。

在意大利,朋友之间聚会时多在餐馆吃饭,一般实行AA制,除非对方声明请客。意大利人如请客人到家里吃饭,表明视客人为上宾,客人可带酒(一般为葡萄酒)、甜点或鲜花前往。意大利人习惯当场打开礼物,一同食用客人携带的食物、酒和甜点,以示对客人的尊重。

2. 民俗禁忌

意大利人忌讳数字"13",凡住房号、剧院座位号等都没有"13"的字样。同样忌讳的还有数字"17",理由是罗马数字"17"的写法很容易就变成了"VIXI"。而"VIXI"在拉丁语中是"活着"的完成态,也就是"活完了,活够了",继而引申出"结束生命"的意思。所以意大利人忌讳"17"。意大利人忌讳交叉握手,忌讳送菊花。无论男士、女士,都不得穿短裤、短裙或无袖衬衫到教堂或天主教博物馆参观。

3. 旅游礼仪

在意大利旅游期间,到零售店购买东西时要注意,他们的商业准则是买卖双方处于平等地位,不可对店员颐指气使。意大利人非常喜欢儿童,如果你到饭店里用餐,见到一些孩子跑来跑去调皮,千万不要生气,否则当地人会对你的行为非常反感。

三、著名旅游城市及热点景观

(一)罗马

罗马是意大利的首都和最大的城市,也是全国政治、经济、文化和交通中心。罗马已有2500余年历史,是世界著名的历史文化名城、古罗马帝国的发祥地,因建城历史悠久而被称为"永恒之城"。1980年,罗马的历史城区被列为世界文化遗产。

1. 万神殿

位于意大利罗马的万神殿,被米开朗琪罗赞叹为"天使的设计"。由于公元608年它被献给教会作为圣母的祭堂,所以是罗马时代独创的建筑物中保存得最好的。其正面的16根圆柱让人联想到古希腊建筑。殿堂内部比例协调,十分恰当:直径与高度相等,约43米;大圆顶的基座从总高度的一半的地方开始建起,殿顶圆形曲线继续向下延伸,形成一个完整的球体与地面相接。这是建筑史上的奇迹,表现出古罗马的建筑师们高深的建筑知识和深奥的计算方法。万神殿还是第一座注重内部装饰胜于外部造型的建筑。

2. 古罗马竞技场

公元80年建成的古罗马竞技场堪称公共建筑的楷模。在这里,人们可以见到古罗马建筑基本结构和伟大的成就之一:拱券结构。一系列的拱、券和恰当安排的椭圆形建筑构件使整座建筑极为坚固,当时的建筑就是依靠这种高水平的结构形式使内部空间得以解放。竞技场设计了宽敞的阶梯和走廊,并有80个拱门,在每一个拱门的入口处都标有数字,方便观众很快地找到自己的座位。这样的设计即使在今天也算是很先进的。竞技场的功能性设计也非常合理,如角斗士从何处出入、在哪里休息、猛兽关在哪里等,都有清晰的分布。

3. 圣彼得大教堂

圣彼得大教堂是罗马基督教的中心教堂,也是欧洲天主教徒的朝圣地与梵蒂冈罗马教皇的教廷。圣彼得大教堂是全世界第一大教堂,由君士坦丁大帝修建。教堂总面积为2.2万平方米,主体建筑高45.4米,长约211米,最多可容纳6万人同时祈祷。人们必须衣冠整齐并通过安检才可以进入教堂。

4. 梵蒂冈博物馆

梵蒂冈博物馆曾是世界上最小的国家博物馆,同时也是世界上非常著名的博物馆。这个博物馆面积虽然不大,但是里面的藏品可以媲美伦敦大英博物馆和巴黎卢浮宫。博物馆大部分是文艺复兴时期留下的艺术精髓,如米开朗琪罗创作的《创世纪》和《最后的审判》,十分值得一看。同时,对于爱好考古的朋友来说,馆内有关古希腊、古罗马文物的收藏同样值得研究。当然,除了里面的藏品,博物馆本身的建筑风格也很值得称道。

(二)威尼斯

威尼斯被称作"亚得里亚海明珠",是"世界最浪漫的城市"之一,被列入《世界遗产名录》。威尼斯城市的建筑、绘画、雕塑、歌剧等在世界有着极其重要的地位和影响,并有"因水而生,因水而美,因水而兴"的美誉,享有"水城""水上都市""百岛城"等美称。

1. 叹息桥

叹息桥始建于公元1600年,是威尼斯的必访景点之一。叹息桥位于总督宫的后面,以前这里是总督宫判决后的犯人通往后面监狱的必经之桥,因犯人经过桥时常忏悔和叹息而得名。叹息桥造型属早期巴洛克式风格,桥呈房屋状,上部穹隆覆盖,封闭得很严实,只有面向运河一侧有两个小窗。

2. 黄金宫

黄金宫是威尼斯最大的哥特式建筑,以整齐的排布和金灿灿的颜色而闻名遐迩。宫殿外表被漆成金黄色,在阳光下十分耀眼夺目。这座所谓的宫殿其实又名"法兰盖提美术馆",馆内收藏了多位威尼斯画派的佳作。许多美术爱好者都对黄金宫十分感兴趣,因为这座美术馆从外到内都充满了艺术的气息,是一座实在的"艺术金库"。

3. 总督宫

总督宫是哥特式建筑的杰出代表,以前是威尼斯最高行政官总督的官邸。穿过与教堂相连的卡尔门,进入总督宫内院,就可以见到公元15世纪建造的巨人阶梯,上面立有海神和战神的巨大雕像,从公元1485年起,总督就在这里加冕。宫内还有一处"金梯"通往总督的居室,因其两侧涂金的墙壁而得名。宫内各个厅都以油画、壁画和大理石雕刻来装饰,使整个总督宫复杂奢华、辉煌璀璨。其中,有一幅被誉为世界最大的油画作品《天堂》,取材自但丁的《神曲》,气势极为宏大,占据了大议会厅东面的整个墙壁。

(三) 米兰

米兰是世界时尚艺术中心之一,有"世界设计之都"之称,是世界历史文化名城。米兰是几乎世界半数奢侈品牌的诞生地,是众多世界时尚奢侈品牌的总部。米兰也是大型国际活动和展览的常驻地,如意大利米兰设计周、米兰国际家具展、米兰时装周、米兰国际电影节。

1. 米兰大教堂

米兰大教堂是雄伟壮观的哥特式建筑,为世界第二大教堂;纷繁复杂的塔尖,独特华丽的设计,或许这座教堂正是米兰时尚精神的源泉。这座教堂曾举行过拿破仑的加冕礼,也让达·芬奇为其苦思冥想。如今,这座教堂已经不仅仅是宗教精神的象征,更是时尚的象征、意大利的象征。

2. 维多利亚二世拱廊

维多利亚二世拱廊位于米兰古典又华丽的购物区,这里有许多酒吧和高级餐厅。回廊呈十字交叉,有象征美洲、亚洲、非洲、欧洲四个大陆的镶嵌画。

3. 米兰布雷拉画廊

米兰布雷拉画廊是意大利著名的绘画展览馆,由拿破仑一世创办。最初展出的为米兰美术学院收藏的名画,以后展品陆续增加,以文艺复兴时代的绘画作品为主,另有荷兰和佛兰德斯画家的一些作品,著名的有G.贝利尼的《圣母子像》、A.曼泰尼亚的《哀悼基督》、皮耶罗·德拉弗兰切斯卡的《布雷拉祭坛画》、拉斐尔的《圣母的婚礼》、丁托列托的《圣马可的奇迹》等。

4. 拿破仑大街

在米兰,有这样一条街,它其实与拿破仑关系不大,却因为名牌销售闻名遐迩,它就是拿破仑大街。拿破仑大街上有许多世界顶级时尚品牌的高级精品店。

四、旅游市场

意大利的旅游业很发达,是世界第二大旅游国。2020年,意大利共吸引游客2530万人。旅游行业的收入是弥补意大利收支赤字的重要来源,2019年,意大利旅游行业贡献了约13%的国内生产总值。意大利旅游资源相当丰富,风景迤逦,拥有优美的海滩和山脉,四通八达的公路网,文物古迹众多。意大利政府正在加强国际旅游合作,与其他国家共同推动旅游业的发展。例如,意大利与中国、俄罗斯等签署了旅游合作协议,共同促进旅游业的发展。

小知识

意大利与中国企业携手开拓中国旅游市场

中国一直是意大利的主要客源国之一,意大利是中国游客的重要目的地。2021年,意大利国家旅游局与携程一起在中国市场探索,合作推出了意大利线上旗舰店,收集意大利目的地的旅游产品和信息。与此同时,意大利国家旅游局在微信和微博上发起了一项内容营销活动,向中国游客展示意大利的山区冬季运动以及世界文化遗产。2022年,北京冬奥会成功举办,而2026年的冬奥会将在米兰和科尔蒂纳举办。意大利国家旅游局也积极与携程合作,以让意大利成为冬季目的地和滑雪天堂为目标,设计了意大利冬季旅游专属营销页面,以及专门针对阿尔卑斯山目的地的数字营销活动。

任务五 旅游王国:西班牙

案例导入

西班牙的"西红柿节"

西红柿节始于1945年,发源于西班牙巴伦西亚省的布尼奥尔小镇,在每年8月的最后一个星期三进行。据说,有一天,西班牙布尼奥尔城里一个小乐队从市中心吹着喇叭招摇过市,领头者更是将喇叭跷到了天上。这时,一伙年轻人突发奇想,随手抓起西红柿向那喇叭筒里扔,并且互相比试,看看谁能把西红柿扔进去,就这样引发了一场"番茄大战",于是一年一度著名的西红柿节诞生了。到今天,番茄大战已经成为布尼奥尔小镇不可取代的传统节日和城市特色。西红柿节的传统活动有爬木竿抢火腿、泼水大战等。西红柿大战可以持续一个小时,在这60分钟的狂欢里,人们互相投掷番茄、倾倒番茄汁,护目镜、手套甚至网球拍等装备齐上阵,以番茄为弹药进行大战,欢笑和尖叫充斥整个小镇,250磅的番茄迸发出的鲜红汁液让这里成为红色的海洋。很多人在番茄节这天特地穿上白衣白裤,身上越红,心里就越痛快。

案例探究:1.你知道哪些西班牙的传统活动?

2.西班牙的旅游项目如何与当地的文化进行结合?

旅游王国：
西班牙

一、国家概况

（一）地理环境

1. 区域与人口

西班牙王国简称西班牙，位于欧洲西南部的伊比利亚半岛，地处欧洲与非洲的交界处，西邻葡萄牙，北临比斯开湾，东北部与法国及安道尔接壤，南隔直布罗陀海峡与非洲的摩洛哥相望。其领土还包括地中海中的巴利阿里群岛、大西洋的加那利群岛，以及非洲的休达和梅利利亚。西班牙国土面积为50.6万平方千米，居欧洲第5位，其海岸线长约7800千米，本土最北端到最南端大约830千米，东西方向最长1000千米，绝大部分领土位于伊比利亚半岛。

西班牙人口4820万（2023年4月），主体是卡斯蒂利亚人（即西班牙人），少数民族有加泰罗尼亚人、加利西亚人、巴斯克人等。西班牙的官方语言和全国通用语言是卡斯蒂利亚语（即西班牙语），少数民族语言在本地区亦为官方语言。多数居民信奉天主教。西班牙的首都为马德里。

2. 自然环境

西班牙中部高原属大陆性气候，北部和西北部沿海属海洋性温带气候，南部和东南部属地中海型亚热带气候。

西班牙的国花是红色康乃馨。红色康乃馨及其家族的种类对西班牙人民意义重大。红康乃馨广泛种植在西班牙南部的阿拉贡和安达卢西亚。从农业时代起，康乃馨就一直装饰着这些地区传统的白房子的窗户，它也是西班牙各种传统的一部分。

（二）历史人文

1. 历史简况

80万年前，就有人类居住在伊比利亚半岛，据考古推测可能是非洲人在追捕猎物时穿越直布罗陀海峡或来自欧洲其他地区的猎人越过比利牛斯山来到这里并定居下来，被称为伊比利亚人。中世纪时，境内有多个国家并立，公元1492年西班牙"光复运动"胜利后，建立统一的西班牙封建王朝。同年10月12日，哥伦布抵达西印度群岛。此后，西班牙逐渐成为海上强国，在欧洲、美洲、亚洲和非洲建立起大量殖民地。在文艺复兴时期，西班牙帝国成为当时欧洲最强大的国家和影响全球的日不落帝国。公元1588年，"无敌舰队"被英国击溃，开始衰落。公元1873年建立第一共和国，1931年建立第二共和国。1947年，佛朗哥宣布西班牙为君主国，自任终身国家元首。西班牙于1978年宣布实行君主立宪制。

2. 政治经济

西班牙的政体为议会制君主立宪制，实行立法、行政、司法三权分立。国王为国家元首，议会由参、众两院组成。众议长根据与各党的沟通结果，提名首相候选人，获众议院绝对多数支持者当选首相。首相是政府最高首脑，由议会多数党提名后由国王任命。行政权由政府掌握，立法权由议会行使。受国际金融危机和欧洲主权债务危机影响，西班牙经济形势较为严峻,人民党政府为应对危机推行财政紧缩政策,执政压力较大,但由于在议会拥有绝对多数优势,执政地位相对稳固。西班牙是联合国、欧盟、北约成员,是二十国集团永久嘉宾国。

西班牙是发达的资本主义工业国。2004年以来,西班牙国内生产总值规模稳定在1万亿美元以上。2022年,西班牙国内生产总值1.33万亿欧元,同比增长5.5%,人均GDP 2.79万欧元。西班牙是欧盟第四大农产品生产国,欧盟第一大、世界第三大果蔬出口国,农业现代化水平较高。汽车工业是西班牙的支柱产业之一,是欧盟主要汽车生产国、出口国。2022年,西班牙的汽车产量221.9万辆,居欧盟第2位、世界第8位。

3. 文化符号

西班牙是一个集艺术与激情于一体的国度,弗拉门戈、足球、斗牛以及浓厚的艺术氛围,吸引着世界各地的游客。

起源于安达卢西亚的弗拉门戈舞蹈,是西班牙舞蹈甚至西班牙文化的代表。如今,弗拉门戈俨然成为具有西班牙特色和代表性的艺术之一。它融合了声乐、舞蹈艺术和音乐伴奏。弗拉门戈舞蹈是一种即兴舞蹈,没有固定的动作,全靠舞者和演唱、伴奏的人以及观众之间的情绪互动。它秉持了吉普赛的自由随性,融合了欧洲的高贵华丽以及美洲的奔放热情的弗拉门戈早已享誉世界舞台,被越来越多的人接受和喜爱。由于弗拉门戈节奏轻快,近年来在中国、日本、韩国等非西语国家也逐渐流行起来。

西班牙是欧洲传统的足球强国,不用说西甲的高水平比赛,光是西班牙的足球豪门——皇马、巴萨的任何一场比赛,在球迷心中都是极其完美的。巴塞罗那足球俱乐部是全世界范围内的一支顶尖球队。球队巨星云集,球队和球星的一切动向都会令全世界范围内的球迷津津乐道。诺坎普体育场是巴塞罗那足球队的主场,可以容纳约11万名观众,在这里看一场巴塞罗那队的比赛是很多球迷的梦想。

西班牙是著名的"斗牛王国",有人说:在西班牙没有不斗牛的节日,也没有不爱看斗牛的地区。西班牙斗牛起源于西班牙古代宗教活动,公元13世纪,西班牙国王阿方索十世开始这种祭神活动,后来演变为赛牛表演,真正斗牛表演则出现于公元18世纪中叶。西班牙拥有300多家斗牛场,最大的是马德里的文塔斯斗牛场,可容纳2.5万人。

西班牙现代艺术中,成就最大的是绘画。在世界先锋派绘画中,多位西班牙画家占有举足轻重的地位。例如,毕加索于1909年创立了立体派,翻开了20世纪现代绘画的第一页,是20世纪世界上非常伟大的画家。

二、民俗风情

(一) 主要节日

西班牙节日众多,除全国性节日外,每个自治区、省、城镇都有自己的守护神节。

1. 三王节

西班牙的三王节在1月6日。根据《圣经》记载,耶稣出生时,有3位东方贤士根据天上升起的星星得知了耶稣降生的方位,于是骑着骆驼去朝圣。他们在1月6日找到玛利亚、约瑟夫和耶稣圣婴,并且献上了黄金、乳香和没药当作礼物。西班牙的儿童在每年的1月6日,能够按照前一整年的表现,得到一份礼物作为奖励,所以这一天又被称作是西班牙的儿童节。

2. 狂欢节

西班牙的狂欢节在1月底至3月初。这些天是大斋期断食的时间,在那之前会举办一个让大家狂欢的天主教庆典。人们会化妆打扮,换上奇装异服走上街头大肆庆祝,并且玩得疯狂无节制。狂欢节结束的那一天,还有一个"葬沙丁鱼"仪式,表示在狂欢节期间的一切恶习都会被火烧尽,结束之后社会将恢复秩序。

3. 圣何塞节

西班牙的圣何塞节在3月19日。圣何塞节起源于中世纪,原是木匠用来纪念守护神圣何塞的节日。在巴伦西亚地区的3月份,人们会将上过彩的木头或者纸板等塑像堆叠起来,在3月19日当天用一把大火将这些作品都给烧掉。除了有纪念意义,它还象征着春天到来要准备除旧布新。

4. 斗牛节

西班牙的斗牛节在每年的7月6日—14日举行。在这个"斗牛王国",每年的斗牛节都有来自世界各地的斗牛爱好者参与这个节日。

5. 国庆日

10月12日是西班牙的国庆日,是为纪念1492年10月12日哥伦布发现了美洲大陆。1987年起,此日定为西班牙国庆节,每年的庆典仪式上,由国王检阅海、陆、空三军部队。

(二)民俗礼仪

1. 社交礼仪

西班牙人讲究女士优先,在乘电梯、上下车、请客上菜等时时处处体现这一礼节。在正式社交场合,西班牙人通常与客人行握手礼。贴面和拥抱主要用于亲朋好友、情侣恋人之间。贴面礼为贴双面,先右后左。

在西班牙,政府工作人员和一些企业中的男士在办公室必须打领带。男士一般不打玫瑰色领带。出席宴请时,男士着西装、打领带,女士着长裙、短裙或套装。

西班牙人在用餐时,主人拿餐巾后,其余人员方可拿。餐巾可摆放在腿上、桌上或胸前。西班牙人用刀叉进食。有多少道主菜摆放多少副刀叉,有时也在食用完每道菜后再视情况摆放。叉在盘子左边,刀在盘子右边,使用时从最外面拿起。食用完毕,将刀叉合并放在盘子右边,表示无意再食用。

2. 民俗禁忌

西班牙属基督教文化圈,许多禁忌与欧美国家相同,如认为"13"和"星期五"是不吉利的,忌用黄色、紫色、黑色,忌用菊花等。在西班牙,人们忌讳对斗牛活动发表不当言论或非议,所以游客在不了解情况的时候,最好不要对该活动发表任何意见。如果受邀去西班牙人家里做客,可以送上鲜花以示祝福和感谢,他们非常喜欢石榴花。

3. 旅游礼仪

西班牙当地妇女有"扇语"。当妇女打开扇子,把脸的下部遮起来,意思是"我爱你,你喜欢我吗"。若一会儿打开一会儿合上,则表示"我很想念你"。因此,初到西班牙的女性,如不了解扇语,最好不要使用扇子。

小知识

西班牙斗牛历史与争议

斗牛被视为一种融合了艺术、技巧和勇气的表演形式。斗牛士通过与强大且凶猛的公牛对抗,展示出他们的技巧和勇敢。这个过程中,斗牛士必须展现出优雅的动作、精确的攻击和瞬间的反应,以赢得观众的喝彩。斗牛士和公牛之间的互动被视为一种有着古老传统和仪式感的表演艺术。

然而,西班牙斗牛也引发了广泛的道德和伦理上的争议。斗牛的核心是对公牛的虐待和杀害,这被许多人视为对动物权益的侵犯。批评者认为,斗牛违背了对动物的善待和尊重,是一种残忍的表演。此外,斗牛也因为过度的商业化、激进的观众行为以及与毒品文化的关联而受到批评。

面对日益增长的反对声音,西班牙斗牛逐渐面临转变。一些地区开始采取禁止斗牛或限制斗牛的措施,而另一些地方则试图改革斗牛,减少对公牛的伤害。同时,一些新的形式和替代活动也出现了,例如无伤害斗牛和斗牛艺术表演等,以满足人们对传统文化的需求,同时尊重动物权益。

三、著名旅游城市及热点景观

(一) 马德里

马德里是西班牙的首都和最大都市,位于西班牙国土中部。马德里也是南欧地区的旅游、文化中心,历史文化遗迹丰富,现代旅游设施齐全,服务业发达。马德里的主要景点有太阳门广场、马德里王宫、西班牙广场等。

1. 马德里王宫

马德里王宫建在曼萨莱斯河左岸的山岗上,是世界上保存较完整、较精美的宫殿。王宫原址为哈布斯堡王朝城堡,新的王宫建筑融合了西班牙传统王室建筑风格和巴洛克建筑风格,整体呈正方形,每边长180米。由于历代国王都根据自己的喜好对王宫进行装饰,使得马德里王宫具有浓厚的个人印记和时代印记,如卡洛斯二世时期的帝王厅、卡洛斯三世布置的寝宫、卡洛斯四世建造的镜厅和阿方索十二世所钟爱的豪华餐厅,以及著名的绘画长廊。其中,帝王厅厅内的装饰一直未曾改变,大部分是在皇家作坊生产,但也不乏远道而来的奢侈品,如威尼斯的枝形水晶吊灯、那不勒斯的天鹅绒刺绣、罗马的青铜狮像。厅内拱顶画展现了西班牙君主时代的故事,特别突出了公元18世纪诸位国王的统治。绘画长廊收藏了各种绘画流派画家的作品,包括胡安·德·弗朗德斯的《天主教女王伊萨贝拉的多联画屏》、卡拉瓦乔的《莎乐美和施洗者约翰的头颅》,以及委拉斯盖兹和戈雅的作品等。

2. 普拉多博物馆

普拉多博物馆是"世界四大博物馆"之一,也是收藏西班牙绘画作品最全面、最权威的美术馆。普拉多博物馆收藏有委拉斯盖兹、戈雅、牟利罗、葛雷柯、贝拉、提香、拉斐尔、波提切利、鲁本斯等绘画大师的作品。馆内共有8600幅绘画、5000多幅图画、2000件雕刻作品、700余件雕塑和多件局部作品、约1000枚钱币和奖章以及近2000件装饰艺术品。博物馆分为毗邻的两个部分:维拉努埃瓦大楼和布恩-雷蒂洛之家。博物馆的3座大门前分别铸有西班牙古典绘画最杰出的代表:戈雅、委拉斯盖兹和牟利罗的雕像。

3. 塞戈维亚

1985年,塞戈维亚被选为世界文化遗产。建于公元1世纪的古罗马高架引水桥是塞戈维亚的标志,也是迄今保护较为完整的罗马帝国古迹。这座引水桥被用来向城市地势较高的区域汲水,全长728米,有166个桥孔,完全用巨大的石块建造,没有使用任何灰浆或水泥。集市广场附近的"钻石尖之家",因其立面上的钻石尖装饰图案而得名。"原野之城"广场上有两座著名建筑:富丽堂皇的罗索亚高塔、因穆德哈尔风格的连环拱合塔尖而备受称赞的圣马丁教堂。塞戈维亚大教堂有"大教堂中的贵妇"的美誉,是西班牙修建的最后一座哥特式建筑。教堂中一座名为"慈悲"的祭坛雕塑,由胡安·德·胡尼在公元1571年制作。阿尔卡萨城堡坐落在城市西部,历史悠久,但原建筑已无存,现在的城堡是公元1862年重建的。城堡中有一座兵器博物馆,展出要塞曾经使用过的军事装备。

4. 马德里斗牛场

每年的3月19日—10月12日是马德里的斗牛季,每周末都有斗牛表演,其中5月份的圣伊西德罗斗牛节是水平最高、场面也最热闹的。马德里斗牛场位于城市东部,是一座古罗马剧场式的圆形建筑,外墙为鲜艳的红色,仿佛在呼应斗牛士的红披风。斗牛场可容纳3万多名观众,在5月份的高峰时间往往座无虚席。作为西班牙水平最高的斗牛表演场所,全国乃至全世界的斗牛士们都以在马德里斗牛场表演为荣。

(二)巴塞罗那

巴塞罗那是加泰罗尼亚的港口城市,是享誉世界的地中海风光旅游目的地和世界著名的历史文化名城。这里气候宜人、风光旖旎、古迹遍布,素有"伊比利亚半岛的明珠"之称,是西班牙著名的旅游胜地。代表性景点包括圣家堂、古埃尔公园、巴特罗之家、加泰罗尼亚国家艺术博物馆、巴塞罗那现代艺术馆、内塔海滩等。

1. 圣家堂

圣家堂是巴塞罗那有名的高迪建筑,是城市地标、艺术瑰宝。它是"上帝的建筑师"安东尼·高迪·科尔内特的遗作,是他的宗教理想和建筑理想合二为一的作品。教堂的设计带有强烈的自然色彩,以动植物的形态为蓝本,将《圣经》中的各个场景在整个建筑中逐一展现,似乎赋予了教堂生命力。教堂共设有3座宏伟的立面——诞生、受难和荣耀,每一面都有4座支撑塔楼,远看像百孔千疮的蚁穴。登上塔楼可以更加近距离地观察塔尖的建筑,俯览巴塞罗那的景观。圣家堂经历了100多年的建造至今仍尚未完工,是世界上唯一一座还未完工就被列为世界遗产的建筑物。

2. 古埃尔公园

古埃尔公园位于巴塞罗那地势较高的区域,高迪的艺术趣味和建筑风格在此发挥得淋漓尽致。古埃尔公园最早是一个花园式别墅社区,后被捐赠成为公园,它是高迪园林设计的代表作。高迪曾在那座粉红色的别墅里生活了20年,而现在那栋别墅被改造成了高迪博物馆。公园里造型生动的变色龙和巨型蜥蜴都是加泰罗尼亚的标志动物,由马赛克瓷砖拼接制成。

3. 巴特罗之家

巴特罗之家这栋高迪设计的私人公寓的主色调为海洋蓝,深浅瓷砖的交替像波光粼粼的海面,让人心生宁静,而马赛克的运用使得这座建筑如调色板一般绚烂。这栋以造型怪异而闻名于世的建筑,室内的装饰也独具匠心,采光、通风还有温度调节的设计也对现代建筑产生了深远影响。高迪的设计灵感还来自圣乔治屠龙救公主的民间故事,更让这栋建筑显得浪漫而神秘。

4. 内塔海滩

巴塞罗那是一座海滨城市,这里的海滩还有着诸多造型独特的雕塑作品,无一不体现巴塞罗那的艺术人文气息。内塔海滩位于巴塞罗那东南部的三角形地带,海岸线绵延4千米。选择在此享受日光浴,踩在软绵的沙粒上散步,品尝新鲜的地中海料理,听起来就很让人心动。不过这个海滩人数较多,建议前往东北方的海滩,所有海滩的往返交通都很便利。

四、旅游市场

旅游业是西班牙的重要经济支柱,对于西班牙的经济和就业都有着重要的作用。因此,西班牙政府一直在努力推动旅游业的发展。西班牙的著名旅游胜地有马德里、巴塞罗那、塞维利亚、太阳海岸、美丽海岸等。世界旅游组织总部设在马德里。2020年,西班牙入境旅游人数为1890万人次,同比减少77.3%,为历史最低水平;入境旅游收入为197.4亿欧元,同比减少78.5%。2020年以前,西班牙入境游人数和旅游收入均居世界第二,旅游总收入占西班牙国内生产总值的12.4%。

西班牙政府一直在加强旅游基础设施建设,包括机场、高速公路、铁路、酒店等。这些设施的提升和改善可以更好地服务于游客,吸引更多的游客前来旅游,从而促进西班牙旅游业的发展。西班牙政府还经常举办各种大型国际活动,如文化节、体育赛事等。这些活动不仅能够吸引更多的游客前来观赛或参加活动,还能够提高西班牙在国际上的知名度和形象,促进西班牙旅游业的发展。

西班牙政府也推出了一系列旅游促进政策,包括降低税收、提供补贴等。西班牙超过30万家商户和六成以上ATM可受理银联卡(卡号以62开头),覆盖首都马德里和巴塞罗那的主要商业区,主要包括机场免税店、品牌专卖店、酒店、餐馆等游客常到的场所,部分旅游景点的取款机设有中文操作界面。

小知识

西班牙重启中国市场计划

西班牙国家旅游局推出了"中国市场重启计划"。例如,在北京举办西班牙美食周,在上海举办展览,在中国社交媒体推出相关路线直播节目,在中国在线旅行平台上大力投资在线营销……让中国游客更加了解西班牙旅游情况。以"中国市场重启计划"为指引,西班牙旅游机构也积极应对和布局。西班牙英格列斯百货公司目前正在积极优化数字支付能力、完善中文语言标识等。西班牙机场管理局正推动落实加强与中西两国之间运营航线的航司合作,进一步细化市场情报分析,并出台激励措施以降低开通航线的前期成本及改进指示标识等基本措施。

任务六 啤酒王国:德国

案例导入

奔驰博物馆

梅赛德斯-奔驰博物馆,会让每个人忘记自己身处于一座博物馆内。梅赛德斯-奔驰博物馆的设计,将几个激进的空间原理结合在一起,从而创造出一种全新的博物馆类型。让传统博物馆越来越不可持续的那些问题,在这里统统没有出现。奔驰的作品包围着游客,它们所讲述的文化,都是关于我们的生活;它们甚至比今天大多数的艺术作品要更加让人亲近。博物馆记录了奔驰工艺超过百年的足迹,从一匹马的生命之美,到750匹马力银箭赛车的工艺之美,馆内处处都是德国工匠精神和文化艺术创造的缩影,那些充满想象力的车身曲线,一台台精密的引擎,不禁令人赞叹德国工业艺术的奇迹。

案例探究: 1.你了解德国工业旅游吗?
2.请你试着设计一条德国工业旅游的路线。

一、国家概况

(一)地理环境

1.区域与人口

德意志联邦共和国简称德国,位于欧洲中部,是全球极具创新力的经济体。德国东邻波兰、捷克,南毗奥地利、瑞士,西界荷兰、比利时、卢森堡、法国,北接丹麦,濒临北海和波罗的海。德国陆地边界全长3876千米,海岸线长2389千米,国土面积35.8万平方千米。德国行政区划分为联邦、州、市镇三级,共有16个州,12846个市镇。

德国的总人口为8840万(2023年7月),是欧盟人口最多的国家,也是欧洲人口较为稠密的国家,主要是德意志人,有少数丹麦人和索布族人。德国的通用语言为德语,首都为柏林,国花为矢车菊。

2. 自然环境

德国国土位于北纬47—55 ℃的北温带,西北部海洋性气候较明显,往东、南部逐渐向大陆性气候过渡。1月平均气温在零下5—1 ℃,7月平均气温在14—19 ℃。

每年的4—10月适合去德国旅游,这段时间的德国天气晴朗,气候宜人。另外,德国旅游的高峰期还有每年的12月份,可以滑雪,会有很多滑雪爱好者会选择这个时段来到德国。

(二)历史人文

1. 历史简况

公元前日耳曼人就居住在德国境内,公元10世纪形成了封建国家——德意志。公元13世纪中叶,整个国家走向封建割据状态。公元18世纪早期,奥地利和普鲁士兴起,至19世纪,随着神圣罗马帝国的解体,建立一个统一的现代民族国家显得十分紧迫。根据1815年维也纳会议,德意志邦联成立。1848年,德国各地爆发革命,此后普鲁士越发成为德意志统一的主导力量,尤其是普鲁士首相俾斯麦领导了艰苦卓绝的内政、军事和外交斗争。

德意志帝国在1914年挑起第一次世界大战,1918年因战败而宣告崩溃。1933年希特勒上台实行独裁统治,建立了纳粹德国。德国于1939年发动第二次世界大战。在同盟国的打击下,1945年5月8日德国战败投降。第二次世界大战后,根据《雅尔塔协定》和《波茨坦协定》,1945年8月德国分别由美、英、法、苏四国划分占领,并由四国组成盟国管制委员会接管德国最高权力。柏林市也划分为4个占领区。1990年10月3日,民主德国正式加入联邦德国。民主德国的宪法、人民议院、政府自动取消,原14个专区为适应联邦德国建制改为5个州,并入了联邦德国,分裂40多年的两个德国重新统一。

2. 政治经济

《德意志联邦共和国基本法》颁布于1949年5月。基本法确定了德国五项基本制度:共和制、民主制、联邦制、法制国家和社会福利制度。1956年、1968年两次作过较大修改。1990年8月两德"统一条约"对《基本法》某些条款又作了适应性修订,同年10月适用于全德国。《德意志联邦共和国基本法》规定,德国是联邦制国家,外交、国防、货币、海关、航空、邮电属联邦管辖。国家政体为议会共和制。联邦总统为国家元首。议会由联邦议院和联邦参议院组成。2005年5月,德国联邦议院表决通过了《欧盟宪法条约》。2006年,德国通过了联邦制改革法案,采取"以权力换权力"的办法,重新调整和明确了联邦与各联邦州的管辖权限,将部分立法权下放到联邦州,同时减少主要代表各州利益的联邦参议院的立法参与权和审批权,从而提高了政府决策能力和立法效率。

德国是高度发达的工业国、欧洲最大经济体,也是全球国内生产总值第四大国。从工业革命时期开始,德国一直是日益全球化的经济的先驱、创新者和受益者。2022年,德国国内生产总值3.86万亿欧元,较2021年增长1.9%,人均国内生产总值4.58万欧元。德国还是世界贸易大国,同世界上230多个国家和地区保持贸易关系,全国近1/3的就业人员从事的工作与出口有关。德国还是最早研究磁悬浮技术的国家。

德国有"啤酒王国"的美誉,啤酒产量居世界前列。世界上啤酒消耗量最大的国家是德国,德国人非常爱喝啤酒,因此这里形成了一种奇特的"啤酒文化"——有悠久的历史、古老的传说和各种酿造方法。德国的啤酒文化也和德意志民族性格息息相关。

3. 文化符号

德国文化中给人最深刻印象的就是严谨。无论是德国的政治制度,还是德国企业的产品、德国的建筑、德国人的衣着、德国人的性格特征,无一不透露着严谨的特点。德国人无论做什么事,都特别讲究原则,这也是德国文化保守主义的外在体现。

德国文化的另外一个符号就是理性主义。德国出现了很多对人类思想史有着重要影响的哲学家,如黑格尔、费尔巴哈、马克思等,他们的思想都深受德国文化中的理性主义所影响。

小知识

德国的工匠精神

德国产品一直以其优异的质量享誉世界,推动德国产品走向世界的内在动力便是德国的工匠精神。工匠精神已经不单单只是德国的一种产品精神,而是整个德国在工业发展中的体现。工匠精神强调的不仅仅是对作品的精雕细琢、精益求精,更是一种坚守,一种对材料、工艺、造型以及背后承载的文化与精神的敬畏和传承。德国的工匠精神体现在每一个值得被放大欣赏的细节中。

二、民俗风情

(一)主要节日

1. 国庆日

德国的国庆日在每年的10月3日。1990年10月3日,是东德、西德统一的日子,因此这一天就被定为德国的国庆日。

2. 慕尼黑啤酒节

慕尼黑啤酒节在每年的9月末至10月初,在德国巴伐利亚州州府慕尼黑市的特蕾西娅草坪举行,为期2周左右。这一活动已经成为由慕尼黑市政府举办的一场盛大节日嘉年华。在这场嘉年华上,必不可少的就是啤酒、香肠和猪肘,许多啤酒大牌都会为慕尼黑啤酒节酿造特制啤酒,而巴伐利亚民俗表演、巨大的摩天轮和其他游乐设施也吸引了不少游客。

3. 科隆的狂欢节

科隆的狂欢节在全球颇负盛名。活动开始于老城区,开始时间正好就是我们中国的"双11"——11月11日,而且是当天的11时11分,之后会一直持续到复活节前40天,为期两三个月之久。狂欢节的主要庆祝形式有狂欢集会、假面化装游行和狂人表演。在这个被称为"第五个季节"的日子里,无论男女老少,都身着奇装异服,或是化着夸张的妆容,或是戴着面具,打扮成各种模样走上街头,一起享受热闹的节日氛围。

(二)民俗礼仪

1. 社交礼仪

德国人忌讳在公共场合窃窃私语,不喜欢他人过问自己的私事。在德国,不宜随意以玫瑰或蔷薇送人,前者表示求爱,后者专用于悼亡。德国人对于4个人交叉握手,或在交际场合进行交叉谈话,也比较反感。因为这两种做法,都被他们看作是不礼貌的行为。

2. 民俗禁忌

德国人忌讳数字"13",他们视"13日"和"星期五"为不祥。不喜欢红色、红黑相间色以及褐色,尤其不喜欢墨绿色。

3. 旅游礼仪

在德国,给服务行业的工作人员付小费已成为习惯,小费已成为服务员的重要收入来源。作为游客,给服务人员小费不但是对其服务的一种酬劳,同时也是对他人劳动的尊重。如餐馆就餐(自助餐除外),顾客通常要另加5%—10%的小费。参加旅行团,通常需要向司机和导游支付小费。

三、著名旅游城市及热点景观

(一)柏林

柏林是德国首都,也是德国最大的城市,面积约892平方千米。柏林曾是历代选帝侯的官邸所在地及普鲁士王国和俾斯麦统一德国后德意志帝国的首都。1945年纳粹战败后,根据《波茨坦协定》,柏林也被一分为二。1990年10月德国统一后,东、西柏林正式合并为一个城市。柏林是德国重要的经济文化中心,市内有3个歌剧院、150多个剧场、170多个博物馆、上百个艺术展览馆和90多个电影院。柏林与北京于1994年结为友好城市。

1. 勃兰登堡门

由C.G.朗汉斯设计的勃兰登堡门,位于柏林市中心,坐落在巴黎广场旁,是举世闻名的柏林标志性建筑。随着1961年柏林墙的建造,勃兰登堡门在其后28年间始终是一道不可逾越的城门。作为德国重新统一的标志和象征,勃兰登堡门凝聚着此座城市的当代与历史。勃兰登堡门前后各以6根多立克式柱子为支撑,通道只对行人开放。著名的女神四铜马雕像安放在勃兰登堡门城门上,展现胜利的维多利亚女神驾驶一辆四马两轮战车的英姿。

2. 博物馆岛

博物馆岛坐落于柏林市中心,是全世界游客甚至柏林本地人都十分热衷参观的极具吸引力的一个景点,被联合国教科文组织列为世界文化遗产。博物馆岛是世界上重要的博物馆群,由老博物馆、新博物馆、老国家美术馆、博德博物馆和佩加蒙博物馆5个部分构成,展现出无与伦比的世界级文化瑰宝,一路从两河流域到埃及、希腊、罗马、拜占庭、伊斯兰世界,再到中世纪、19世纪浪漫主义时期以及现代,堪称一场精彩绝伦的艺术与文化之旅。

3. 弗里德里希皇宫剧院

弗里德里希皇宫剧院是德国非常值得推荐的20世纪20年代传统歌舞剧院,为观众奉献奢华的歌舞剧、灯光与色彩衬托下的迷人演出,以及各种舞蹈和杂技表演,倾力打造辉煌与魅力。此外,各国演艺明星也纷纷在此充满文化历史氛围的舞台上登场亮相。

4. 柏林墙博物馆

柏林墙博物馆位于极富传奇色彩的过境关卡查理检查站旁边,作为世界强国之间斗争的标志,它记录了德国分裂的历史,是此座城市参观人数较多的博物馆。查理检查站旁的柏林墙博物馆常年展出柏林墙历史及诸多相关主题——从前东德国家安全到反对、抵抗,再到1989年11月9日柏林墙倒塌。

5. 犹太人纪念碑

位于威廉大街北端、勃兰登堡门附近的欧洲被害犹太人纪念碑无声诉说着那源于柏林的无以名状的罪行。在近19000平方米的土地上,竖立着由纽约建筑师彼得艾森曼设计的2711根碑柱。波浪起伏的碑柱区地下设有一个信息厅,以展览的形式再现欧洲犹太人遭迫害和杀害的情况。这里是一个"悲伤之地""抚慰之地",或许还是一个"宽恕之地",更是一个"永不忘却之地"。

(二)慕尼黑

慕尼黑是德国第三大城市、巴伐利亚州州府。慕尼黑既是欧洲繁华的和现代化的都市,同时又保留着当地传统的古朴风情,其被誉为德国最为瑰丽的宫廷文化中心,悠久丰富的历史赋予城市浓郁的文化气息和王都风范。慕尼黑市内拥有众多巴洛克式建筑和博物馆,其中有以全面展示工业技术闻名于世的德意志博物馆。慕尼黑的著名景点还有市政厅、老王宫、国王广场、奥林匹克公园和宫廷啤酒馆。这里每年还会举办世界上著名的民间节日啤酒节。慕尼黑工业和金融保险业发达,是西门子、宝马、安联保险和慕尼黑再保险等跨国公司总部所在地。

1. 玛利亚广场

玛利亚是巴伐利亚的守护神,竖立着玛利亚圆柱的玛利亚广场则是慕尼黑内城最古老的中心广场、步行街的中心、大型活动的舞台,以及探索这座城市的理想出发点。哥特式风格的市政厅及其突出的外立面在广场上格外引人瞩目,市政厅钟楼里神奇的报时钟声悦耳而洪亮。

2. 维特尔斯巴赫王宫

维特尔斯巴赫王宫位于慕尼黑城内,融合了文艺复兴、巴洛克式、洛可可式和古典主义的风格,曾经是慕尼黑的城市宫殿和巴伐利亚公爵、选帝侯和国王的行宫。这座恢宏壮丽的统治者官邸由水上城堡衍变发展而来,彰显着维特尔斯巴赫家族的艺术鉴赏力和政治主张。这个建筑群包括10座宫廷,博物馆则由130个展厅组成,被视为当今欧洲重要的宫殿艺术博物馆。

3. 维克图阿连市场

位于慕尼黑城内的维克图阿连市场,拥有面积巨大的市集场地,全方位供应各种特色产品。这里总是人山人海,摩肩接踵的人从一个摊位挤到另一个摊位,争相购买香料、鲜鱼、当地和外来的水果、花卉及其他产品,纯粹看看就已是无与伦比的视觉享受。这里还有城市最中心的露天啤酒馆,可以与形形色色的民众一起享用啤酒和当地美食。

(三)法兰克福

法兰克福位于美因河两岸,面积249平方千米,是德国第五大城市,也是德国金融中心、博览会城市和通向世界的空中门户及交通枢纽。超过200家信贷金融机构坐落于法兰克福,有近60家规模不等的博物馆,每年举办约46次大型国际博览会。法兰克福的工业以化学最为重要,次为机械、电器、电子等。法兰克福不仅是德国的经济中心,同时它又是一座文化名城。法兰克福是世界文豪歌德的故乡,歌德就诞生于此。

1. 罗马广场

对于大多数游客来说,罗马广场是通过法兰克福市内的第一站。罗马广场位于法兰克福老城的中心,建于中世纪时期,是法兰克福现代化市容中唯一仍然保留着中古街道面貌的广场。每年圣诞节期间,此处也是法兰克福圣诞市场的所在地。

2. 法兰克福大教堂

法兰克福大教堂是法兰克福一个著名的教堂,属于哥特式建筑,又称为皇帝大教堂及加冕教堂,德国皇帝曾在此加冕。

3. 铁桥

铁桥是一座钢架结构的人行桥,横跨美因河,连接了法兰克福的南岸和北岸。这个新歌特式风格的桥从公元1869年开始修建,经过多番改建,形成了现在的模样。

4. 法兰克福市政厅

法兰克福市政厅曾经是选举和加冕皇帝的场所,现在是登记处和市长办公室所在地。里面的皇帝大厅保存留着52位统治者的肖像。作为法兰克福最早的政府办公地点,法兰克福市政厅的历史可以追溯到公元1405年,是典型的德国式建筑,也是法兰克福的象征之一,门前就是罗马广场。

(四)汉堡

汉堡位于德国北部、易北河下游,距北海约100千米,是德国第二大城市,系州级市,面积755平方千米。汉堡是德国重要的经济中心和最大的外贸口岸,也是德国重要的媒体中心,德国6大出版集团有5家坐落在汉堡,有近万家广告商、1500多家出版社、650多家印刷企业和3000多家音像、广播企业。目前有外国领事机构99个,其中69个为名誉领事和领事馆,汉堡同时是国际海洋法法庭的所在地。

1. 汉堡市政厅

汉堡市政厅是19世纪后半期建成的新巴洛克式风格的建筑物,建筑上装饰着不少富有纪念意义和象征作用的艺术品。整个大厦用砂岩砌成,除屋顶为铜绿色外,外观呈烟灰色,古朴而典雅。市政厅大楼中央的尖塔高112米,是汉堡一处非常醒目的建筑物。塔上安装着镀金的帝国之鹰,它是德意志统一的象征。在市政厅外面的广场上,有海涅的塑像,海涅曾在汉堡生活数年,在这里发表了他的第一批诗作。

2. 哈根贝克动物园

哈根贝克动物园起初是私人所有的动物搜集园区,后来作为动物园正式成立,是第一个不用人造设施"囚禁"动物,而是尽可能还原天然野生环境的动物园。这个动物园集动物、公园和文化于一体,在这里,参观者可以获得独特的体验。哈根贝克动物园如今已成为欧洲一处重要的动物园,至今一直保留着开创时闻名世界的"全景"和露天饲养场的特色,它们已被列为文物保护对象。动物园面积约25公顷,共有来自世界各个大陆的360种动物,它们全都在自然的生活条件下,放养在大规模的自由活动区。

3. 汉堡火车站

汉堡火车站曾经是来往于柏林和汉堡之间列车的停靠车站,火车站的候车大楼现在是现代艺术博物馆,从属于国家艺术画廊,算得上是一个非常成功的现代艺术博物馆。安迪·沃霍尔、约瑟夫·博伊斯、凯斯·哈林和其他许多极具创新性的当代艺术家的作品都在这里展出。汉堡火车站也是柏林现存的唯一一个终端站。第二次世界大战期间,汉堡火车站大楼遭到了严重损坏,在经历大规模的修缮工作之后,作为当代博物馆向公众开放。

4. 汉堡国际航海博物馆

汉堡国际航海博物馆坐落于汉堡的港口新城,是一个大型私人航海博物馆,旨在激发新一代人对航海的热情,深受航海爱好者的欢迎。汉堡国际航海博物馆为世界上最大的现代化私人航海博物馆,馆藏主要来自汉堡出版业大亨彼得·塔姆的私人收藏。博物馆通过船舶模型、人物塑像的缩型立体场景、珍贵的物品和笔记、声音文件和电影录像等,形象地呈现了航海的过去、现在和未来,再现了航海历史中发现者、征服者、船长和普通船员的故事,讲述了人类历经3000年的探险旅行历史。

5. 阿尔斯特湖

阿尔斯特湖分为内湖和外湖。在两湖之间的大桥Kennedy Brucke和Lombards Brucke是观赏汉堡全景的好地方。内湖位于市政厅广场以东,像一颗明珠镶嵌在市区的中央,风景如画。美丽的湖面上,彩帆点点,天鹅优雅地穿梭在波光粼粼中。夜晚灯火通明,霓虹眩目。阿尔斯特湖滨有精美的雕像、古老的教堂、豪华的宾馆和商业大街。位于城市中心地带的外湖是帆船运动员、划船运动员的天堂。令帆船手们感到自豪的是,这个面积160公顷大的湖泊是一个人造的湖泊,由一条阿尔斯特小河及流入这条小河的小溪汇合而建成。汉堡人和汉堡游客很喜欢围着阿尔斯特湖散步,因为这是亲水的绿色城市提供的极有价值的观光项目。此外,湖四周的阿尔斯特公园提供了大量的逗留、休闲和游玩的地方。

四、旅游市场

德国旅游业十分发达,是德国经济的重要组成部分,德国也是欧洲重要的旅游市场之一。德国旅游业的主要吸引力在于其丰富的文化遗产和自然景观,以及高质量的旅游服务和设施。德国的旅游资源丰富多样,有着世界闻名的城市、博物馆、音乐节和美食。在德国旅游,游客可以欣赏到古老的城堡和宏伟的大教堂,领略到自然景观和文化艺术的魅力,还可以品尝到德国啤酒和美味的香肠。

德国政府对旅游业的支持力度逐年加大,政府不仅提供财政支持,还出台了一系列鼓励旅游业发展的政策,如降低旅游业税率、简化签证手续、加大行业宣传等,这些政策手段都为旅游业的进一步发展打下了坚实的基础。德国政府在2023年推出一系列的促进旅游业发展的政策,促进旅游业在全国范围内的均衡发展。德国政府将支持旅游企业和地方政府开发数字化旅游产品和服务,提高游客在德国旅游过程中的数字化体验。政府将投入更多资金和资源来发展旅游业基础设施。政府还将促进旅游业的国际化,吸引更多的国际游客来德国旅游。

小知识

德国的8条新旅游线路

从2023年1—2月亚洲客源国在德间夜数的表现来看,来自中国的数据同比涨幅有265.1%之多。相关人士表示,德国已经开始感受到中国市场复苏带来的活跃气息,因此也更大力度地在中国进行旅游相关的推广"种草"活动。2023年,德国国家旅游局将重点围绕文化与历史资源在全球市场做推广,包括宫殿与城堡、文化与历史、自然园林与风景、工业文化、建筑与设计、教堂与寺庙以及历史老城七大主题,除了策划相关推广活动,还将推出8条主题线路,涵盖51处联合国教科文组织评定的世界遗产。

任务七　钟表王国:瑞士

案例导入

瑞士的完美冬日假期

冬雪飘落,带着瑞士步入一年中最令人期待的时节——滑雪季。雄伟的阿尔卑斯山脉，让瑞士成为闻名全球的滑雪胜地，从上流社会青睐的"滑雪天堂"圣莫里茨和格施塔德，到有着"欧洲最大高山滑雪场"头衔的知名小镇达沃斯，再到地理位置优越的少女峰著名滑雪区格林德瓦，瑞士各地的滑雪场都能提供酣畅淋漓的滑雪体验和赏心悦目的壮丽美景。滑雪胜地，与瑞士酒店的高品质服务，一起成就我们的完美冬日假期。

案例探究： 1.通过这则瑞士旅游局的介绍，你能分享瑞士的旅游特色吗？
2.请你结合本任务的学习，制作一份瑞士旅游攻略。

一、国家概况

（一）地理环境

1.区域与人口

瑞士联邦简称瑞士，位于欧洲中部，北与德国接壤，东临奥地利和列支敦士登，南临意大利，西临法国。瑞士全国地势高峻，西北部的汝拉山区、中部的平原及南部的阿尔卑斯地区构成三个自然地形区，连接欧洲南北的主要干线穿越瑞士的阿尔卑斯山。瑞士的最低点位于阿斯科那市，最高点是杜富尔峰。

截至2021年，瑞士总人口为873.8万。其中，外籍人口约占26.5%。德语、法语、意大利语及拉丁罗曼语4种语言均为官方语言。居民中，讲德语的约占62%，法语23%，意大利语8%，拉丁罗曼语0.5%，其他语言23%。信奉天主教的居民占33%，新教21%，其他宗教14%，无宗教信仰32%。瑞士的首都是伯尔尼。

2.自然环境

瑞士地处北温带，四季分明，全国地势高峻，矿产资源匮乏，森林及水力资源丰富，总面积约4.1万平方千米，南北跨度220千米，东西距离为348千米。瑞士的国花为火绒花，瑞士人民喜欢火绒花，它代表一种至高无上的理想。

瑞士的夏季从每年6月一直持续到9月，非常适于开展室外活动。每年的4—5月或9—10月气候比较温和，适宜来瑞士旅游观光。如果是滑雪运动爱好者，可以在每年的11月下旬到来年的4月前往日内瓦附近的阿尔卑斯山的滑雪胜地。

（二）历史人文

1.历史简况

瑞士的国土范围在史前是凯尔特人的活动区域，凯尔特人曾经是欧洲中部的土著居民，他们的部落在公元前2世纪曾经扩展到今天的法国、比利时、意大利北部、西班牙以及莱茵河流域的广大范围，在他们的全盛时期还曾经成功地攻占了罗马城。公元前58年，瑞士被凯撒的军队征服，被罗马帝国统治达400年之久。公元3—7世纪，日耳曼部族阿勒曼尼人侵入瑞士东部和北部，并在此定居，这些地方成为以后瑞士的德语区；勃艮第人侵占了西部，这里就是以后瑞士的法语区。公元774年，瑞士领土全部并入法兰克王国。公元1291年，乌里、施维茨和下瓦尔登3个州在反对哈布斯堡王朝的斗争中秘密结成永久同盟,即瑞士建国之始。公元1648年,法国、瑞典大败神圣罗马帝国军队,迫使其于当年10月求和,签订和约,瑞士真正成为主权国家。公元1798年,拿破仑侵略瑞士,建立海尔维第共和国。公元1803年,瑞士将法军驱逐出境,瑞士扩张到19个州,恢复联邦。公元1815年,瓦莱州、纽沙泰尔州、日内瓦州加入瑞士。同年,瑞士签署新的联邦条约,除外交事务外,各州恢复各方面的主权。同年,维也纳会议确认瑞士为永久中立国。公元1848年,瑞士制定宪法,设立联邦委员会,成为统一的联邦制国家。瑞士在两次世界大战中均保持中立。

2. 政治经济

瑞士实行议会民主制度,为委员制国家,最高国家元首为联邦主席,亦称总统,但只为形式上的领导人,真正的权力源自七席联邦委员会,由国家七个机关的部长(包括现任联邦主席)组织构成。瑞士允许公民拥有双重国籍。

瑞士是高度发达的资本主义工业国家,实行自由经济政策,政府尽量减少干预,对外主张自由贸易,反对贸易保护主义。2021年,瑞士的国内生产总值为7316亿瑞士克朗。工业是瑞士的支柱型产业,机械制造、化工、医药、高档钟表、食品加工是瑞士的主要支柱产业。工业技术水平先进,产品质量精良,在国际市场具有很强的竞争力。瑞士有"钟表王国"之称,钟表业是瑞士第三大出口行业。作为世界较大的钟表生产国,瑞士拥有众多享誉世界的钟表品牌,如斯沃琪、劳力士、百达翡丽、天梭、浪琴等。瑞士被誉为"全球最大的离岸金融中心"和"国际资产管理业务领导者",是世界金融中心,全球有1/3的钱都存在瑞士。

3. 文化符号

瑞士的钟表文化闻名世界。瑞士的钟表,以其精湛的工艺,获得了世界的认可。瑞士拥有众多享誉世界的钟表品牌,像劳力士、浪琴、欧米茄等。作为世界较大的钟表生产国,瑞士每年生产的手表有95%以上都用于出口。与瑞士钟表一样,瑞士军刀也是其一大特产,设计完美,加工精巧,功能齐全,是家庭户外的好工具、军队武器的首选,也受到很多消费者的青睐。瑞士是世界上最大的巧克力出口国,是名副其实的"巧克力王国"。瑞士的巧克力销往全世界,种类繁多,但价格也不便宜,可能你吃过瑞士著名三角巧克力Toblerone。

小知识

瑞士钟表——工匠精神的传承

在历史的长河中,瑞士中世纪钟表制造业是一段引人入胜的篇章。这个小国以其匠心独运的钟表制造技术,为世界带来了精密、准确的时间测量仪器。瑞士钟表制造业的发展是工匠精神与工业生产的共同演绎。在机械化生产的背景下,瑞士钟表制造师们仍然坚持追求精湛工艺和高品质,不愧为"匠人精神"的继承者。工匠精神的传承和工业生产的转变相互促进,使得瑞士钟表制造业在技术创新与工业革命的推动下不断发展壮大,为全球钟表制造业做出了卓越的贡献。

二、民俗风情

（一）主要节日

瑞士的主要节日有国庆节、葡萄酒节、六鸣节等。每年的8月1日是瑞士的国庆节。葡萄酒节在每年10月的第一周开幕。4月的第三个星期一是瑞士的六鸣节，苏黎世市民以撞钟和燃烧冬天的雪人来迎接初春的到来。

（二）民俗礼仪

1. 社交礼仪

瑞士人不喜欢随意触碰他人的身体，一旦碰到他人的身体，就会马上说"对不起"。瑞士人有礼让女士和长者的习惯，即使彼此都是男性，也会给有急事的人让路。他们喜欢安静，在房内行走总是尽可能避免发出过大的响声。瑞士人习惯于行握手礼，握手时两眼注视对方。亲朋好友见面，有时也行拥抱礼，女士则施吻面礼。对于陌生人，他们彬彬有礼，乐于助人，无论你是问路还是寻人，都有人热情地为你指点。瑞士人时间观念很强，与瑞士人约会应准时赴约，早到或迟到均被视作不礼貌。瑞士人反感在公共场所大声喧哗，乱扔废弃物。在公共场所（包括自住公寓面向街道的阳台等）晾晒衣物有可能被罚款。

2. 民俗禁忌

瑞士人忌讳"13"和"星期五"，认为它们会给人们带来不幸或灾祸。忌讳打听别人的年龄、工资及家庭状况，认为这是个人的私事。

3. 旅游礼仪

瑞士人在餐厅就餐时，不愿意听到餐具相互碰撞的响声和咀嚼食物的声音。如若受邀请到瑞士人家中做客，通常送的礼物是鲜花、巧克力或葡萄酒，但不要送红玫瑰。

三、著名旅游城市及热点景观

（一）伯尔尼

伯尔尼是瑞士的首都和伯尔尼州的首府，位于瑞士中西部，是一座具有800年的历史的名城。阿勒河把该城分为两半：西岸为老城，东岸为新城。伯尔尼气候温和湿润，冬暖夏凉。

1. 伯尔尼美术馆

伯尔尼美术馆是瑞士著名的美术馆，有许多珍贵的收藏品，类别包括：意大利14世纪的作品；自15世纪以来的瑞士艺术品，包括知名艺术家尼古拉·马纽艾尔、埃尔伯特·安卡、荷德勒、库诺·阿梅亚特等的作品；19世纪至20世纪初期的国际油画作品（印象派、表现主义、蓝色骑兵画派、超现实主义）。特别是收藏了保罗·克利、瓦西里·康定斯基和毕加索的作品，因此颇负盛名。瑞士国内和国际的艺术潮流展也经常在这里展示。

2. 阿尔卑斯山博物馆

阿尔卑斯山博物馆是致力于展现瑞士段阿尔卑斯山自然风光与人文景象的一座博

物馆。博物馆的一楼展示策马特及马特洪峰的历史、登山事迹、模型等;二楼展出阿尔卑斯山的地貌和自然历史,有策马特区所收集的岩石标本和动植物标本;三楼则是展示阿尔卑斯山区域人们的生活方式及器具等。

3. 保罗·克利中心

保罗·克利中心位于伯尔尼市区东郊,是为纪念20世纪一位重要艺术家——保罗·克利及其留世的伟大作品而建,收藏着全世界最为丰富的保罗·克利作品。保罗·克利中心所在建筑由意大利著名建筑师——伦佐·皮亚诺设计,这栋建筑本身就像是一件极具欣赏价值的艺术品,形如波浪,蔚为壮观。建筑结合缓坡地形,一半埋于地下,一半呈现出波浪形的立面,与周围景观十分和谐,细部处理尽显高技派的建筑风格。

4. 伯尔尼古城

伯尔尼古城于公元12世纪建在阿尔河环绕的山丘之上,后来成为瑞士的首都。从伯尔尼古城的建筑,可见历史的变迁。古城保留了公元16世纪典雅的拱形长廊和喷泉,这座中世纪城镇的主体建筑在公元18世纪重新修建,并保留了原来的历史风貌。

(二)苏黎世

苏黎世位于瑞士联邦中北部,是瑞士联邦的第一大城市和最重要的工商业城市、苏黎世州的首府,以及全国政治、经济、文化和交通中心,也是欧洲非常富有的城市。苏黎世已连续多年被联合国人居署评为"全球最宜居的城市"之一。

1. 格罗斯大教堂

格罗斯大教堂始建于加洛林王朝时期,以其独特的双塔楼成为苏黎世的城市象征。六鸣节的晚上6点,格罗斯大教堂的钟会被敲响。第一次敲响的钟声宣告了春天的到来。大教堂中最古老的部分是教堂墓窖,建于公元11世纪末到12世纪初期。

2. 圣母教堂

圣母教堂可追溯到公元853年,最早是一个女修道院,公元13世纪改建成教堂。教堂采用罗马式建筑,其花玻璃和壁画都是出自名家之手。

3. 圣彼得大教堂

圣彼得大教堂是苏黎世非常古老的教堂,教堂塔钟楼上有欧洲最大的教堂钟指针盘,钟的盘面直径有8.7米,时针长3米,分针长4米。此教堂塔最初是用于监视火灾的,一旦发生火情,就有人把一面旗伸向发生火情的方向,以此告诉人们救火的位置。

4. 圣莫里茨

圣莫里茨是苏黎世附近的小城,曾经举办过两届冬奥会,是名副其实的滑雪天堂。圣莫里茨开展冬季运动已有100多年的历史,其中著名的运动有在结冰湖面上进行的赛马、马球和马拉雪橇等。

(三)日内瓦

日内瓦城市位于日内瓦湖西南角,是瑞士联邦的第二大城市。日内瓦是一个国际机构云集的城市,也被称为"联合国城",联合国日内瓦办事处等20多个国际组织、170多个非政府组织和150多个联合国机构设在日内瓦。日内瓦以其深厚的人道主义传统、多彩多姿的文化活动、重大的会议和展览会、令人垂涎的美食、清新的市郊风景及众多的游览项目和体育设施而著称于世。日内瓦也是世界钟表之都,钟表业与银行业成为日内瓦的两大经济支柱。

1. 万国宫

万国宫是日内瓦的著名建筑,位于日内瓦东北郊的日内瓦湖畔,与巍峨的阿尔卑斯山遥遥相望。万国宫又名国联大厦,是联合国的前身"国际联盟"的总部所在地,现为联合国驻日内瓦办事处,又称联合国欧洲总部。万国宫由4座宏伟的建筑群组成,中央是大会厅,北侧是图书馆和新楼,南侧是理事会厅,连同花园、庭院,总占地面积为2.5平方千米,周围绿树环抱,环境幽美。

2. 大喷泉

大喷泉是位于日内瓦湖畔的一座特大型人工喷泉,也是日内瓦的著名地标,从日内瓦的许多地方都可以望见。在喷泉下方有一条堤道,喷出的湖水有时会随着风向直接落在堤道上,宛如倾盆大雨,是日内瓦的热门观光景点。

3. 圣皮埃尔大教堂

圣皮埃尔大教堂是罗马式、哥特式、希腊-罗马式三种风格相互融合的建筑,是日内瓦老城区的标志性建筑,它向人们讲述着悠长而错综复杂的古老城市历史。其地下有考古学博物馆,是欧洲最大的考古学博物馆。

4. 断腿木椅

断腿木椅12米高、5吨重,是艺术家丹尼尔·伯塞特的雕塑作品。1997年,国际残联呼吁人们关注战争中地雷对平民造成的伤害,因而建立了这个纪念雕塑。

5. 花钟

象征瑞士是钟表业中心的花钟为日内瓦的著名景点。瑞士号称"花园之国",又称"钟表之乡",更奇妙的是,瑞士的能工巧匠将花卉之美与钟表的制造工艺完美地结合起来,别出心裁地创造出了花钟。花钟是莱蒙湖畔的重要地标,位于英国花园的西边,曾经是世界上最大的花钟。园艺师随着季节变化种植不同的花卉,令花钟展现出不同的色彩,甚至是不同的图案。无论是在阳光下还是在风雨里,花钟走时精确,钟表周长为15.70米,直径为5米,它的秒针长达2.5米,各秒点的距离为27厘米,是世界上拥有最长秒针的植物钟。

四、旅游市场

瑞士的旅游业十分发达,一直稳定强劲地发展着,是瑞士仅次于机械制造和化工医药的第三大创汇行业。旅游业是瑞士最大的服务出口行业,也是国家外汇收入的重要来源之一,对GDP贡献率约为6%。

任务八　森林王国：瑞典

📎 **案例导入**

瑞典首创国家号码,全民皆成旅游大使

瑞典因为很多东西而出名：家居品牌宜家、阿巴合唱团（ABBA）、电影《龙纹身的女孩》、热播剧《北欧海盗》，还有服装品牌H&M。而现在，瑞典设立了世界上第一个国家电话号码。

为了庆祝瑞典废除审查制度250周年，瑞典政府和瑞典旅游协会推出了一个国家电话号码的项目。现在，世界各地的任何人都可以拨打他们设置的一个号码，和瑞典本地人通话，你们可以聊任何东西，从看北极光到如何摆放、组装你的宜家家具，"上聊天文，下聊地理"都可以。

从瑞典当地媒体报道中了解到，基本上任何人只要有手机就可以拨打该号码，而通话将被随机地连接到任何一个已签约成为这个计划一部分的瑞典本地人。对于潜在的游客来说，这将更容易和更人性化地得到旅游建议，而对于参加计划的瑞典人来说，当他们接到电话的那一刻，将作为国家的旅游大使向外地游客介绍他们感兴趣的瑞典旅游景点和文化特色。

案例探究：1. 上述案例给你最大的启发是什么？

2. 如果你作为国家号码的接听人员，你会从哪些方面推介瑞典旅游特色？

一、国家概况

（一）地理环境

1. 区域与人口

瑞典位于斯堪的纳维亚半岛，属于"北欧五国"之一，首都是斯德哥尔摩。瑞典西邻挪威，东北与芬兰接壤，东临波罗的海，西南濒北海同丹麦隔海相望，海岸线长3218千米。瑞典总面积为45万平方千米，是北欧面积最大的国家。瑞典地形狭长，地势自西北向东南倾斜，北部为诺尔兰高原，南部及沿海多为平原或丘陵。瑞典全国最高峰是克布讷凯塞峰，海拔2123米。

截至2023年8月，瑞典人口约1055万。绝大多数为瑞典人，移民多来自中东、东南欧、非洲等地区，北部萨米族是唯一的少数民族。瑞典的官方语言为瑞典语，通用语言为英语，主要宗教为基督教路德宗。瑞典全国各地人口分布不均匀，全国90%的人口集中在南部和中部地区。

2. 自然环境

瑞典靠近海洋的地区,受大西洋暖流影响,属于温带针叶林气候,最南部属温带阔叶林气候。受北大西洋暖流影响,瑞典平均气温1月北部零下15℃,南部1—2℃;7月北部8℃,南部18℃。瑞典拥有15处世界文化遗产,森林覆盖率为54%,在世界上幸福国家排名中跻身前3位。

每年的5月下旬至7月下旬这段时间,瑞典气候凉爽舒适,并且日照充足、景色优美,最宜出游。每年6月底的仲夏节之夜是瑞典最美好的时光。

(二)历史人文

1. 历史简况

石器时代,瑞典已经有人类居住。公元11世纪初,瑞典开始形成国家。公元1157年,瑞典兼并芬兰。公元1397年,瑞典与丹麦、挪威组成卡尔马联盟,受丹麦统治。公元1523年,瑞典脱离联盟独立。公元1654—1719年为瑞典的强盛时期,领土包括现芬兰、爱沙尼亚、拉脱维亚、立陶宛以及俄国、波兰和德国的波罗的海沿岸地区。公元1718年,瑞典对俄国、丹麦和波兰作战失败后逐步走向衰落。公元1805年,瑞典参加拿破仑战争。公元1809年,瑞典败于俄国后被迫割让芬兰,公元1814年从丹麦取得挪威,结成瑞挪联盟。1905年,挪威独立。瑞典在两次世界大战中均保持中立。1995年,瑞典加入欧盟。

2. 政治经济

瑞典为议会制君主立宪制政体。2022年10月,温和党、自由党与基民党组成少数联合政府。本届政府施政重点包括打击犯罪、促进就业和经济增长、保障能源供应安全和加入北约等。瑞典的宪法规定,瑞典实行君主立宪制。国王是国家元首,作为国家象征仅履行代表性或礼仪性职责,不能干预议会和政府工作。议会是立法机构,由普选产生。政府是国家最高行政机构,对议会负责。国王的长子或长女是法定的王位继承人。

瑞典经济高度发达。以高收入、高税收、高福利为主要内容的"瑞典模式",为保障国家经济发展、抵御危机影响发挥了作用。瑞典拥有自己的航空业、核工业、汽车制造业、先进的军事工业,以及全球领先的电信业和医药研究能力。在软件开发、微电子、远程通信和光子领域,瑞典也居世界领先地位。

瑞典是著名的森林王国,为世界上人均森林面积较多的国家,人均拥有木材蓄积量330多立方米。有资料显示,全球的森林覆盖率是30%左右,欧洲为47%,而瑞典竟达到了69%。

3. 文化符号

瑞典的文化符号可谓包罗万象,包括宜家家居文化、马文化、时尚服饰文化、酒文化等。

宜家家居文化:瑞典王国作为一个君主立宪制国家,大力倡导民主自由,为文化的多元性创造了条件。宜家家居的"民主设计"理念——"为每个人而设计"也就诞生于此。

马文化:说到马,首先想到瑞典的重要文化符号——达拉木马,也是瑞典较受欢迎的传统手工艺品。在瑞典给来自远方的客人送上一匹达拉木马,也算是贵宾级礼遇。

时尚服饰文化:瑞典服饰H&M在瑞典和其他国家的价格和款式都差不多,所以人们没必要为了买H&M而来瑞典。一些冷僻小众的瑞典品牌已经开始在世界的舞台上崭露头角,比如专做牛仔的Weekday和新潮时尚的Cheap Monday,这两个都是H&M旗下的品牌。

酒文化:在瑞典,去酒吧听听歌、喝喝酒也可以很快地融入当地的文化之中。如果想买酒回家,那就得去Systembolaget,由国家经营的酒类商店,瑞典对于酒进行严格的管控。不过这里的种类倒是非常齐全,应有尽有,花个170—400瑞典克朗就能美美地醉一次。

二、民俗风情

(一) 主要节日

瑞典一些节假日源自宗教节日,由德国商人或新教徒从外国传入,也有部分节日具有本国特色,与季节变化紧密相连。其主要节日包括五朔节、国庆节、仲夏节、基督降临节、露西娅节等。

1. 五朔节

每年5月1日的前一天晚上,是瑞典人庆祝冬去春来的一个节日——五朔节。每年五朔节之夜,人们聚集在野外,点起高大的篝火,伴着乐曲合唱。

2. 国庆节

每年的6月6日是瑞典的国庆节,也是瑞典通过第一部现代宪法的纪念日。1983年,议会正式宣布6月6日为瑞典国庆节。

3. 仲夏节

每年6月末的星期六,即6月24日前后的仲夏节,为一年中白昼时间最长的一天,瑞典会在这一天庆祝夏天的到来。

4. 基督降临节

圣诞节前第四个星期天的基督降临节,瑞典的家家户户都会挂上彩灯和圣诞节之星。

5. 露西娅节

祈祷光明的12月13日是瑞典的露西娅节。露西娅作为光明使者,在瑞典黑暗、寒冷的冬天给人们带来希望。

(二) 民俗礼仪

1. 社交礼仪

瑞典人性格较为内敛安静,着装整洁,爱好帆船、骑马、冰球、滑雪、跑步等各类运动。

2. 民俗禁忌

瑞典人忌讳"13",认为"13"是不吉利的数字,他们对商品不标"13瑞典克朗"的价格,宴会不安排在"13日"举行,也没有"13道"菜一桌的,更忌讳"13人"同席就餐。

瑞典的国旗为蓝色与黄色,瑞典人视黄、蓝色为国家的代表色,他们忌讳在商品上使用这一色彩组合。瑞典人不喜欢商品包装上出现宗教性的标志图案,以及镰刀、锤子之类的图案。

3. 旅游礼仪

瑞典对酒管控较严,酒精含量超过一定的度数的酒类需要到专卖店购买。瑞典大多数室内公共场所,如机场、公共交通设施、商店、饭店等都禁止吸烟,部分宾馆设有吸烟室。

三、著名旅游城市及热点景观

(一) 斯德哥尔摩

斯德哥尔摩是瑞典的首都、第一大城市,以及瑞典的政治、文化、经济和交通中心,瑞典国家政府、国会和皇室的宫殿都设在此。斯德哥尔摩位于瑞典的东海岸,临波罗的海、梅拉伦湖入海处,是著名的旅游胜地。整个斯德哥尔摩市区分布在14座岛屿和一个半岛上,也被人们称为"北方威尼斯"。

斯德哥尔摩城区有着悠久的历史且保存良好,现在共有100多座博物馆和历史名胜,而它也是一个高科技的城市,拥有众多大型企业,各项工业都很发达。斯德哥尔摩是阿尔弗雷德·诺贝尔的故乡,从1901年开始,每年12月10日是诺贝尔逝世纪念日,著名的诺贝尔奖就在斯德哥尔摩音乐厅隆重举行,瑞典国王给获诺贝尔奖者授奖,并在市政厅举行晚宴。

1. 市政厅

市政厅是斯德哥尔摩的地标性建筑,位于市中心西边的国王岛上,两边临水,是一座红色砖瓦塔楼。它一共使用了800万块红砖和1900万块马赛克瓷砖,规模相当宏大。市政厅的金色大厅墙面是小块玻璃拼成的马赛克画,其中的蓝厅是市政厅里最大的厅,也是举行诺贝尔奖晚宴的地方。虽然叫它蓝厅,但它其实是红色的,因为在原来的设计图中这里是铺上蓝色瓷砖的,但是在红砖砌成后,人们觉得红砖所带来的典雅美感更适合市政厅的形象,所以就没再贴蓝砖。由于在建筑过程中已经习惯称呼它为蓝厅,于是蓝厅这个名字就被沿用下来了。登上市政厅塔楼可以将斯德哥尔摩全景尽收眼底。

2. 斯德哥尔摩王宫

斯德哥尔摩王宫即瑞典皇宫,其历史始于中世纪,最早是一个军事堡垒,公元17世纪末经过逐步改造、扩建,成了今日的皇宫。这里是国王办公和举行庆典的地方,是斯德哥尔摩的主要旅游景点。皇宫富丽堂皇,大厅墙上挂着历代国王和王后的肖像。夏季中午,卫队换岗仪式在王宫前举行,卫兵庄严肃穆地执行传统换岗仪式的场面是游人不可错过的。现在王室已经搬到了郊外的皇后岛宫,但斯德哥尔摩王宫仍是瑞典国王的官方居所。除了用作王室居所的楼层外,王宫其余部分还有其他用途,如古斯塔夫三世文物馆、宝藏展览厅、军械展览厅和位于地底的三王宫博物馆。

3.诺贝尔博物馆

诺贝尔博物馆位于斯德哥尔摩市中心老城区,建于诺贝尔奖设立百年之际的2001年。诺贝尔博物馆涵盖了获奖者介绍、历史回顾、诺贝尔奖介绍、阿尔弗雷德·诺贝尔生平等内容,在科学、教育、文化等方面具有重大的国际性意义。

(二)哥德堡

哥德堡是瑞典较大的港口,位于西海岸卡特加特海峡,与丹麦北端相望。哥德堡港口终年不冻,是瑞典和西欧通商的主要港口。哥德堡是瑞典旅游胜地之一,还建有大学、海洋学研究所及其他各种文化设施。这里的皇家住宅、旧市政府、瑞典东印度公司以及大教堂等名胜之地,每年都吸引着数十万国内外观光旅客。作为世界重要港口之一,哥德堡港如今有450多条航线通往世界各个港口,每年进出港船只达3万余艘。

1.沃尔沃博物馆

沃尔沃博物馆可以带人们穿越时空,探索沃尔沃的发展历程。沃尔沃博物馆展出面积为8000平方米,展示了沃尔沃的整个产品系列,包括汽车、卡车、客车、工程设备、船用发动机以及其他有趣的沃尔沃产品。

2.里瑟本游乐园

位于哥德堡的里瑟本游乐园是瑞典最大的游乐园,自建成以来,就没有沉闷的时候。里瑟本游乐园"鬼屋"里的"鬼"都是由真人扮演的,经常出其不意地吓人。里瑟本游乐园里面有传统的大型游乐设施,还有一所北欧最大的三维立体电影院。设施中著名的是云霄飞车、"鬼屋"和动感电影,飞车绝对是最值得玩的项目。这里常有酒会或茶会举行,游客也可能会遇到一些大牌的演出。音乐会、演出和戏剧是乐园的主要魅力之一,这儿的舞台从不拒绝任何形式的音乐,无论你是一个重金属乐迷,还是歌剧爱好者,都能在它的节目单上找到相对应的演出。

3.哥德堡海洋博物馆

哥德堡海洋博物馆展示了从维京时期到现在的船舶,以及造船业的历史和相关渔业情况,收集了各种船模型和船头。在附近的水族馆,人们可以看到斯堪的纳维亚及世界各地的热带鱼、鳄鱼、海龟等。

(三)阿比斯库

阿比斯库是瑞典北部拉普兰省的一个村庄,距离瑞典挪威的边境仅37千米,属于基律纳管辖范围。阿比斯库的著名之处在于它的西面4千米的地方有一座面积约70千米的名为阿比斯库的国家公园。阿比斯库国家公园内有山峰、峡谷、平原、森林、湖泊、植被和动物等,在呼吸新鲜空气的同时,还可以欣赏令人陶醉的美景,如北极光这一大奇景,每年5月27日—7月18日还能够欣赏午夜太阳。这里的冬季也颇受游客欢迎。

1.北极光天空站

北极光天空站位于北极圈内的阿比斯库国家公园内,是瑞典著名的极光观测点,很多游客来此观看极光美景。从每年11月到次年3月夜间,阿比斯库国家公园有缆椅前往北极光天空站。

2. 诺利亚山

诺利亚山位于阿比斯库西侧，山顶海拔1169米，可以俯瞰阿比斯库和托讷湖的景色。这里是瑞典北部较好的春季滑雪场所，由于纬度较高，积雪到来年6月才会完全融化。

四、旅游市场

瑞典的旅游业发展稳定，目前，在瑞典的整个经济中，旅游业的重要性已经超过了汽车出口业，正在向这个国家最重要的产业——林业挑战。

2023年，瑞典旅游将重点围绕着"可持续、亲近自然"的主题推广，让更多人了解瑞典人的生活方式，包括有意识地负责任旅行、乡村体验、与自然紧密关联的旅程等。瑞典的战略目标是到2045年成为一个"气候中性"的国家。值得注意的是，瑞典新增了许多旅游资源，国际旅行社从业者可以设计出创意新颖的旅游产品和线路。

任务九　童话王国：丹麦

案例导入

亲子之旅的天堂

丹麦非常适合孩子旅游，不仅有著名的乐高乐园，还有专门为儿童开设的博物馆，同时所有博物馆都有专门为儿童服务的部门，是孩子们的欢乐天堂。给自己一个美好的期许：去寻找童话里的小美人鱼，在历史悠久的趣伏里公园里体验童话，在阿美琳堡广场上观看换岗仪式，在新港旁享受午后悠闲时光，在洛森堡宫中参观王室物品收藏，在国家博物馆里了解丹麦的历史。国旅总社的"追寻安徒生十日游"很适合家长带着孩子去丹麦感受浓郁的童话氛围。

案例探究： 1. 中国是否有乐高乐园？请查阅相关材料，任选一个进行介绍。

2. 请查阅相关资料，列出丹麦除了乐高乐园，还有哪些特色旅游资源？

一、国家概况

(一) 地理环境

1. 区域与人口

丹麦位于欧洲北部波罗的海至北海的出口处，是西欧、北欧陆上交通的枢纽，被人们称为"西北欧桥梁"。丹麦全国设有5个大区、98个市和格陵兰、法罗群岛两个自治领地。

丹麦南同德国接壤,西濒北海,北与挪威、瑞典隔海相望。丹麦的总面积42951平方千米,海岸线长7314千米,境内地势低平,平均海拔约30米。日德兰半岛西部是起伏低缓的冰水沉积平原,北海沿岸有着宽阔的沙滩和沙丘。日德兰半岛东部和中部是欧洲冰河期沉积地形典型的地区之一,广阔的丘陵几乎纵贯整个半岛,东部沿岸峡湾和沟谷横切其中,沟谷宽长,两壁险峻,谷底为蜿蜒的河流。东部海岸没有强风浪的冲击,因此形成许多深湾和优良海港。半岛中部到处是沼泽地、湖泊和突起的丘陵地。

截至2022年12月,丹麦全国总人口为592.8万。其中,丹麦人约占85%。丹麦的官方语言为丹麦语,约74%的居民信奉基督教路德宗,0.6%的居民信奉罗马天主教。丹麦的首都是哥本哈根。

2. 自然环境

丹麦属温带海洋性气候,冬暖夏凉,降水丰富,全国气候温和平稳,年降水量比较均匀。其最冷月份为2月,平均气温1℃;最热月份为7月,平均气温17℃,8月平均气温14.6℃。丹麦年均降水量约860毫米。

丹麦最佳旅游时间是春夏季,此时温度适宜,最高温度21℃,天气晴朗,阳光充足,各种户外节庆活动也纷纷举行。

(二)历史人文

1. 历史简况

公元前1万年左右,日德兰半岛开始有人类居住,以狩猎为生。丹麦人擅长航海,古代经常南下罗马帝国,以琥珀、燧石等换取谷物和其他劳作用具。公元985年,丹麦形成统一王国。公元8—12世纪,为丹麦强盛的海盗时期,曾征服现英国、挪威、法国莱茵河畔等地区。公元14世纪,丹麦走向强盛,并于公元1397年成立以丹麦女王玛格丽特一世为盟主的卡尔马联盟,疆土包括现丹麦、挪威、瑞典、冰岛、格陵兰、法罗群岛以及芬兰的一部分。公元15世纪末,丹麦开始衰落。公元1523年,瑞典脱离联盟独立。1814年,将挪威割予瑞典。公元1849年,建立君主立宪政体。1918年,冰岛脱离丹麦独立。两次世界大战中均宣布中立。1947年,丹麦接受马歇尔计划。1948年4月,丹麦加入欧洲经济合作组织。1949年4月,丹麦加入北大西洋公约组织,同年5月加入欧洲委员会。1950年5月11日,丹麦与中国建立外交关系。丹麦对外积极发展北欧合作,于1973年加入欧洲共同体。

2. 政治经济

丹麦的君主制是公元1660年建立的,公元1849年改为君主立宪制。丹麦的现行宪法制定于1915年,1920年和1953年曾两度修改。丹麦的宪法规定丹麦实行君主立宪制,国王与议会共同拥有立法权,国王通过由其任命的内阁部长来行使行政权。国王即国家元首,议会为一院制,共179个议席,议员经普选产生,任期4年。

丹麦是一个高度发达的资本主义国家,也是一个高度工业化、自由化的市场经济体。丹麦是北约创始国和欧盟成员国。2022年,丹麦GDP约为4055亿美元,人均GDP约为6.9万美元,居世界前列。工业在丹麦国民经济中占有重要地位,其产品大部分供出口。

除了工业之外,丹麦的农业、渔业、医药工业、节能环保业、航运业、服务业、数字经济、对外贸易都很发达。丹麦地势平坦,耕地充足,气候适合农作,农业经济约占国内生产总值的3.8%。丹麦农业机械化水平高,作物单位面积产量高,农业科技水平和生产效率均居世界前列。丹麦是世界主要的猪肉出口国,猪肉、奶酪和黄油出口量居世界前列。同时,丹麦也是世界主要的牧草种子生产国和出口国。

3. 文化符号

丹麦文化是西方文化之一,在艺术上成就颇高。辉煌的文化艺术成就,与丹麦社会的发达及人民的日常生活密不可分。谦逊、守时和社会平等是丹麦文化的重要组成部分。

安徒生是丹麦著名童话作家,他的作品主要有《海的女儿》《国王的新衣》《丑小鸭》等。其中以"美人鱼"为形象的著名雕塑一直静静地矗立在哥本哈根海边,是为了纪念安徒生这位大师。1975年开始的国际童话电影节每两年在安徒生的故乡欧登塞城举行一次。

丹麦的国花为木春菊,花期甚长,自早春至秋季均能开花,枝叶繁茂,花色淡雅。木春菊的花语有骄傲、满意、喜悦等寓意。

丹麦的国鸟为天鹅,在丹麦文化中,天鹅寓意纯洁、忠诚、高贵。

二、民俗风情

(一) 主要节日

丹麦的重要节日有女王玛格丽特二世生日、宪法日、忏悔节、复活节等。

1. 女王玛格丽特二世生日(国庆日)

女王玛格丽特二世生日为4月16日。丹麦现任女王玛格丽特二世出生于1940年4月16日,丹麦以此为国庆日。全国上下都要举办隆重的庆典,并举行相应的庆祝活动。

2. 宪法日

丹麦的宪法日为6月5日,是为纪念1849年6月5日颁布的丹麦王国宪法而设立的。

3. 忏悔节

丹麦的忏悔节在每年2月底举行。过去它是宗教斋戒期的前夜,现在是小孩盛装打扮的狂欢节日。

4. 复活节

丹麦的复活节一般在3月底或4月初,是纪念耶稣复活的宗教节日。现在,丹麦人多利用此假期外出滑雪或旅游。

(二) 民俗礼仪

1. 社交礼仪

丹麦人在正式社交场合一般行握手礼,注意着装,通常着西装。举行盛大晚宴时,习惯穿晚礼服,在日常生活中的衣着较为休闲随意。丹麦人在社交场合忌大声说话,在餐厅、公共汽车上或者火车站候车室说话,甚至在通电话时,都注意放低声音,不大声喧哗。

2. 民俗禁忌

初次与丹麦人见面,除起身握手和眼神交流外,不宜有更亲密的肢体接触。在丹麦,想与对方见面需要事先预约,贸然到访属于不礼貌的行为。与丹麦人初步交往时,丹麦的传统文化、艺术都是较好的话题,但不宜打听或评论对方及他人的私人生活、宗教信仰、政治理念等。

应邀到私人家中做客,应按约定时间准时到达,一般还应给女主人送一束鲜花或巧克力、酒等作为礼物。在餐桌上,丹麦人敬酒有许多规矩。客人不应先敬酒,要等主人敬酒后才能敬酒。另外,主人没说"请"之前,任何人不应碰酒杯和刀叉。

丹麦人举止大方,性格豪放,他们在一起交谈时喜欢距离稍远,这是民族习惯,并非有意疏远对方。丹麦人喜欢以鲜花作为礼物,特别是用康乃馨表达谢意。可以给客人送黄花,给出门旅行的人送红花。

3. 旅游礼仪

丹麦旅游业发达,有服务周到的民航客机飞往世界各地,国内有旅游专用机。在丹麦,自行车是与汽车同等重要的交通工具,全国有300多万辆自行车,这是丹麦不同于其他欧洲国家的特色之一。在丹麦,坐出租车不必付小费。

小知识

丹麦的商务礼仪

前往丹麦进行商务活动最适宜的季节是每年的9月至次年的5月。在圣诞节与复活节前后两周,应避免商务活动,7月15日—30日半个月时间大多数商人都在度假。丹麦的商务活动宜穿春、秋两季保守式西装。到丹麦去的男士,要准备一套礼服,当地上层人士举行的招待会上,着装要比其他欧洲国家讲究得多。

另外,丹麦实行5天工作制,办公时间一般是从上午8点或9点到下午4点。丹麦人虽是斯堪的纳维亚人中较轻松的,但是他们在工作时间内仍然十分严肃,态度保守、认真。同丹麦商人谈判前,最好能制定一个完备的建议再提交给他们,他们不喜欢无休止地讨价还价。进出其办公室时,勿忘以握手为礼。销售态度最好采取较温和的姿态。若被邀请到对方家中做客,一定要带上鲜花去,或带上一些非同一般的精美礼品。务必准时,这是基本原则。

丹麦人善于推销。在北欧三国流传着这么一句话,那就是"挪威人先思考,接着瑞典人加以制造,然后丹麦人负责推销"。所以,在与丹麦商人打交道时应当注意计划性,只有靠优质商品才能顺利打开市场。

三、著名旅游城市及热点景观

（一）哥本哈根

哥本哈根是丹麦王国的首都、最大城市及最大港口，同时也是丹麦政治、经济、文化和交通中心，被联合国誉为"最适合居住的城市"之一。哥本哈根整个城市经济的发展主要是旅游和工农业，并且中世纪古老的建筑和现代化的建筑交相辉映，给人一种童话般的感觉，所以该城市也以极佳的人文环境成为多个重要会议的召开地。哥本哈根的主要景点有美人鱼铜像、圆塔、蒂沃利公园等。

1. 美人鱼铜像

美人鱼铜像位于哥本哈根市中心东北部的长堤公园内一块巨大鹅卵石上，它是丹麦雕塑家爱德华·埃里克森根据安徒生童话《海的女儿》中的女主角的形象用青铜雕铸的，现已成为丹麦的象征。2006年，哥本哈根市政府决定将美人鱼铜像向深海处搬迁，原因是过多的游客对铜像造成太多的破坏。

2. 圆塔

圆塔坐落在哥本哈根市中心附近，高36米，直径15米，建于克里斯蒂安四世统治时期。克里斯蒂安四世为丹麦和挪威之王，喜建建筑，屡建城市，有"国王建筑师"之称。

3. 蒂沃利公园

蒂沃利公园位于哥本哈根闹市中心，是丹麦著名的游乐园，有"童话之城"之称。兴建蒂沃利公园的是一名记者兼出版商乔治·卡斯滕森，他向当时丹麦国王克里斯蒂安八世进言，表示"若人民耽于玩乐，便不会干涉政治"，于是获准修建这座公园。蒂沃利公园最初只是群众集会、跳舞，以及看表演和听音乐的场所，后来几经改造，才逐渐形成一个老少皆宜的游乐场所。

（二）欧登塞

欧登塞是丹麦第三大城市，也是丹麦第二大岛菲英岛的首府，距离哥本哈根约96千米。欧登塞是著名的童话作家安徒生的故乡，这里童话气息浓郁，是"全世界最幸福的城市"之一。

1. 安徒生博物馆

安徒生博物馆位于丹麦菲茵岛中部的欧登塞市区，是为纪念丹麦童话作家安徒生诞生100周年而建。走进博物馆，就仿佛将时间拉回到了19世纪的"童话之乡"一般，满眼尽是红瓦白墙的平房与铺满鹅卵石的街道。进入博物馆，能看到馆内以时间为主线展示安徒生生活的那个时代的仿真景象，还有安徒生大量的原著作手稿、丰富多彩的剪纸以及鲜为人知的设计作品。在博物馆内的影像室，游客只要拿起耳机，就能听到熟悉的安徒生童话正娓娓道来；在博物馆内的图书馆，游客也能随意翻阅到安徒生的大量作品，重温童年时期的美好。其中的故居花园不定期还会有安徒生童话表演。游客也可以在电脑上浏览安徒生的图书，和众人一起聆听安徒生的故事。

2.欧登塞大教堂

欧登塞大教堂是欧登塞地区非常有名的哥特式教堂,外部是古老的红墙,内部则是纯白色的,300多个精美的雕塑作品绝对让人目不暇接。即使是窗户,也都做得十分考究,向人们展示了欧登塞在中世纪时期的财富与地位。现在的教堂里,人们时常能看到一些天主教徒在里面祷告。运气好的话,还能看到当地人在这里举行婚礼,是融入当地宗教文化的最佳场所。

3.打火匣童话体验馆

打火匣童话体验馆毗邻安徒生博物馆,名字源于安徒生早期的童话作品《打火匣》。在这里,安徒生的故事以话剧、故事讲述、剧院等艺术形式再现。整个体验馆为儿童和成人提供了表演灵感和各种机会,人们可以走进童话王国,化身士兵与芭蕾舞者,瞭望塔与城堡;人们也可以根据自己的想象,用衣橱中各种各样的衣衫,为故事中的公主搭配好看的造型;人们可以给自己涂色装扮,完成魔幻变身……艺术工作室里有各种奇妙的材料,足够将人们头脑中的想象变为现实。

(三)奥胡斯

奥胡斯位于日德兰半岛沿岸,是丹麦第二大城市和主要港口,也是奥胡斯郡的郡治所在。奥胡斯的主要市区始建于公元900年,距今已有1000多年历史。奥胡斯是日德兰半岛的贸易重镇,也是连接挪威和丹麦其他城市的交通枢纽。奥胡斯具有典型的田园风光,海滨是著名的度假胜地,每年都会举行形式多样的文化艺术节,吸引众多游客。

1.克伦堡宫

克伦堡宫就是人们所知道的哈姆雷特城堡,地理位置处于丹麦的赫尔辛格,它有着高耸入云的塔楼、空旷宽大的宴会厅以及历史悠远的炮台。克伦堡宫坐落在丹麦的海岸线上,文艺复兴时期奢华美丽的城堡被大炮台所包围,完美地融为一体,是北欧独一无二的风景线。而在每年的莎士比亚戏剧节时,这里能够吸引来的游客更是高达20多万。

2.维京博物馆

奥胡斯的维京博物馆是一个小型的"现场"地下博物馆。博物馆隶属于莫斯格史前博物馆,位于奥胡斯广场西侧,是维京海盗时期的遗址,也是城市中古老的部分。在这里,人们可以沿着维京人的脚步去探索并了解维京人在这片土地上生活的故事,聆听有关国王哈拉尔一世(绰号"蓝牙")的故事,了解维京时代的城市建筑以及居住在这片土地上的维京人。博物馆内还有关于独特的船葬历史以及其他许多关于海盗的有趣故事。

3.女性博物馆

位于丹麦奥胡斯的女性博物馆是世界上为数不多的有关女性的博物馆,馆内对女性走过的历史、繁衍出的文化、日常生活所用的相关物品以及一些女性艺术家的美术作品和手工艺品都进行了展示和解说。在这里,人们可以学到很多生活小常识,也可以感受到丹麦的文化以及对女性的尊重与重视。另外,展馆还会展出一些孩子们的实际生活画面,这些孩子都是在丹麦随机挑选出来的,在放映厅用录像展现出来,有的为成绩而苦恼,有的在运用想象力创造新东西,人们可以直观地感受到他们的喜怒哀乐。看完后,人们会更了解孩子们的世界、孩子们的想法,更好地跟孩子们沟通玩耍。

4. 奥胡斯剧院

奥胡斯剧院是丹麦最大的剧院,坐落在大教堂南面,外观装饰古老而精致。墙壁顶端的壁画上画的是一群人在音乐的殿堂中享受,非常有特色。具有北欧特色的《雪之女王》也会在这里循环上映,以魔幻和冒险为主题,深受孩子们的喜爱。

5. 乐高乐园

丹麦的乐高乐园即乐高积木园,里面有很多由小块积木组建的缩微城市、互动游乐区、动物、海盗、公主、宇航员等,是丹麦除了哥本哈根以外非常受欢迎的景点,也是深受孩子们欢迎的缩微景观公园。

6. 雕塑公园

雕塑公园位于乐高乐园附近,里面坐落着许多不同寻常的雕塑,可以看出制作者的丰富想象力,新奇有趣,很多游客都会在这里拍照留念。公园里有自行车道和人行道,也有大片的绿地,非常适合野营。沐浴在阳光下,一边喝着嘉士伯啤酒,一边呼吸着新鲜空气,非常惬意。

四、旅游市场

丹麦的旅游业是一个新兴的产业,旅游业是丹麦服务行业的第一大产业,年均接待外国游客约200万人。前往丹麦的入境游客主要来自其邻国,最多的是德国,其次是瑞典、挪威和荷兰。丹麦的海岸线漫长,夏季可以吸引众多游客。

丹麦商务部、丹麦哥本哈根市和"Wonderful Copenhagen"(美妙哥本哈根)启动了一项联合计划,即2023年哥本哈根重回正轨,促进游客增长并使其旅游业更加绿色,特点是"增长、转型、地方价值和可持续性"。哥本哈根居民的生活方式和对城市空间的独特利用本身也是一种吸引力,在国际上引起了各国游客的极大兴趣,必须利用这种兴趣来让旅游业重新发展。

任务十 峡湾之国:挪威

案例导入

挪威慢直播

3月24日—26日,微信、央视网、时差岛携手挪威国家旅游局等国内外文旅机构,共同完成了一次长达60小时的全球春天火车慢直播。时差岛50名摄影师分赴中国四川、云南、西藏以及挪威、瑞士,在微信视频号上直播春天。

此次"多国火车+春天风景+户外移动+超长时间"的直播方式,是互联网直播领域的一次全新尝试与探索。这次超长慢直播以极强的沉浸感、治愈系声画和互动内容,吸引了超过90万网友在线观看并参与互动评论,点赞 236 万次。

其中，3月25日 18:00—24:00 挪威春天专场，微信与时差岛携手挪威国家旅游局共同推出，在@挪威国家旅游局视频号上同步直播，挪威场次有超过20万网友观看，点赞超过80万次。

案例探究： 1. 请结合案例探究挪威慢直播为什么深受大家喜欢。

2. 如果让你来策划并进行慢直播，你会如何选择旅游素材？

一、国家概况

（一）地理环境

1. 区域与人口

挪威王国简称挪威，位于北欧斯堪的纳维亚半岛西部，东邻瑞典，东北与芬兰和俄罗斯接壤，南同丹麦隔海相望，西面与北面濒临北大西洋、挪威海。挪威总面积38.5万平方千米，在欧洲排名第6，海岸线长21192千米。挪威境内主要是以高原和山地为主，占整个国土的2/3以上，斯堪的纳维亚山脉的最高峰——加尔赫峰位于其境内，海拔2468米，山峰由于纬度较高，以及暖流降雨的影响，形成了布满山脊的雪山冰川。由于受远古冰川的切割侵蚀，所以在挪威的西海岸，形成了世界上最为壮观的独特峡湾景观，因此挪威也被称为"峡湾之国"。

截至2023年8月，挪威总人口为551万，官方语言为挪威语和萨米语，首都是奥斯陆。挪威人主要信奉基督教路德宗，挪威教会成员占人口总数的64%。

2. 自然环境

挪威大部分地区属温带海洋性气候，年平均气温5.7 ℃，降水量763毫米。挪威一年中受太阳光照时间很短，7—8月为挪威人享受阳光的黄金季节，大多数挪威人选择在这个时段休假。每年4—9月为挪威的旅游旺季。

（二）历史人文

1. 历史简况

挪威有文字记载的历史开始于公元8世纪。公元8—11世纪，是挪威航海史上最为鼎盛的时期，被称为"维京时期"，因该时期海盗非常猖獗，也被称为"海盗时期"。公元9世纪末，有着"长发美男"之称的金发王哈拉尔德开始统一挪威大业，成为第一个统一挪威的国王。公元14世纪中叶，挪威开始衰落。公元1397年，挪威与丹麦和瑞典组成卡尔马联盟，受丹麦女王玛格丽特一世统治。19世纪初，丹麦与法国结盟，挪威作为丹麦的附属国也被卷入对英国的战争之中。第一次世界大战期间，挪威保持中立；第二次世界大战期间，挪威再次要求中立，但德国军队在1940年攻陷了挪威。1947年，挪威接受"马歇尔计划"，国家经济逐步恢复。1949年，挪威加入北大西洋公约组织。1959年加入欧洲自由贸易联盟。1972年和1994年，挪威两次公民投票分别反对加入欧洲共同体和欧洲联盟。1999年，挪威加入《申根协定》。

2. 政治经济

挪威实行君主立宪制。国王哈拉尔五世1991年1月21日继位至今,国王具有象征性的权力,是国家元首。议会是国家最高立法机关,拥有立法权、财政监督权和行政监督权,议会实行一院制,由169名议员组成。挪威的政局稳定。2013年10月,由保守党和进步党组成的右翼联合政府就职。2017年9月,以执政的保守党为首的中右联盟在议会大选中以微弱优势胜出。2018年1月,由保守党、进步党和自由党组成的新一届政府完成组阁。2020年1月,进步党退出执政联盟,保守党、自由党和基督教民主党组成联合政府。本届政府于2021年10月组成,2023年10月改组。

挪威是高度发达的现代化工业国家,也是世界上富裕的国家之一。挪威大陆架富含油气资源,油气产业在经济中占主导地位,此外,挪威渔业、森林、水力资源也非常丰富。挪威的造船、航运业历史悠久,是世界航运大国,在海洋工程、船舶及其设备制造方面具有世界领先技术。挪威在环保、信息通信、化工、冶金、医药等方面也具有独特优势。

3. 文化符号

挪威拥有着丰富多彩的艺术和文化,包括著名的维京文化、木条教堂和爱德华、易卜生的作品,以及现代设计和时尚建筑。挪威的文化特点是注重平等、自由、创新和实用。挪威文化中融入了北欧神话的元素,这也是挪威文化的重要组成部分。驯鹿是挪威的符号,每年春季的驯鹿大迁徙更是一次史诗般的自然盛景。

小知识

挪威人的生活方式

有调查报告显示:工作之余,挪威女性每天拥有366分钟的闲暇时间,位居全球职场女性之首;挪威男性拥有370分钟的闲暇时间,位居全球职场男性第二。

挪威大多数公司都实行早八晚四一周5天的工作制。世界上大多数发达城市六七点才开始上演的"拥堵戏码",下午三四点就在挪威的大马路上提前开播了。挪威的街头巷尾也随处可见优哉游哉喝咖啡晒太阳的人。挪威人表示,加班是不可能的,这辈子都不可能加班。如果说,世界上"最卷"的是日本,那么"最懒"的桂冠一定是挪威人夺取。

二、民俗风情

(一)主要节日

挪威有不少传统节日与宗教或其独特的自然环境有关,主要有濯足节、耶稣受难日、奥斯陆滑雪节、宪法日、圣诞节等。

1. 濯足节

挪威的濯足节为4月14日,是耶稣受难日前的最后一个周四。耶稣在受难前最后的晚餐曾为十二门徒洗脚,这个节日就是为了纪念耶稣所建立的。

2. 耶稣受难日

耶稣受难日在4月15日。对于许多教堂来说,耶稣受难日是圣周的最后一次礼拜,紧接圣周四和棕枝主日之前。许多教堂在周六晚上举行复活节守夜活动,将基督的光带回教堂。

3. 奥斯陆滑雪节

奥斯陆滑雪节在3月的第一个星期六。挪威的滑雪节已经有100多年的历史,每年都会吸引上百万人来参加,是挪威的一项重要的体育活动。

4. 宪法日

挪威的宪法日为5月17日,以纪念挪威在1814年5月17日通过第一部宪法。

5. 圣诞节

挪威的圣诞节庆祝活动主要是在平安夜,即12月24日晚上。挪威人通常会与亲密的家人一起庆祝平安夜,聚在一起吃圣诞晚餐。晚餐后在圣诞树周围散步是挪威的一项古老传统。

(二)民俗礼仪

1. 社交礼仪

挪威人性格较为内敛,不会随意与陌生人搭讪或攀谈。他们时间观念很强,如无法履约,应该用电话通知取消或改期。挪威人遵纪守法,诚信守时,尊妇爱幼,含蓄谦逊,卫生和环保意识很强。挪威人忌讳相互间交叉式握手或交叉式谈话,认为这是不礼貌的行为。在挪威,一般认为1—2米是谈话双方的合适社交距离,超过或不足这个距离都被看作是不礼貌的举动,会使谈话气氛紧张或让人感到不愉快。

2. 民俗禁忌

挪威人忌讳"13"和"星期五",认为它们会带来"厄运"与"灾难"。挪威人不喜欢他人过问自己的工作、工资、社会地位等情况,认为这些都属于个人的私事,不需要他人过问和干预。在挪威,敬酒也有说法。当客人的人数在6位以下时,客人应该主动向主人敬酒;反之,就不能向主人敬酒,以免主人喝醉,如有这种情况,散席时一定要向主人正式道歉。

3. 旅游礼仪

挪威法律禁止在室内吸烟,旅店、餐馆、商场、剧院等场所均不得吸烟,旅店客房及一些公共场所设有烟雾报警器。

三、著名旅游城市及热点景观

(一)奥斯陆

奥斯陆是挪威的首都、第一大城市,以及挪威的政治、经济、文化、交通中心和主要港口,也是王室和政府的所在地。奥斯陆位于挪威东南部,是全欧洲非常富有的、非常安全的、拥有高生活水准的城市,也是"世界上最幸福的城市"之一。1952年,奥斯陆举办了冬季奥运会。奥斯陆也是诺贝尔和平奖的颁奖地,每年的颁奖仪式就在奥斯陆市政厅举行。奥斯陆整个城市濒临迂回曲折的奥斯陆峡湾,背倚巍峨耸立的霍尔门科伦山,既有海滨城市的旖旎风光,也有依托高山密林的雄浑气势,自然环境十分优美。奥斯陆的主要景点有奥斯陆皇宫、维格兰雕塑公园、维京海盗船博物馆、阿克斯胡斯城堡、奥斯陆市政厅、诺贝尔和平中心等。

1. 奥斯陆皇宫

奥斯陆皇宫是当地著名的标志性建筑,也是挪威历史的见证者。皇宫的功能多样,既是国王、王后的居所,也是挪威君主处理日常事务的地方,国王还在此召开国务会议,举办国宴,招待其他国家的领导人。皇宫由丹麦建筑师 Hans Ditlev Franciscus Linstow 主持修建,占地3320平方米,内部共有173间房间,装饰十分高贵豪华。奥斯陆皇宫内有专门的接待室,主楼外还有皇家花园和皇室广场。花园内绿树成荫,小径通幽,还有几座精美的雕塑。皇室广场是挪威最大的庆典广场,每年5月17日挪威国庆节,皇室成员会出现在皇宫阳台上,向广场上的游行队伍挥手致意。奥斯陆皇宫只在夏季对公众开放,要参观皇宫内部必须参加约1小时的讲解团。讲解团门票可以在部分便利店里买到,皇宫不售票。

2. 维格兰雕塑公园

维格兰雕塑公园又名弗罗格纳公园,是一座以雕像为主题的公园,园内展出了挪威雕像家古斯塔夫·维格兰的212件雕像作品。公园内的雕像集中突出人类"生与死"的主题,从婴儿出世开始,经过童年、少年、青年、壮年、老年,直到死亡,反映人生的全过程,发人深思。在众多雕塑中,著名的当属"愤怒的男孩"和"巨型石柱"。"巨型石柱"十分显眼,足有14米高,石上共雕刻了121个人物。至于"愤怒的男孩",位于前往巨型石柱的小桥左侧,不留意很容易错过。

3. 维京海盗船博物馆

维京海盗船博物馆是比格半岛非常受欢迎的一处观光胜地,其展品均是从奥斯陆峡湾地区维京人墓穴中发现的。维京海盗船博物馆内有3条从奥斯陆峡湾地区出土的海盗船,同时也收藏着很多维京人的日常用品。

(二) 卑尔根

卑尔根是挪威霍达兰郡的首府,也是挪威的第二大城市,同时还是挪威西海岸最大、最美的港口,被联合国评选为"欧洲文化之都"。卑尔根气候温和多雨,是一座"雨城",主要景点有弗洛伊恩山、布吕根、卑尔根大教堂、松娜峡湾、圣玛丽教堂、旧市街等。

1. 弗洛伊恩山

弗洛伊恩山位于卑尔根东部,海拔320米,驻足山顶,能将群山与峡湾怀抱中妩媚秀丽的卑尔根风姿尽收眼底。山上旅游远足的小径纵横交错,相当适合徒步登山。还有咖啡馆、餐厅和为孩子们专设的游戏场。上山的弗洛伊恩索道是挪威著名的景点,没有坐过弗洛伊恩缆车,就不能算到过卑尔根。弗洛伊恩索道一年四季、一周七天,从早到晚都在运行。缆车可在几分钟之内将游客送上弗洛伊恩山山巅,并一路给游客带来前所未有的心跳体验。

2. 布吕根

布吕根意为码头,又名"德国码头",是排列在挪威卑尔根峡湾东侧的一系列汉萨同盟商业建筑,连排的彩色小楼排列在码头前面,成为城市独到的风景。1979年,布吕根被列为世界文化遗产。卑尔根市始建于公元1070年,布吕根为城市古老的部分。公元1360年,汉萨同盟在此建立贸易站,卑尔根也发展成一个重要的贸易中心。如今,布吕根的游客络绎不绝,一侧的纪念品店、礼品店、餐馆、酒吧和博物馆鳞次栉比。

3. 卑尔根大教堂

卑尔根大教堂是一座哥特式宗教建筑,内部可容纳上千人,绿顶白墙的外观格外鲜艳醒目。该教堂曾历经大火毁坏,经多次重建,形成当前的模样。教堂中殿上方的尖顶被拆掉,取而代之的是一座塔楼。19世纪80年代,建筑师Christian Christie将当时的洛可可风格内部装饰变回了原有的中世纪风格。教堂周围聚集了卑尔根传统的木质建筑,旧书店、工艺品店、装饰用品店很多。

(三)特罗姆瑟

特罗姆瑟是挪威北部最大的城市,也是北极圈内最大的城市,拥有世界上最北端的大学、酿酒厂和大教堂。特罗姆瑟市中心有挪威北部数量最多的木屋,北极大教堂是特罗姆瑟著名的市标建筑。在这里,自然景观与其活跃的文化舞台完美结合,围绕在特罗姆瑟,周围的沿海群山既不陡峭也不险峻,非常适合进行安全而舒适的徒步旅行活动。在特罗姆瑟还有机会目睹两大自然奇观:美丽的北极光和暖洋洋的金黄色午夜太阳。

1. 北极大教堂

北极大教堂建立于1965年,常被称为特罗姆斯达伦大教堂,教堂内的11个三角形拱架不禁让人联想到冰川裂缝和极光幔。几乎整个东面墙壁都被宏伟的彩色玻璃占据,鲜艳耀眼。

2. 峡湾镇

峡湾镇人口很少,仅有几百人。这里是观看峡湾水景和极光的绝佳地点,从每年12月至来年2月的极夜期间几乎看不到太阳。这里冬季最低气温在零下6℃左右,不算太冷,因此不必过于担心保暖问题。

四、旅游市场

挪威拥有独一无二的美丽峡湾,被称为"峡湾之国"。秀美的峡湾、绮丽的风光每年吸引着众多外国游客前来挪威参观。挪威旅游业年产值占GDP的4%左右,约有7%的相关从业人员。挪威国内主要旅游城市与景点有奥斯陆、卑尔根、特罗姆瑟、勒罗斯、北角等,平均每年接待各国游客750多万人次。

20世纪60年代,挪威政府开始重视旅游业的发展,出台了一系列政策措施,积极引导和促进旅游业的发展。随着经济的发展和人民生活水平的提高,挪威旅游业也得到了迅速发展,成为挪威重要的经济支柱之一。挪威政府的环保意识强烈,一直致力于环保和可持续发展,旅游业也积极响应,推广环保旅游和低碳旅游。

任务十一　圣诞王国:芬兰

案例导入

芬兰旅游局面向全球招募"精芬","芬"享幸福生活

研究表明,大自然有助于人们平衡身心、释放压力。例如,在大自然中进行一场短途的漫步,有降低血压、舒缓心情、促进体内啡肽分泌的积极作用。2019年3月20日,在联合国发布的《2019年世界幸福报告》中,芬兰再度荣居榜首,连续两年成为全球最幸福的国家。

2019年4月8日,芬兰旅游局面向全球发出招募邀请,诚邀包括大中华区在内的全球游客加入其全新推出的"芬享幸福生活"之旅,在芬兰当地居民的带领下探索芬兰人民的幸福真谛,领略芬兰人民与自然和谐共生的生活之道。芬兰当地居民将化身为"幸福向导",为来自世界各国的游客开启"芬享幸福生活"的大门。获选的游客将受芬兰当地居民邀请前往他们家中做客,让游客以当地人的视角亲近自然,并了解芬兰人独有的放松身心的方式。

芬兰旅游局欢迎中国游客踊跃报名,前往芬兰做一名地地道道的"精芬"!"精芬"一词源自芬兰艺术家卡罗丽娜·克罗恩创作的漫画《芬兰人的噩梦》,里面的主人公马蒂是一个典型的芬兰人,喜欢安静,享受个人空间。这部漫画的中文版出版以后,很多中国网友都感同身受,"精芬"这个新的词汇应运而生,意为"精神上的芬兰人",泛指像芬兰人一样不爱社交,极度注重个人空间的一类人。

案例探究:1.如果你是一名"精芬",你会如何来"芬享幸福生活"?开启一场怎样的"精芬"之旅?

2.如果你接待一个来自芬兰的旅游团,根据他们的性格特点,如何跟他们相处?

一、国家概况

(一) 地理环境

1.区域与人口

芬兰位于欧洲北部,与瑞典、挪威、俄罗斯接壤,南临芬兰湾,西濒波的尼亚湾,总面积33.8万平方千米,海岸线长1100千米,其1/3的土地在北极圈内。芬兰的地势北高南低。芬兰被誉为"千湖之国",内陆水域面积占全国总面积的10%。

截至2022年8月,芬兰总人口为555.6万人。芬兰的主要民族为芬兰族,芬兰语和瑞典语均为其官方语言。芬兰的首都为赫尔辛基。

2.自然环境

芬兰属于温带海洋性气候,平均气温冬季零下14—3 ℃,夏季13—17 ℃,年均降雨600毫米。

芬兰一年四季皆适合旅行,不同季节下这里呈现出不同的风光,都值得驻足欣赏。极光季:9—11月,虽然冬季相当漫长的芬兰非常适合极光的观测,但是并非寒冷的季节里也是极光的最佳观测时间。雪季:11月至次年4月,芬兰冬季的雪量惊人,恰逢春节假期,也是最多国内游客前往的季节。夏季:6—8月,在夏季可以前往芬兰南部的图尔库群岛避暑,这里很少被国内串游北欧的旅行者关注,是酷暑中的避世之选。

(二)历史人文

1.历史简况

约9000年前冰河末期,芬兰人的祖先从南方和东南方迁居至此。公元12世纪后半叶开始隶属于瑞典,公元14世纪中叶正式成为其一部分。公元1809年俄瑞战争后成为俄国的大公国。1917年12月6日,芬兰独立。1919年,成立共和国。1939—1940年芬苏战争之后,芬兰被迫同苏联签订了向苏联割让领土的《芬苏和约》。1941—1944年,纳粹德国进攻苏联,芬兰参与了对苏战争。1947年2月,芬兰作为战败国与苏联等国签订了《巴黎和约》。1948年4月,芬兰又与苏联签订了《友好合作互助条约》。1955年,芬兰加入联合国。1995年,芬兰加入欧盟。1999年,芬兰加入欧洲经贸联盟(欧元区),2002年1月正式流通欧元。2023年4月,芬兰正式加入北大西洋公约组织。

2.政治经济

芬兰是民主共和制国家,国家的立法权由议会和总统共同行使。总统是国家元首,行政权力由总理领导的内阁掌握,总理由议会选出。内阁由总理、中央政府各部部长及一名大法官组成。1999年,芬兰议会通过了新宪法,名称由《政府组织法》改为《宪法》。新宪法加强了议会和政府在国家政治生活中的作用,削减了总统的部分权力。

芬兰是发达资本主义国家,始终位居全球极具竞争力国家前列。20世纪90年代初,芬兰遭遇经济危机后,芬兰政府坚持发展高科技,引导其经济向信息化、知识化转型,信息通信、能源环保、化工等产业迅速发展,国民经济逐步走出困境。2020年,受疫情影响,芬兰经济有所下滑。2021年,芬兰经济恢复增长,全球竞争力排名位居第8位。芬兰经济的发展对国际市场依赖程度比较大,政府倡导自由贸易,国际贸易占芬兰国内生产总值的1/3。欧盟国家占对芬贸易总额的55%。芬兰的主要贸易伙伴是德国、俄罗斯、瑞典、中国和美国。近年来,芬兰经济总体稳定发展,在生态环保、信息通信、清洁技术、新能源、机械制造等领域居世界前列。芬兰在洛桑国际管理学院2023年全球竞争力排名中位居第13位。2022年,芬兰国内生产总值为2805亿美元,人均国内生产总值为

5.03万美元。

3. 文化符号

据历史传说,芬兰是最早迎接圣诞老人安居的故乡。芬兰儿童故事大王玛尔库斯从中获得灵感。他在电台讲故事时说,圣诞老人和2万头驯鹿一起住在这座"耳朵山"上,正是因为有"耳朵",圣诞老人才能在北极听到世界上所有孩子的心声。他这种颇有感染力的浪漫推理获得了世人认可。从此,"耳朵山"就成了圣诞老人的故乡,芬兰也被世人称为"圣诞老人的故乡"。

> **小知识**
>
> 芬兰的SISU精神
>
> 特殊的地理位置、严峻的气候条件和长期的外族统治,使芬兰人形成了独特的民族性格和文化。芬兰人性格内敛,行事低调,甚少交谈,即使有话要说也是简单直接,但这并不表示他们行为无礼。芬兰人内心充满民族自豪感,坚定地维护着自己的传统文化。如果用一个词来描述芬兰,那就是"SISU"。SISU精神是芬兰文化的一部分,很难直接译成别的文字,但可以理解为面对困难或困境时所激发的一种精神,包含忍耐、坚韧,还有勇气、不放弃、不抱怨。正如芬兰登山名将古斯塔夫森所说:"如果没有SISU,我们可能一直在说俄语。"芬兰人普遍认为,芬兰之所以与众不同,正是因为他们拥有SISU精神。

二、民俗风情

(一)主要节日

除新年及复活节、升天节、降灵节、圣诞节外,芬兰其余节假日主要有新年、五一节、仲夏节、独立日等。

1. 新年

1月1日新年的前一天,赫尔辛基市市长会在市中心赫尔辛基大教堂前的议会广场上向聚集的市民们发表新年贺词,当新年的钟声敲响时,市民们开始燃放焰火、跳舞、唱歌、互贺新年,欢声笑语充满大街小巷。

2. 五一节

芬兰的五一节在4月30日—5月1日。在芬兰,五一节不仅是劳动者的节日,也是毕业生的节日和芬兰人庆祝春天到来的狂欢节。由于有为码头旁的哈维丝·阿曼达女郎雕像戴上学生帽的仪式,五一节也被称为"戴帽节"。

3. 仲夏节

每年6月20日—26日的周六被芬兰人定为仲夏节,这是一年中最长的一天。仲夏节也是芬兰人庆祝一年中最短的一夜的节日,被芬兰人认为是最浪漫、最吉庆的日子,因此有许多人专门选择这一天举行婚礼。

4. 独立日

芬兰的独立日在12月6日,目的是纪念那些为芬兰独立而在第一次世界大战和第二次世界大战期间英勇献身的英烈们。每年独立日,芬兰总统都要在总统府大厅发表电视演说。

(二) 民俗礼仪

1. 社交礼仪

芬兰人忌讳"13"和"星期五"。人们在交谈时,习惯保持一米左右的社交距离;他们忌讳交叉式的握手和交叉式的谈话。

2. 民俗禁忌

芬兰人有强烈的民族自尊心和自豪感,男女平等意识较强。芬兰人时间观念很强,重视个人隐私和私人空间,热爱自然,崇尚环保。与人交谈时,一般不喜欢距离过近,忌询问陌生人政治倾向、家庭经济状况、婚姻状况、年龄、宗教信仰及行动去向等问题。

3. 旅游礼仪

在芬兰,忌在公共场合大声喧哗、妨碍他人。严禁在公共场合和室内吸烟。如果应邀到当地人家中做客,可带花束等小礼物送给女主人,但必须是单数。吃饭时,主人正式敬酒之前,客人不要先行自饮。

三、著名旅游城市及热点景观

(一) 赫尔辛基

赫尔辛基是芬兰的首都和最大的港口城市,也是芬兰经济、政治、文化、旅游和交通中心及世界著名的"科技之都"。赫尔辛基已连续多年被评为"全球最宜居的城市"之一,也是"全球幸福感最高的城市"之一。赫尔辛基毗邻波罗的海,群岛环抱,景色秀丽,素有"波罗的海的女儿"之称。赫尔辛基是一座古典美与现代文明融为一体的都市,又是一座都市建筑与自然风光巧妙地结合在一起的花园城市。赫尔辛基市内建筑多用浅色花岗岩建成,有"北方洁白城市"之称。赫尔辛基的主要景点有赫尔辛基大教堂、芬兰国家博物馆、芬兰堡、参议院广场、西贝柳斯纪念碑、岩石教堂等。

1. 赫尔辛基大教堂

赫尔辛基大教堂是芬兰路德会赫尔辛基教区的主教座堂,位于赫尔辛基市中心。赫尔辛基大教堂有一个绿色的大圆顶,周围是4个小圆顶,构成赫尔辛基市中心的一道独特风景。

2. 芬兰国家博物馆

芬兰国家博物馆坐落在芬兰首都赫尔辛基市中心,具有民族浪漫主义风格,芬兰1917年独立之后,它正式成为国家博物馆。芬兰国家博物馆是芬兰新建筑代表作之一,俗称"高塔"。

3. 芬兰堡

芬兰堡是芬兰著名的景点，可以说是近300年来芬兰历史的缩影。它不单指一处建筑，而是海外的一串小岛的统称，是现存世界上较大的海防军事要塞。这块占地面积80公顷的链式防御城堡建在赫尔辛基外海的一串小岛上，长而坚固的城墙、上百门大炮、近300座机房，足以见证当年芬兰堡的战略重要性。在岛上，你可以看到斑驳的城墙、郁郁葱葱的植被，还有私家邮轮穿梭其中。此外，这里还有各式各样的趣味博物馆值得一览，包括：介绍寨城历史及建筑工事的芬兰城堡博物馆，展览瑞典统治时期文物的艾伦怀特博物馆，收集从19世纪以来旧玩具的玩具博物馆，展览以前军备设施的马内基军事博物馆，维斯高潜艇博物馆，陈列城堡不同时代重炮的海岸大炮博物馆，以及详述旧日海关工作与历史的海关博物馆等。

（二）罗瓦涅米

罗瓦涅米是芬兰北部的城市，是这里的政治、经济、文化和旅游中心。其居民主要从事商业、交通和旅游业，每年到此的观光客在30万人次以上。罗瓦涅米有极昼和极夜现象，每年6—7月太阳基本不落山，而11月末至次年1月则几乎看不到日光。罗瓦涅米的主要景点有圣诞老人村、极地博物馆、圣诞公园、萨米人驯鹿养殖园等。

1. 圣诞老人村

圣诞老人村是一组主打圣诞特色景观与体验的木质建筑群，每年有大量游客来这里一睹圣诞老人的风采。村庄内的圣诞老人办公室是负责接待各国儿童的机构，"持证上岗"的圣诞老人会在这里回答孩子们稀奇古怪的问题。北极圈正好横穿村庄而过，来此游玩时可以找到标有北极圈维度的白色标线，还可以领取一份跨越极圈的认证书。圣诞老人邮局内有各种童话色彩的邮票、贺卡与礼品，从此处寄出的信件会带上圣诞老人的邮戳发往世界各处。

2. 极地博物馆

极地博物馆是一座旨在研究拉普兰地区（北极土著人聚集地）的自然环境和极地文化的文化机构。这里主要展示在拉普兰严峻的生存条件下人们的生活方式与文明的痕迹。极地博物馆展品丰富，包括各种珍贵的照片、文物、音像资料和电影纪录片。

3. 圣诞公园

圣诞公园是一个以圣诞老人为主题的地下机动乐园，包括精灵学校、圣诞老人姜饼厨房、冰雕公主艺廊、巨型雪球等景点项目。

（三）伊纳里

伊纳里是芬兰的城镇，位于芬兰北部伊纳里湖畔，由拉普兰区负责管辖，面积17333平方千米。伊纳里乍一看并不起眼，但它的不同凡响之处在于，它背倚风光旖旎的伊纳里湖，拥有一座拉普文化博物馆，室内外的陈设成功地展现了拉普人的历史、文化、生活方式以及目前状况。

1. 伊纳里湖

伊纳里湖是芬兰北部的湖泊,靠近俄罗斯和挪威边界。伊纳里湖长80余千米,宽1.6—40千米,面积约1000平方千米,水深约60米,有伊瓦洛河注入,通过帕次河北流入北冰洋。伊纳里湖湖内有3000多个小岛,湖岸陡直,多岩石,上覆森林,吸引游人前来垂钓。

2. 萨利塞勒卡滑雪场

萨利塞勒卡滑雪场位于伊纳里。芬兰全国境内有滑雪场大约75处,大部分是靠近城市或村镇的当地小山丘。大型滑雪场主要集中在拉普兰的丘原,这里也是经典的冬季度假胜地。这里的滑雪胜地包括莱维、禹拉斯、圣卢奥斯托和卢卡等,海拔高度从500—700米不等,山坡的长度最长可达3千米。在芬兰,要找到一个从没尝试过滑雪的芬兰人可不太容易,因为滑雪简直就是芬兰的全民休闲项目,有许多人自诩为滑雪积极爱好者。芬兰大部分人自幼就学会了滑雪,全家滑雪度假是芬兰人的全民理念,很多学校也组织学生滑雪游。

四、旅游市场

芬兰的旅游业十分发达,旅游资源相当丰富。2023年3月,联合国可持续发展解决方案网络发布《2023年世界幸福报告》,芬兰连续6年蝉联"全球最幸福的国家"称号。芬兰的旅游业发展迅速,这个国家有很大潜力成为北欧国家中极具吸引力的旅游目的地。

芬兰旅游长期致力于目标市场的系统营销和全球促销、旅游产品的全国发展和国际化。芬兰政府考虑到了每个区域促进其作为全球旅游目的地的准备状态的潜力。主要旅游区域协调合作的目标是让每个区域的行为者系统地合作,以实现共同确定的目标,集中区域优势进行国际营销,增强芬兰旅游品牌的内涵。

任务十二　战斗民族:俄罗斯

 案例导入

圣彼得堡的"白昼节"

圣彼得堡是仅次于莫斯科的俄罗斯第二大城市,众多河流穿城而过,别具水城风情,被誉为"北方威尼斯"。在北纬60°的圣彼得堡,夏天会出现世界上少有的"白夜"现象,于是人们将每年的6月10日—21日定为"白昼节"。每到6月21日左右,圣彼得堡的太阳甚至23小时不落,即使是在剩下的那一个小时里,天空也并没有完全变暗,而是会透出微薄的光亮。

案例探究:1. 俄罗斯的旅游资源你知道多少?

2. 请你设计一条圣彼得堡的游览线路。

一、国家概况

(一) 地理环境

1. 区域与人口

俄罗斯全称俄罗斯联邦,国土横跨欧亚大陆,南北最宽4000千米,西北面邻国为挪威、芬兰,西面有爱沙尼亚、拉脱维亚、立陶宛、波兰、白俄罗斯,西南面是乌克兰,南面有格鲁吉亚、阿塞拜疆、哈萨克斯坦,东南面有中国、蒙古国和朝鲜,东面与日本和美国隔海相望。俄罗斯总面积1709.82万平方千米,领土面积为世界第一。以平原和高原为主的地形,地势南高北低,西低东高。西部几乎全属东欧平原,向东为乌拉尔山脉、西西伯利亚平原、中西伯利亚高原、北西伯利亚低地和东西伯利亚山地、太平洋沿岸山地等,西南耸立着大高加索山脉,最高峰厄尔布鲁士山海拔5642米。

俄罗斯人口1.46亿(2023年7月),民族194个,其中俄罗斯族占77.7%,主要少数民族有鞑靼、乌克兰、巴什基尔、楚瓦什、车臣、亚美尼亚、阿瓦尔、摩尔多瓦、哈萨克、阿塞拜疆、白俄罗斯等族。俄语是俄罗斯的官方语言,各共和国有权规定自己的国语,并在该共和国境内与俄语一起使用。俄罗斯的首都为莫斯科。

2. 自然环境

俄罗斯的大部分地区处于北温带,气候多样,以温带大陆性气候为主,但其北极圈以北的部分属于寒带气候。俄罗斯的温差普遍较大,1月平均温度为零下5℃至零下40℃,7月平均温度为11—27℃。西伯利亚地区纬度较高,冬季严寒而漫长,但夏季日照时间长,气温和湿度适宜,利于针叶林生长。对于俄罗斯人民来说,非常具有象征意义的花是向日葵。向日葵在公元18世纪传入俄罗斯,苏联时期将它定为国花。独立后的俄罗斯仍把向日葵定为国花。

俄罗斯适合旅游的季节是夏季和冬季。每年的5—10月,这里的气候宜人,清凉舒爽,是不错的度假胜地,夏季的俄罗斯凭借其独特的魅力吸引了来自世界各地的大量的游客。冬天的俄罗斯也有着无限的魅力,许多人都会选择冬季来俄罗斯旅游,是因为冬季的俄罗斯经常会下起鹅毛大雪,到处银装素裹,对于喜欢滑雪的游客来说有着无限的吸引力。

(二) 历史人文

1. 历史简况

俄罗斯人的祖先为东斯拉夫人罗斯部族,就是后来的俄罗斯人和白俄罗斯人。基辅罗斯是东斯拉夫人建立的第一个国家。公元10世纪,东正教从拜占庭帝国传入基辅罗斯,由此拉开了拜占庭和斯拉夫文化的融合,并最终形成了占据未来700年时间的俄罗斯文化。公元13世纪初,基辅罗斯被蒙古人占领后,最终分裂成多个国家,这些国家都自称为俄罗斯文化和地位的正统继承人。公元15世纪末至16世纪初,以莫斯科大公国为中心,逐渐形成多民族的封建国家。公元1547年,伊凡四世(伊凡雷帝)改大公称号为沙皇。

公元1721年,彼得一世(彼得大帝)改国号为俄罗斯帝国。1861年废除农奴制。1917年2月,资产阶级革命推翻了专制制度。1917年11月7日(俄历10月25日)十月社会主义革命,建立世界上第一个社会主义国家政权——俄罗斯苏维埃联邦社会主义共和国。

1922年12月30日,俄罗斯联邦、外高加索联邦、乌克兰、白俄罗斯成立苏维埃社会主义共和国联盟(后扩至15个加盟共和国)。1990年6月12日,俄罗斯苏维埃联邦社会主义共和国最高苏维埃发表《国家主权宣言》,宣布俄罗斯联邦在其境内拥有"绝对主权"。1991年8月,苏联发生"8·19"事件。9月6日,苏联国务委员会通过决议,承认爱沙尼亚、拉脱维亚、立陶宛三个加盟共和国独立。12月8日,俄罗斯联邦、白俄罗斯、乌克兰三个加盟共和国领导人在别洛韦日签署《独立国家联合体协议》,宣布组成"独立国家联合体"。12月21日,除波罗的海三国和格鲁吉亚外的苏联11个加盟共和国签署《阿拉木图宣言》和《独立国家联合体协议议定书》。12月26日,苏联最高苏维埃共和国院举行最后一次会议,宣布苏联停止存在。至此,苏联解体,俄罗斯联邦成为完全独立的国家,并成为苏联的唯一继承国。

1993年12月12日,经过全民投票通过了俄罗斯独立后的第一部宪法,规定国家名称为"俄罗斯联邦"。

2. 政治经济

俄罗斯实行总统制的联邦国家体制。宪法规定,各联邦主体(共和国、边疆区、州、直辖市、自治州和自治区)的权利、地位平等,俄罗斯联邦总统是国家元首,是俄罗斯联邦宪法、人民和公民权利与自由的保障;总统按俄罗斯联邦宪法和联邦法律决定国家对内对外政策;总统任命联邦政府总理、副总理和各部部长,主持联邦政府会议;总统是国家武装力量最高统帅并领导国家安全会议;总统有权解散议会,而议会只有指控总统犯有叛国罪或其他十分严重罪行并经最高法院确认后才能弹劾总统。俄罗斯独立后的第一部宪法于1993年12月25日正式生效。2018年3月18日,俄罗斯举行总统选举,普京获胜连任。5月7日,普京宣誓就职,任期6年。俄罗斯联邦政府是最高国家执行权力机关。现任政府总理为米舒斯京。

俄罗斯是发展中国家,其已经形成了完整的工业体系;无论从经济实力的基础情况来看,还是从工业、科技区域布局来考察,俄罗斯占有了原苏联工业的绝对优势。工业在俄罗斯经济中起着重要的作用,重工业发展始终占优先地位,同时随着社会分工的发展和科学技术的进步,逐渐涌现出许多新兴工业部门,工业生产集中程度很高,这是俄罗斯生产力布局政策的结果,俄罗斯工业部门分工非常细致。

俄罗斯拥有广阔的耕地、平坦的地形、肥沃的土壤和充足的水源,国土跨寒带、亚寒带和温带3个气候带,农业条件十分优越。粮食作物主要有小麦、大麦、玉米、水稻等,经济作物以亚麻、向日葵和甜菜为主。养殖业中,鸡蛋、牛奶、羊毛产量也位列世界前列。

3. 文化符号

俄罗斯地大物博,在广袤的大地上形成了俄罗斯特有的文化,充满着艺术的魅力。俄罗斯的文化符号主要有马特里奇卡(俗称"套娃")、巴洛克建筑以及俄罗斯文学。

俄罗斯套娃具有浓郁的地域风格,是俄罗斯特有的一种手工制作的工艺品,寓意为:你中有我,我中有你,永不分离。第一个俄罗斯套娃出现在19世纪末期,但在众多的具有典型的俄罗斯特色的事物中它却得到了空前的认可,成为俄罗斯民间艺术的象征。

巴洛克建筑是17世纪欧洲的主流建筑流派,在莫斯科、圣彼得堡等城市有众多的巴洛克式建筑,为王室贵族所建。

文学是俄罗斯文化的核心部分之一,人们所熟知的有普希金及其伟大作品,列夫·托尔斯泰被认为是一位伟大的作家,其著名小说《战争与和平》被公认为世界文学的核心作品。

二、民俗风情

(一)主要节日

俄罗斯的传统节日主要有圣诞节、洗礼节、祖国保卫者日、谢肉节、复活节、伟大卫国战争胜利日和国庆日等。

1. 圣诞节

俄罗斯的圣诞节在1月7日,这是仅次于复活节的第二大教会节日。节庆活动从1月7日起持续2周,到主显节结束。圣诞夜当晚,教堂司祭和信徒们要在教堂通宵祈祷,感谢主恩,还要环绕教堂和农舍举着十字架和圣诞灯游行。

2. 洗礼节

1月19日是俄罗斯的传统宗教节日洗礼节。这天,人们要去教堂祈祷,还要到江河里破冰取"圣水",有的人还要跳进冰窟窿里洗一洗。1月18日晚,按风俗习惯是占卜时间,尤其是女孩子们要预卜自己的终身大事。

3. 祖国保卫者日

俄罗斯的祖国保卫者日在2月23日。1922年2月23日,彼得格勒和其他城市全民动员,组建工农红军,所以这一天也被称为建军节。

4. 谢肉节

每年2月底至3月初,俄罗斯都要举行隆重的送冬迎春仪式,这就是俄罗斯的谢肉节,又称送冬节。

5. 复活节

俄罗斯的复活节是按照旧历来确定的,因此时间总是不一样的。通常这个节日是在4月份,但有的年份也会在5月初。

6. 伟大卫国战争胜利日

俄罗斯的伟大卫国战争胜利日在5月9日,是1945年5月9日德国法西斯投降的日子。每年的5月9日,莫斯科都要举行隆重的集会和阅兵式庆祝胜利,国家领导人前往红场的无名烈士墓前敬献花圈,并在莫斯科的无名战士墓长明火旁设立固定哨位进行哀悼。夜晚,莫斯科和各英雄城市鸣放礼炮,纪念死难者,并燃放焰火庆祝反法西斯战争取得伟大的胜利。

7.国庆日

俄罗斯的国庆日在6月12日。1990年6月12日,俄罗斯联邦最高苏维埃通过并发表了主权宣言,宣布主权独立。每年的国庆日,俄罗斯会有一些庆祝活动,包括军人游行、颁发奖项、演唱爱国歌曲和俄罗斯国歌、俄罗斯总统演讲,以及一些娱乐和文化活动。一些社会组织会到街头分发一些红、白、蓝色彩带,即由国旗的3种颜色组成的彩带,人们一般也会把这些彩带系在汽车的后视镜上。

(二)民俗礼仪

1.社交礼仪

在俄罗斯,正式场合,陌生人互相介绍时,成年人一般用全名,未成年人多只用名字。在成年人之间,特别是文化层次比较高的人,即使关系相当密切,相互称呼也用"您",以示相互之间的尊敬。一般的见面礼是握手,久别的亲朋好友相见时,常用亲吻拥抱礼,男士一般吻女士的手背,父母吻儿女的额头。

2.民俗禁忌

俄罗斯人忌讳数字"13",喜欢数字"7",认为"7"象征幸福和成功。送礼亦喜欢用单数,认为双数不吉利。镜子是神圣的物品,不能打碎。俄罗斯人不喜欢黑猫。遇到熟人不能伸左手握手问好。见面或告别时,最好不要隔着门槛握手。提前祝贺生日是不吉利的,亦不要提前祝贺孕妇生孩子,他们也不喜欢提前给孕妇和婴儿送东西。在给朋友送礼物时,最好不要送刀子、手绢和空钱包等。如果去剧院或影院迟到了,别人已经坐好,千万不要屁股朝着别人往里挤,而要面对他们表示歉意。如果要从地上捡什么东西,不要低头抬臀去捡,而要先把身子蹲下去,然后把手伸出去捡,否则很不雅观。

3.旅游礼仪

在公共场合不要对着他人指指点点,俄罗斯人会觉得这是一种侮辱,并且在俄罗斯人面前,不要用手比出"OK"的手势。在俄罗斯,做客时不要早于约好的时间,准时或稍晚一些比较好。进入房间内不要坐在床上,那样是很不礼貌的。男士吸烟要征得女士同意,递烟时要递上一整盒,不要只递一根烟,不要打一次火点3根烟。俄罗斯人善饮酒,绝大多数男士和一部分女士喜欢饮烈性酒,伏特加更是受到很多人的喜爱。在俄罗斯的餐桌上,"吃得优雅"是一件很重要的事情,吃东西时不能嚼出声来。举杯饮酒时要用右手。第一杯酒往往要喝干,但一般不劝酒,而是各随其便。

三、著名旅游城市及热点景观

(一)莫斯科

莫斯科是俄罗斯的首都,是俄罗斯的政治、经济、文化、金融、交通中心以及最大的综合性城市,也是一座国际化大都市。莫斯科位于俄罗斯欧洲部分的中部、莫斯科河畔,面积2561平方千米。莫斯科有俄科学院,农业、医学科学院等科研机构,以及70多所大学和众多博物馆、20多所专业剧院。莫斯科全市有800多家企业,以机械制造和金属加工业为主。

1. 红场

红场位于莫斯科市中心,占地9.1万平方米。"红场"名称系沙皇在公元1658年确认,意为"美丽的广场"。每年的胜利日,这里会举行阅兵活动。红场的西侧是克里姆林宫,东侧为古姆国立百货商店,南端是漂亮的洋葱头圣瓦西里升天大教堂。

2. 克里姆林宫

莫斯科克里姆林宫位于莫斯科的心脏地带,是俄罗斯国家的象征。它是一组较大的建筑群,已被评为世界文化遗产。"克里姆林"在俄语中意为内城、城堡,它的建筑形式融合了拜占庭、俄罗斯、巴洛克和古希腊、古罗马等不同风格。如今,这座古城堡不仅是俄罗斯政府所在地,也是俄罗斯历代艺术珍品的储藏地。

莫斯科克里姆林宫建筑群呈不规则三角形,南面莫斯科河,东临红场,西接亚历山大花园,四周由红色宫墙围绕着,像是一座"城中之城"。在这里,保存了俄罗斯优秀的古典建筑和文化遗产,包括钟王、炮王、圣母安息大教堂、大天使教堂、天使报喜教堂、伊凡大帝钟楼、兵器馆等。

3. 国家历史博物馆

国家历史博物馆位于红场北侧,是一座红墙白顶的古典主义风格建筑。馆内展品和档案材料丰富多样,不仅涵盖了俄罗斯的千年历史,还展示了从旧石器时代至今的东北欧亚的文明演进,其规模可以和兵器馆相媲美。这里目前共有40个展览厅,是俄罗斯文化与艺术的宝库。

4. 凯旋门

在莫斯科城西的繁忙大街中央,有一座造型和巴黎凯旋门几乎一模一样的凯旋门,只是形体略微小些,这就是莫斯科的凯旋门。让人诧异的是,巴黎凯旋门和莫斯科凯旋门都是为了纪念同一次战争,即俄军打败拿破仑而建,这也许是绝无仅有的史例。凯旋门的基座上共竖立着6组12根圆柱,圆柱之间站立着手持盾牌和长矛的勇士,勇士头顶的墙壁上是反映俄军同法军作战的浮雕。

5. 普希金博物馆

普希金博物馆是俄罗斯的一处艺术博物馆,也是非常大的外国艺术品收藏馆。馆内收藏着从古埃及、古巴比伦直到今天各个时代的50多万件艺术品,囊括了欧洲艺术的意大利画派、荷兰画派、西班牙画派、佛兰芒画派、法国画派等主要流派,更重要的是其中的法国现代绘画艺术系列,展示了法国现代艺术从印象派到野兽派再到立体主义的进程和脉络。正是这些收藏,将俄罗斯文化艺术同西方文化艺术连结起来,以对话与碰撞的形式开启了俄罗斯新文化的里程。

(二) 圣彼得堡

圣彼得堡被称为俄罗斯的"北方首都"、第二大城市,是"欧洲十大最受欢迎旅游城市"之一。圣彼得堡总面积1439平方千米(市区面积606平方千米),由42个岛组成,由400多座桥梁连接。圣彼得堡市内有大小河渠93条,水域面积占全市面积的1/10,有"北方威尼斯"之称。

1. 涅瓦大街

涅瓦大街是圣彼得堡著名的历史街区,是圣彼得堡社会、文化中心,为连接市区和涅瓦河的主要干道之一。涅瓦大街长约4.5千米,道路两边集中了18—20世纪这个国家杰出的建筑。在街道两侧和毗邻的广场有很多歌剧院、图书馆、博物馆、音乐厅、电影院,以及大百货公司、食品店、教堂和名人故居等。这里的建筑依旧保持原有的风貌,每一幢建筑都精雕细刻。此外,涅瓦大街还是一个信仰宽容的地方,在这里,有东正教的喀山大教堂,新教的圣彼得和保罗教堂,天主教的圣凯瑟琳教堂、荷兰教堂、亚美尼亚教堂等。

2. 冬宫

冬宫坐落在圣彼得堡宫殿广场上,原为俄国沙皇的皇宫,十月革命后成为圣彼得堡国立艾尔米塔奇博物馆的一部分,是18世纪中叶俄国巴洛克式建筑艺术最伟大的纪念物。冬宫曾被一场大火所焚毁,后来得以重建。第二次世界大战期间,冬宫再次遭到严重破坏,战后又被修复。冬宫是一座蔚蓝色与白色相间的建筑,高3层,共有各类文物270万件。

3. 夏宫

夏宫位于芬兰湾南岸的森林中,距圣彼得堡市约30千米,占地近千公顷,是历代俄国沙皇的郊外离宫。夏宫是圣彼得堡的早期建筑。公元18世纪初,俄国沙皇彼得大帝下令兴建夏宫,其外貌简朴庄重,内部装饰华贵。当时的许多大型舞会、宫廷庆典等活动都在这里举行,彼得大帝生前每年必来此度夏。1934年以后,夏宫辟为民俗史博物馆。由于夏宫的建筑豪华壮丽,因而被人们誉为"俄罗斯的凡尔赛"。

4. 喀山大教堂

喀山大教堂是根据沃罗尼欣的设计建成的,它的外貌具有典型的当时帝国风格的特征。教堂最显著的特征是它有一个呈半圆形的柱廊。柱廊的后面露出高达70米的教堂圆顶。喀山教堂名称来自教堂内所供奉的喀山圣母像。

5. 青铜骑士

青铜骑士是圣彼得堡市的标志性雕塑,位于十二月党人民广场上。著名雕塑家法尔科内创作的这一艺术佳作,被安置在一块巨石上,骏马前腿腾空。彼得大帝安坐于坐骑上,两眼炯炯有神,目视前方。青铜骑士象征着俄罗斯,而马匹践踏着的蛇,代表着当时阻止彼得大帝改革维新的力量。这一塑像曾受到俄国诗人普希金的高度颂扬,并写下了他著名的叙事诗《青铜骑士》。

(三)喀山

喀山位于伏尔加河畔,面积425平方千米,也是一座历史文化名城,其中的克里姆林宫、斯维亚申斯克岛、保尔加尔被列为世界文化遗产。喀山还是重要的科研教育中心,拥有喀山国立大学等40多所高等教育院校。喀山也是重要的工业和金融中心,其机械制造、化工、石化等工业较为发达。喀山与杭州、广州、深圳和成都互为友好城市。

1. 圣母领报大教堂

圣母领报大教堂是喀山的标志与名片,由伊凡大帝下令召集莫斯科和普什科夫的工匠建成,是沙皇的个人礼拜堂。这座教堂与其他由意大利人设计的教堂相比,带有强烈的纯俄罗斯色彩。

2. 喀山克里姆林宫

喀山克里姆林宫建立在一个年代久远的古遗址上,最初出现在喀山·可汗·金部落时期,伊凡雷帝将喀山列入俄罗斯版图之后,推倒了喀山城的木质城墙,在原来的位置修建了一座石头城堡,比同名的莫斯科克里姆林宫略小,是联合国教科文组织确定的世界文化遗产。

(四)索契

索契是俄罗斯重要的度假城市,拥有着美丽的海洋、河流、森林等原始景观旅游资源。

1. 奥斯特洛夫斯基故居博物馆

在距离索契冬季大剧院不远的保尔·柯察金街上,坐落着奥斯特洛夫斯基故居博物馆,门牌号为柯察金街4号。保尔的原型、作家奥斯特洛夫斯基的大部分创作生涯就是在这间屋子里度过的。该博物馆每个月能接待200多人,每年这里都会举办一些文化艺术展览。

2. 红波利那亚雪山

红波利那亚雪山已经成为滑雪爱好者和职业运动家的滑雪基地。而在以前,红波利那亚山是一个人迹罕至的地方。随着索道的开通,游客可以乘坐缆车来到雪山的山顶。

3. 斯大林别墅

索契的斯大林别墅位于黑海岸边的一座山上,名为"绿色丛林"。整栋楼房通体为绿色,与周边山林的颜色协调一致。别墅里设有斯大林的办公室、台球室、游泳池、会议厅等,室内陈设也都保持了斯大林时期的模样。

四、旅游市场

俄罗斯是世界上面积最大的国家,绵延的海岸线从北冰洋一直伸展到北太平洋,还包括内陆海黑海和里海,涵盖广泛的地理环境,拥有世界最大的森林储备以及约占世界1/4淡水的湖泊。俄罗斯自然资源极其丰富,地貌景观多种多样,大量的历史文化古迹、人文城市景观和特殊的北国风光,吸引了众多游客前来游玩参观。2019年,俄罗斯国内旅游人次达到了1.45亿,创造了1.309万亿卢布的旅游收入,旅游业成为俄罗斯重要的组成部分。

小知识

俄罗斯对中国免签

当地时间2023年7月21日,俄罗斯驻哈尔滨总领事谢尔盖·林尼克表示,中俄两国正在完成恢复免签证团体旅游必要的最后手续,可以在2023年8月开始实施团体免签旅游。林尼克总领事直言,"我们以俄罗斯经济发展部提供的信息为指导,希望在不久的将来恢复我国与中国之间的免签旅行交流。"他表示,两国的主管部门,中华人民共和国文化和旅游部和俄罗斯联邦经济发展部正在就此问题积极开展工作,并完成最后的必要手续。

项目训练

任务:设计定制游线路

定制游是根据旅游者的需求,以旅游者为主导进行旅游行程的设计。定制基于用户的需求,按需提供满意的产品和服务,某种程度上也意味着用户有着更丰富的旅行经历、更多样的体验需求,同时伴随着更好的服务、更灵活的安排。随着旅游者需求越来越个性化,为定制游的发展提供了机会,近几年定制游发展迅速,很多旅游公司推出了定制游业务,一些新的岗位,如旅游定制师也应运而生了。请结合本项目所学内容,并在网上搜索相关资料,任选一个需求单设计定制旅游方案。

一、内容要求

线路范围是欧洲;行程最短应不低于7天(含7天),最长时间(包含大交通来回)不应超过10天(含10天);必须包含分类报价和总价;行程方案必须贴合客户需求,内容包含交通、餐饮、住宿、景点、签证、价格、导游、游览注意事项等;行程方案以PPT提交。

二、需求单

编号	客户	出发地	目的地	往返日期	人均预算	出行人数	订单需求
1	王小姐	自定义	法国、意大利、瑞士	3月出发(10天)	18000—20000元	2人	夫妻度蜜月,酒店标准要求高,需要有蜜月布置,有特色活动,需要在景点安排一次旅拍活动
2	刘先生	自定义	挪威、瑞典	11月出发(8天)	8000—9000元	2大1小	2大1小,小男孩10岁,一家人喜欢滑雪。客户是公司高管,对住宿、餐饮要求较高,行程简单轻松,不用安排很多景点

三、评价

通过以上步骤,你是否达成了任务目标呢?请对完成任务的情况做出评价。

评价指标	完成情况				改进建议
	优	良	中	差	
定制旅游方案的可行性					
定制旅游方案和客户需求的匹配度					
定制旅游方案的完整度（食、住、行、游、购、娱等）					
报价单的合理性（是否漏报或多报）					
定制旅游方案呈现的美观度（PPT）					

项目四
美洲主要旅游客源地与目的地

项目导航

美洲位于西半球,分为北美洲和南美洲。国际上,通常将美洲分为北美地区、拉丁美洲和加勒比海地区。美洲陆地面积为4200多平方千米。美洲东濒大西洋,西邻太平洋,北濒北冰洋,南隔德雷克海峡与南极洲相望。

北美地区的主要国家有美国和加拿大,北美地区是世界经济较发达的地区;拉丁美洲的国家主要有墨西哥、巴西等,经济发展水平中等。

本项目在内容方面,设计了国家概况、民俗风情、著名旅游城市及热点景观、旅游市场共4个板块,引导学习者对于美洲的知名旅游目的地加拿大、美国、墨西哥、巴西等进行学习。通过学习,使学习者对于该国的区域与人口、自然环境、历史沿革、文化符号、礼仪禁忌、旅游资源、旅游发展等有初步的了解,进而通过设计相关活动提升应用能力,达到理论和实践的统一。

美洲概况

项目任务

请结合课程及电子资源,填写下表,完成项目预习任务。

主要客源地及目的地	首都	货币	国花	热点旅游城市	入境中国旅游数据	接待中国游客数据	签证类型
加拿大							
美国							
墨西哥							
巴西							

任务一　枫叶之国：加拿大

案例导入

《大地演讲·加拿大》上线

2023年3月，加拿大旅游局全新上线了《大地演讲·加拿大》，这是一部浓缩了加拿大自然&国家和城市画像的创意短片，视频解说者为加拿大籍华人演员，通过7分钟的短片，呈现出了自然风光无与伦比，人文情怀包容开放，将加拿大国家的魅力展示得淋漓尽致，对于提升加拿大旅游吸引力有着极大的推动作用。目前，该视频微博、公众号和视频号同步上线，全方位展示加拿大的魅力。

（资料来源：加拿大旅游局）

案例探究：1.请观看该视频并分析加拿大的旅游吸引力主要体现在哪些方面？

2.请思考加拿大的旅游营销策略对中国旅游业发展有哪些可以借鉴的地方？

一、国家概况

（一）地理环境

1.区域与人口

加拿大位于北美洲北部，东临大西洋，西濒太平洋，西北部邻美国阿拉斯加州，南接美国本土，北靠北冰洋，海岸线长约24万千米。加拿大国土面积998万平方千米，居世界第二位，其中陆地面积909万平方千米，淡水覆盖面积89万平方千米。

加拿大人口为4000万（2023年6月）。主要为英、法等欧洲后裔，本土居民约占3%，其余为亚洲、拉美、非洲裔等。英语和法语同为官方语言。居民中，信奉天主教的占45%，信奉基督教的占36%。加拿大首都是渥太华，地处安大略省，面积4715平方千米。

2.自然环境

加拿大因受西风影响，加大部分地区属大陆性温带针叶林气候。东部气温稍低，南部气候适中，西部气候温和湿润，北部为寒带苔原气候。中西部气温高达40 ℃，北部最低气温低至零下60 ℃。加拿大的最佳旅游时间是5—10月。

（二）历史人文

1.历史简况

加拿大原为印第安人与因纽特人居住地。公元17世纪初，沦为法国殖民地，后被割让给英国。1867年7月1日,英国将加拿大省、新不伦瑞克省和新斯科舍省合并为联邦,成为英国最早的自治领。此后,其他省也陆续加入联邦。1926年,加拿大获得外交上的独立。1931年,加拿大成为英联邦成员国,其议会也获得同英议会平等的立法权,但仍无修宪权。1982年,英国女王签署《加拿大宪法法案》,加议会获得立宪、修宪的全部权力。

2. 政治经济

根据宪法,加拿大实行联邦议会制。国家元首为英国女王,由总督代表,女王执掌国家的行政权。联邦议会是国家最高权力和立法机构,由参议院和众议院组成。参众两院通过的法案由总督签署后成为法律。总督有权召集和解散议会。政府为内阁制,是执行机构,由众议院中占多数席位的政党组阁,其领袖任总理,领导内阁。

加拿大是西方七大工业国家之一。制造业、高科技产业、服务业发达,资源工业、初级制造业和农业是国民经济的主要支柱。加拿大以贸易立国,对外贸依赖较大,经济上受美国影响较深。加拿大地域辽阔,森林和矿产资源丰富。原油储量仅次于委内瑞拉和沙特,居世界第三。森林面积4亿多公顷,仅次于俄罗斯和巴西,居世界第三。

3. 文化符号

加拿大的文化符号是枫叶、麻球糖、猛犸象、皮划艇、极光等。

枫叶在加拿大的历史上具有重要的地位,它是加拿大的国花和国树,也是加拿大国旗上的重要元素之一。枫叶还被广泛用于加拿大的标志性商品中,如加拿大钱币、邮票、徽章等。

麻球糖是一种加拿大特色的糖果,它采用了独特的烹饪方法,口感酥脆,香甜可口。麻球糖在加拿大文化中占有重要地位,被誉为"加拿大国糖"。

猛犸象是加拿大灭绝的哺乳动物之一,它对加拿大的生态系统和文化有着重要的影响。猛犸象在加拿大文化中占有重要地位,代表着加拿大的野性和力量。

皮划艇是加拿大一项流行的户外运动,它的出现和普及使加拿大人与自然更加亲近。皮划艇在加拿大文化中具有重要地位,代表着加拿大人对大自然的热爱和尊重。

极光是加拿大北部的一大自然奇观,其美丽和神秘感吸引着来自世界各地的游客。极光在加拿大文化中占有重要地位,代表着加拿大的神秘和浪漫。

小知识

加拿大的枫叶

加拿大枫叶是加拿大国家的象征和标志,它不仅代表加拿大这个国家,还代表加拿大的多元文化和平。加拿大枫树种类繁多,其中著名的是红枫和银枫。红枫是加拿大常见的树种之一,也是枫叶极具代表性的树种。红枫的叶子变成了深红色或橙色,成为秋季加拿大枫叶景观中的一大亮点。银枫是另一种常见的枫树种类,它的叶子变成了黄色和金色,也为秋季的景观增添了不少色彩。加拿大的国家公园和自然保护区内有着大片的枫叶林。其中著名的是安大略省的阿岗昆公园。魁北克省的蒙特利尔市内也有一个叫作"枫叶广场"的景点,这个景点拥有数百棵枫树,是一个极具特色的城市景点。除了国家公园和自然保护区,加拿大的城市中也有很多枫叶景点。在多伦多市的哈德逊湾海岸线上,有一条被称为"枫叶大道"的驱车路线。此外,加拿大各地还有很多公共公园和花园,也大量种植枫树。

除了在秋季的景观中,加拿大枫叶还具有很多其他的用途。枫树的汁液可以被提炼成枫糖浆,枫糖浆是加拿大著名的食品。枫叶还被用于制作其他的食品,如枫糖、枫叶巧克力等。枫叶还被广泛用于医药领域。此外,枫叶的造型被用来制作各种工艺品和纪念品,如枫叶形状的皮革钱包、枫叶雕刻的木制餐具、枫叶图案的纪念币和邮票等。这些枫叶制品不仅具有美观的外观,还代表了加拿大的文化和历史。

二、民俗风情

(一)主要节日

加拿大几乎每个月都有法定假日,加拿大的假期因其特殊的政治体制,除了全国性的法定节假日以外,各省还有地方性的法定节假日,而且有些节日的叫法还不一样。全国性的节日主要有:1月新年,2月家庭日,3月圣帕特里克节,4月复活节,5月维多利亚日,6月原住民日,7月加拿大日,8月公民日,9月劳动节,11月感恩节,11月国殇日,12月圣诞节。

1. 新年

加拿大地域广阔,每个城市会有自己的庆祝方式。很多城市12月31日晚上都会有倒计时的集会,晚上会有新年烟火的表演,尤其是渥太华、尼亚加拉大瀑布的焰火表演特别受关注。在温哥华,也会举办冬泳活动,以这样一个群体性的体育活动的方式来迎接新年。很多城市还会安排户外音乐会,即便是天气特别寒冷的时候也有不少人参加节日庆祝活动,一起热热闹闹迎接新年的到来。

2. 圣帕特里克节

加拿大的圣帕特里克节在每年的3月17日。圣帕特里克节是爱尔兰人一年中非常重要的宗教节日,目的是纪念圣徒Saint Patrick,他被认为是爱尔兰岛的守护神。因为绿色是爱尔兰的国家代表颜色,所以在这一天庆祝的人们会选择绿色的装饰物进行装饰。

3. 复活节

加拿大的复活节日期不固定,一般在每年的3月22日—4月25日,本来是庆祝耶稣复活的宗教节日。但目前宗教气氛已逐渐淡化,人们更多的是拥向商店购物。节日期间最高兴的当数儿童,他们可以得到各种巧克力,最具特征的物品是象征生命力的彩蛋和兔宝贝。

4.维多利亚日

加拿大的维多利亚日在每年的5月24日,是纪念英女皇维多利亚的诞辰。维多利亚日被视为夏季开始的一个非正式标志,意味着气温上升,雨水充沛,预示着新一年播种期的到来。人们会在这个假期成群结队到酒吧喝酒,欢庆节日。除了外出游玩、喝酒庆祝,维多利亚市还会在这个节日举行盛大的游行活动,大家在这个气候宜人的节日里尽情欢乐,分享喜悦。

5.国庆日

加拿大的国庆日是7月1日。加拿大国家成立于1867年,各大中城市组织上街游行狂欢,晚上燃放焰火。国庆日最重要的活动地点当数首都渥太华。很多民间组织或个人自愿出资制造彩车,并举行各种表演式的游行。有时皇家卫队骑马开道,并常常有老兵着军装,佩勋章游行,有时国家首脑及省政府官员突然出现在人群中与街头百姓握手。在街道两旁,也有人做杂耍等游戏,形式自由多样、热闹非凡。

(二)民俗礼仪

1.社交礼仪

加拿大人在社交场合与客人相见时,一般都行握手礼,亲吻和拥抱礼仅适合熟人、亲友和情人之间。在双方握手以后,他们会说"见到你很高兴""幸会"等。加拿大人在社交场合一般姿态比较庄重,举止自然而优雅。交谈时,他们会和颜悦色地看着对方,注意力集中,以示尊重。

2.民俗禁忌

加拿大人忌讳"13""星期五",认为"13"是厄运的数字,"星期五"是灾难的象征。忌打碎玻璃制品、打翻盐罐。遵循《摩西十诫》,对圣人圣事不直呼其名。

阿尔伯塔省、曼尼托巴省和魁北克省法律规定,满18周岁才能饮酒;其他省份法律规定,满19周岁后方能饮酒,许多省份禁止或限制个人从其他省份带入酒类。

3.旅游礼仪

加拿大人不喜欢有人在公共场合大声喧哗,通常说话比较小声,注意隐私。一群人讨论事情时,要注意不能打断别人的发言。他们也不喜欢被别人一直注视。有些餐馆禁止吸烟。魁北克省酒吧和餐厅的露台、幼儿园和中小学附近禁止吸烟,否则将面临高额罚款,也不允许在公园内饮酒。

在加拿大,去朋友家赴宴之前,最好到花店买一束鲜花送给女主人,或者送巧克力、红酒等,以表达谢意。吃东西时,要学会正确使用刀叉,不宜边咀嚼边说话,不宜狼吞虎咽。不要当众剔牙,不要把自己的餐具胡乱摆放。加拿大人认为正确、优雅的吃相是有教养、有风度的体现。

三、著名旅游城市及热点景观

(一)渥太华

渥太华是加拿大首都,联邦政府所在地,国会大厦成百上千的绿铜屋顶、皇家骑警、著名的郁金香花园,被国人视为国家的象征。渥太华是世界上绝无仅有的以英、法文化为主多元文化并存的首都城市。渥太华以花享誉盛名,以水闻名遐迩,更以枫叶和冰雪著称于世。国家机构、山林、公园、水道以及不同风格的历史建筑构成了渥太华独特的景观。渥太华是中国人家喻户晓的相声演员大山的故乡。

1. 国会山

国会山是加拿大联邦政府办公所在地,是加拿大极具标志性的景点,可以俯瞰渥太华河。这里可以欣赏到3座新哥特式联邦政府大楼(分别为东区、西区和中央区)。每逢重要纪念日或重要活动,这里都会举行特别的免费活动,包括全民户外瑜伽、观赏卫兵换岗仪式和声光秀表演等。

2. 里多运河

里多运河是安大略省唯一的联合国教科文组织认定的世界文化遗产。运河一年四季幻化出不同的美丽,在温暖的月份,可以沿着运河小径漫步或骑车慢行,还可以租一艘皮艇、独木舟、立式桨板(SUP)或划艇,进行水上项目。在冬季(12月至次年2月),里多运河结冰的水道变身世界上最大的溜冰场——里多运河溜冰道。

3. 加拿大国家美术馆

加拿大国家美术馆位于渥太华市中心,馆内收藏有加拿大及欧洲最宝贵的艺术品,是加拿大艺术文化的珍藏库,文艺复兴时期的著名艺术家和世界上一流艺术家的作品都曾在此展出和珍藏。美术馆中展出的加拿大艺术品的数量在全球属第一,而欧洲及美洲艺术品的数量在加拿大则属首位。美术博物馆历史悠久,从公元1880年就在渥太华市有了足迹,于1988年正式成立,迄今已有20多年的历史。在这段时间,馆内展览的画作等艺术品数以千计,而其中举世闻名的画家或艺术家也不胜枚举,如毕加索等。

(二) 多伦多

多伦多是加拿大第一大城市,是加拿大文化、经济的发源地,也是交通要枢,兼全国制造业的心脏。在多伦多的对岸,是美国的纽约州。多伦多是印第安的Huron族语,"会面之地"之意。多伦多享有世界上最多元化城市的美誉,包容了来自100多个国家的移民。它拥有傲人的城市风景线,包括"现代奇观"之一的加拿大国家电视塔、卡萨罗马城堡、美丽迷人的安大略湖、延绵数里的湖滨走廊,以及动人心魄的尼亚加拉大瀑布和世界著名的建筑设计师在多伦多留下的大手笔。

1. CN塔

加拿大国家电视塔简称CN塔,是多伦多城市风景线的重要标志。从塔顶可以远眺整个多伦多市、安大略湖及多伦多各岛屿的美丽景色。

2. 卡萨罗马城堡

卡萨罗马城堡建于1911年,是加拿大最早的古堡,由富有的金融家亨利拉特男爵修建。古堡内约有90多间装饰华丽的房间、神秘的塔楼、长达270米的幽深隧道、规模庞大的马厩,还有隐藏的暗道、典雅的温室花房和一个面积达20234万平方米、依山而建的神秘花园。

3. 尼亚加拉大瀑布

加拿大最知名的景点是位于加拿大安大略省和美国纽约州的交界处、源头为尼亚加拉河的尼亚加拉大瀑布。尼亚加拉大瀑布是美洲大陆著名的奇景之一,也是"世界三大跨国瀑布"之一。尼亚加拉大瀑布由马蹄形瀑布、美利坚瀑布和新娘面纱瀑布三部分组成,平均流量 5720 立方米/秒,水声如雷,壮观无比。乘坐游船或乘直升飞机可以观看瀑布。

(三)温哥华

温哥华是加拿大第三大城市,有"太平洋门户"之称。温哥华四面环水,是北美洲太平洋沿岸的最大天然良港。温哥华城市依山傍海,气候温和,四季宜人,风景秀丽,是目前世界上"最适合人类居住居住的城市"之一。温哥华主要的景点有史丹利公园、卡皮拉诺吊桥公园、不列颠哥伦比亚大学等。

1. 史丹利公园

史丹利公园古木参天,是温哥华著名的公园,占地 1000 英亩,一条 8.8 千米长的路径环绕整个公园,以供游人缓步、骑脚踏车或玩滚轴溜冰。史丹利公园也是北美最大的城市公园,亦是世界闻名的公园。公元 1888 年,公园正式开幕,以加拿大总督斯坦利爵士之名为其命名。史丹利公园里有 3 个大沙滩、动物园、水族馆、小小高尔夫球场、玫瑰花园、小型火车及数之不尽的巨型图腾柱。

2. 卡皮拉诺吊桥公园

卡皮拉诺吊桥公园是温哥华古老的观光景点。卡皮拉诺吊桥被誉为"世界上最伟大的吊桥",全长 450 英尺,当风掠过山谷时吊桥会摇摆发声,似人的笑声,因此,也被称为"笑桥"。100 多年前,吊桥便以 2 条粗麻绳及香板木悬挂在高 230 英尺的卡皮拉诺河谷上,下面是卡皮兰诺河谷,让人心惊肉跳。公园中有 60 年前印第安人所雕刻且置放于此的图腾柱,色彩鲜艳、引人注目。

3. 不列颠哥伦比亚大学

不列颠哥伦比亚大学是一所公立研究型大学,是北美名校。它拥有多个学系和众多学术部门,大学内风景秀丽,并且拥有众多知名景点与特色建筑,例如新渡户纪念园、人类学博物馆、UBC 植物园、亚洲文化中心、地质博物馆、天体海滩等,是游客喜欢的热门景点,其中比较著名的人类学博物馆和日本庭院等。

小知识

加拿大的趣味怪谈

第一,加拿大最冷的时候比火星还冷。加拿大的冬天非常冷,在首都渥太华,1 月的平均气温就可达零下 14.4 ℃。就是寒冷造就了这里洁白的雪地、冰球比赛、冰冻瀑布、冰酒以及数不清的雪上户外运动。1947 年 2 月 3 日,在育空地区一个名为 Snag 的小村庄,当天的气温竟然跌至零下 63 ℃,与火星表面无二了。

第二，加拿大的湖泊占地面积比世界上任何一个国家的都大。

第三，有着地球上最北部的人类定居地。加拿大努纳武特地区北部的阿勒特是地球上最北部的人类永久定居地，它的纬度是北纬82°30′（北极圈纬度66°34′），距离北极点仅有817千米。每年的11月至次年2月，阿勒特进入极夜，4个月的平均日照值为0。

第四，有天然奢华大氧吧。在全世界200余个国家和地区中，加拿大一国的森林量就占据了全世界森林总量的1/10，北方森林更是占了全世界的30%之多，形成了一个天然的奢华大氧吧。

四、旅游市场

根据加拿大统计局的数据，2023年3月，赴加拿大的海外游客数量达到了281400人，较2022年同期几乎翻了一倍。根据统计局发布的报告，加拿大在重新吸引游客方面取得了显著进展，2023年3月的海外游客数量达到了疫情前2019年同月份数量的81.13%。

就赴加拿大的海外游客来源国而言，2023年3月的数据显示，超过2/5（114700人）来自欧洲，达到了2019年3月水平的3/4（83.7%）。在总体海外游客中，来自亚洲的有72400人。数据还显示，美国居民的赴加拿大旅行数量约为110万次，相当于2019年3月旅行次数的74.4%。

加拿大积极举办旅游业展会，促旅游业进一步发展。2023年6月2落幕的国际旅游业展会Rendez-vous Canada（RVC），是加拿大极具标志性、规模较大的展会。展会为期4天，活动有City Tour、商务洽谈、主题午宴、欢迎酒会等，全方位展示魁北克城、魁北克省及加拿大的多元文化与旅游资源。RVC 2024将在埃德蒙顿举行，为加拿大旅游资源的推介助力。

 ## 任务二　自由的国度：美国

📎 **案例导入**

美国迪士尼乐园

世界第一家迪士尼乐园于1955年7月在美国开园，由迪士尼公司的缔造者——华特·迪士尼亲自创办，至2016年，全世界总共开设了6个迪士尼乐园，上海迪士尼乐园为第6家迪士尼乐园。根据美国华特迪士尼（NYSE：DIS）最新财报，截至2023年4月1日的2023财年第二季度，迪士尼总收入

约 218.15 亿美元,同比增长 13.33%。其中,迪士尼乐园、体验和产品收入约 77.76 亿美元,同比增长 16.9%。此外,2023 财年上半年,迪士尼总收入约 453.27 亿美元,同比增长 10.37%。其中,乐园、体验和产品收入约 165.12 亿美元,同比增长 18.91%。

案例探究: 1. 请你结合案例探究迪士尼乐园的旅游吸引力主要来自哪些方面?

2. 请查阅资料探究上海迪士尼乐园开园以来给上海的发展带来哪些影响?

一、国家概况

(一)地理环境

1. 区域与人口

美国全称美利坚合众国,位于北美洲中部,领土还包括北美洲西北部的阿拉斯加和太平洋中部的夏威夷群岛。美国北与加拿大接壤,南靠墨西哥湾,西临太平洋,东濒大西洋。美国国土面积 937 万平方千米,本土东西长 4500 千米,南北宽 2700 千米,海岸线长 22680 千米。

截至 2023 年 10 月,美国人口约 3.33 亿,官方语言为英语,首都是华盛顿。

2. 自然环境

美国大部分地区属大陆性气候,南部属亚热带气候;中北部平原温差很大,芝加哥 1 月平均气温零下 3 ℃,7 月平均气温 24 ℃;墨西哥湾沿岸 1 月平均气温 11 ℃,7 月平均气温 28 ℃。

在美国不同城市,其适游期也不同。西部的旧金山和洛杉矶 4—10 月旅行最佳;东部的纽约和华盛顿 5—9 月旅行最佳;南部的奥兰多和迈阿密 12 月至次年 5 月旅行最佳;北部的芝加哥和底特律 6—9 月旅行最佳;5—9 月初到阿拉斯加旅行最佳。塞班岛、关岛 12 月至次年 6 月旅行最佳。夏威夷全年适合前往。

(二)历史人文

1. 历史简况

美国原为印第安人聚居地。公元 15 世纪末,西班牙、荷兰、法国、英国等开始向北美移民。到公元 1773 年,英国已建立 13 个殖民地。公元 1775 年,爆发独立战争。公元 1776 年 7 月 4 日,通过《独立宣言》,正式宣布建立美利坚合众国。公元 1787 年,制定联邦宪法,公元 1789 年华盛顿就职第一任总统。在公元 1776 年后的 100 年内,美国领土几乎扩张了 10 倍。

2. 政治经济

美国政治体制为宪政联邦共和制,采取三权分立的原则,将行政、立法、司法下放给总统、议会、联邦法院。美国的主要政党是共和党和民主党。国会是最高立法机构,由参、众两院组成。两院议员由各州选民直接选举产生。美国设联邦最高法院、联邦法院、州法院及一些特别法院。联邦最高法院由首席大法官和8名大法官组成,终身任职。美国实行总统制。总统是国家元首、政府首脑兼武装部队总司令。总统通过间接选举产生,任期4年。

美国有高度发达的现代市场经济,其国内生产总值居世界首位。2022年,美国国内生产总值(GDP)25.5万亿美元,人均国内生产总值7.64万美元。近年来,美国着力优化产业结构,实施"再工业化"战略,振兴实体经济,推动制造业回流,美国工业生产保持稳定,信息、生物等高科技产业发展迅速,利用高科技改造传统产业也取得新进展。美国主要工业产品有汽车、航空设备、计算机、电子和通信设备、钢铁、石油产品、化肥、水泥、塑料及新闻纸、机械等。在《福布斯》杂志于2022年5月公布的全球企业2000强名单中,美国公司占据590席,总量排名遥遥领先,前十强企业美国占五席,分别是伯克希尔-哈撒韦公司、摩根大通、亚马逊、苹果公司、美国银行。

3. 文化符号

美国的文化符号较为多元,常见的有自由女神像、华尔街、好莱坞、迪士尼、NBA、硅谷、可口可乐、芭比娃娃、山姆大叔、超人等。

自由女神像是美国的国家地标,是很多人对美国的初始印象。自由女神穿着古希腊风格服装,头戴光芒四射冠冕,七道尖芒象征七大洲。右手高举象征自由的火炬,左手捧着《独立宣言》;脚下是打碎的手铐、脚镣和锁链,象征着挣脱暴政的约束和自由。自由女神像位于美国纽约海港内自由岛的哈德逊河口附近,是法国于1876年为纪念美国独立战争期间的美法联盟赠送给美国的礼物。

华尔街是一条狭窄而短的街道,却以"美国的金融中心"闻名于世。美国摩根财阀、洛克菲勒石油大王和杜邦财团等开设的银行、保险、航运、铁路等公司的经理处集中于此。著名的纽约证券交易所也在这里,至今仍是几个主要交易所的总部,如纳斯达克、美国证券交易所、纽约期货交易所等。"华尔街"一词现已超越这条街道本身,成为附近区域的代称,乃至整个美国极具影响力的金融符号代称。

好莱坞本是地名,而现在"好莱坞"一词往往直接用来指美国的电影工业。由于美国许多著名电影公司设立于此,故经常被与美国电影和影星联系起来,好莱坞是世界闻名的电影中心。

迪士尼由华特·迪士尼创立,是世界动画产业的先驱和龙头,为世人带来了米老鼠等经典形象。现在,迪士尼不仅仅是动画、各种周边、电影,非常受欢迎的还有其主题公园。

NBA是美国体育文化的代表,于1946年6月6日在纽约成立,是由北美30支队伍组成的男子职业篮球联盟,是"美国四大职业体育联盟"之一。NBA汇集了全世界顶级的球员,是世界上水平较高的篮球赛事。

硅谷是美国乃至世界高新科技、电子产业的中心,英特尔、苹果、谷歌等深深影响现代生活的企业都落座于此,世界其他的高新科技园区都争相冠以"硅谷"的名号。

> 小知识

山姆大叔的故事

山姆大叔常常被用来代指"美国"或"美国政府"。"山姆大叔"一名源于公元1812年美英战争时期一位居住在纽约州特洛伊的名叫撒米尔·威尔逊的美国人,他在战争中向美国军队供应牛肉,桶上的牌子写的是"EA-US"。EA为公司名,US为生产地美国,而Uncle Samuel(山姆大叔)的缩写恰好也是US,于是在一次玩笑中,山姆大叔的说法很快传开,其后成为美国的绰号。美国人将"山姆大叔"诚实可靠、吃苦耐劳及爱国主义精神视为自己公民的骄傲和共有的品性。1961年,美国国会正式承认"山姆大叔"为美国的民族象征。

二、民俗风情

(一) 主要节日

美国节日繁多,比较重要的一些节日按照日期排列,分别是新年、情人节、复活节、独立日、万圣节、感恩节和圣诞节等。除此之外,还有马丁·路德·金纪念日、林肯纪念日、华盛顿纪念日、耶稣受难日、愚人节、劳动节、母亲节、父亲节等。

1. 新年

1月1日是美国新年,是庆祝新年的日子,是美国的公共假日。跨年夜,很多大城市会举办跨年倒数活动和烟花汇演,如纽约时代广场每年跨年夜都有Balldrop落球倒数仪式的庆祝活动。

2. 情人节

美国的情人节在每年的2月14日,英文叫Valentine's Day,是为了庆祝浪漫爱情和友谊。传说情人节是为纪念公元3世纪罗马帝国的一位天主教神父圣瓦伦丁(Saint Valentine),当时的皇帝下令所有单身男性禁止结婚去参军,而圣瓦伦丁秘密为年轻恋人主持婚礼,最后被处决。在美国,很多情侣会在情人节约会,互送礼物、鲜花和贺卡表达爱意;孩子们也会在情人节互送礼物和卡片表达小朋友之间的友谊。

3. 复活节

美国的复活节定于每年春分月圆之后第一个星期日,在3月22日—4月25日,日期不固定。复活节英文为"Easter",是基督教纪念耶稣基督被钉十字架死亡后第三天复活的事迹的节日。美国庆祝复活节的大型活动是由白宫举办的复活节滚彩蛋活动,每年都会吸引数万人参加。公元1878年起,每年复活节后的第一个星期一,现任美国总统和第一夫人都会邀请13岁以下的小朋友来到白宫玩滚彩蛋游戏。现今许多与复活节相关的风俗与基督教关系不大。与复活节相关的物品包括复活节兔和复活节彩蛋。很多地方会举办"Egg Hunt"(复活蛋寻宝)游戏。一些城市还会举行复活节游行,人们穿着华丽的服装,扮演各种角色。

4. 独立日

美国的独立日在每年的7月4日,以纪念公元1776年7月4日大陆会议通过《独立宣言》。《独立宣言》提出了一切人生而平等,具有追求幸福与自由的天赋权利,政府的权力来自人民;历数了英国对北美十三州进行殖民统治的罪行;最后庄严宣告美利坚合众国脱离英国而独立。从此,通过《独立宣言》的这一天成为美国人民永远纪念的节日。早期独立日的庆祝活动主要是游行和演讲,后来又增加了户外活动、体育比赛等项目。

5. 感恩节

美国的感恩节在11月的第四个星期四,英文为"Thanksgiving",是美国人民独创的节日,感谢神过去一年的赠与和丰收。感恩节的由来有很多版本,常见的版本可以追溯到美国历史的开端:公元1620年,"五月花"号船满载不堪忍受英国国内宗教迫害的清教徒102人到达美洲。那年冬天,他们遇到了难以想象的困难,处在饥寒交迫之中,印第安人给移民送来了生活必需品,还教他们狩猎、捕鱼和种植玉米等。在印第安人的帮助下,移民们获得了丰收,在欢庆丰收的日子,按照宗教传统,移民规定了感谢上帝的日子,并决定感谢印第安人,邀请他们一同庆祝节日。美国人庆祝感恩节的习俗,就是亲朋好友们在感恩节相聚共进晚餐。烤火鸡是感恩节晚餐的传统主菜,所以也有人戏称感恩节为"火鸡节"(Turkey Day)。

(二) 民俗礼仪

1. 社交礼仪

在公共场合,要礼让妇幼和老人;切勿插队,要自觉排队;使用楼梯或乘坐滚动扶梯时,应靠右行走或站立;饮酒适量,切勿酒后闹事;避免大声喧哗;不要在马路、走廊上数人并排行走;开关门时,留意身后,如有人,应按住门等候;勿在禁烟区域吸烟,严禁随地吐痰;勿乱丢垃圾,爱护花草树木;不要随意问他人年龄、婚姻、家庭、财产、薪水等私人问题;尊重不同种族和民族的文化习惯(如穿着打扮、语言、行为等)。

2. 民俗禁忌

美国人非常注重个人隐私,忌讳问个人收入和财产情况,忌讳问妇女婚否、年龄以及服饰价格等私事。美国人忌讳"13""星期五"等,认为它们是"厄运"与"灾难"的象征。美国人忌讳别人冲自己伸舌头,认为这种举止是侮辱人的动作。他们讨厌蝙蝠,认为它是吸血鬼和凶神的象征。忌讳黑色,认为黑色是肃穆的象征,是丧葬用的色彩。美国人忌讳向妇女赠送香水、衣物和化妆用品。在美国,千万不要把黑人称作"Negro",最好用"Black"一词,黑人对这个称呼会坦然接受。因为"Negro"主要是指从非洲贩卖到美国为奴的黑人。

3. 旅游礼仪

在西餐厅用餐时,先从最外面的一副刀叉开始使用,食物要用叉子压紧,切成小块入口;避免在餐厅喧哗,用餐时不发出过大声响,喝咖啡的小汤匙用来搅拌奶品及糖。小费是美国的一种文化,也被视为一种社交礼仪,餐厅、理发、美容、搬运、清洁、修理、停车、旅店和旅游等服务均需要支付小费。在美国旅游、学习、工作、生活等,应入乡随俗,尊重当地文化,按照当地习惯支付小费,否则不但失礼,在一些极端情况下甚至可能引发冲突。

三、著名旅游城市及热点景观

（一）华盛顿

华盛顿是美国首都,也是世界上很有影响力的城市。来到华盛顿,就是来到星条旗的心脏,这里不但是美国的政治、文化中心,也是美国重要的旅游城市。华盛顿拥有美国丰富的文化旅游资源,大大小小的博物馆、纪念地和标志性建筑等每天都要迎接来自世界各地的观光游客。华盛顿拥有众多举世闻名的博物馆,曾数次被评为"全球最佳的博物馆旅行目的地",馆藏极其丰富。华盛顿的主要景点有美国国会大厦、林肯纪念堂、白宫、美国国家航空航天博物馆、美国国立自然历史博物馆、美国国会图书馆、美国国家历史博物馆等。

1. 美国国会大厦

美国国会大厦位于华盛顿偏东处,但常被看作华盛顿市区的中心。华盛顿特区建筑物地址的东西南北都是以国会大厦作为基准。国会大厦由美国总统乔治·华盛顿亲自奠基,于公元1800年投入使用。美国第二次独立战争期间,美国国会大厦被英国人焚烧,部分建筑被毁。后来增建了参众两院会议室、圆形屋顶和圆形大厅,并多次改建和扩建。

2. 林肯纪念堂

林肯纪念堂为纪念美国第十六届总统亚伯拉罕·林肯而建,是一座古希腊圣殿式的方形建筑物。馆内林肯的雕像高19英尺,出自丹尼尔·查斯特·弗兰奇之手,终日凝视着不远处的反思湖。林肯纪念堂是历史上著名的集会地。1963年,马丁路德金在这里发表了著名的演说《我有一个梦想》。

3. 白宫

白宫又名美国总统府,位于华盛顿特区宾夕法尼亚大道1600号,始建于公元1792年,是美国总统的官邸和办公室、美国国家象征之一。1902年,被罗斯福总统命名为"白宫",白宫为白色新古典风格砂岩建筑,主要由主楼和东、西两翼三部分组成。东为宴会活动厅、西为行政办公楼及总统办公室,总占地面积达7.3万平方米,为美国的国家中枢之一。

（二）纽约

纽约是美国最大的城市和第一大港,位于美国东北部沿海哈德逊河口,濒临大西洋。纽约由曼哈顿、昆斯、布朗克斯、布鲁克林和斯塔藤岛5个区组成,面积1214平方千米。纽约也是世界第一大城市,以及全美最大的金融、商业、贸易、文化和传媒中心。作为世界上摩天大楼最多的城市,纽约有"站着的城市"之称。纽约是美国文化、艺术、音乐和出版中心,有众多的博物馆、美术馆、图书馆、科学研究机构和艺术中心。纽约市的主要景点有时代广场、大都会艺术博物馆、中央公园、自由女神像、帝国大厦、华尔街、洛克菲勒中心、联合国总部、现代艺术馆、纽约公共图书馆、百老汇、纽约中央车站、布鲁克林大桥、第五大道、美国自然历史博物馆等。

1. 大都会艺术博物馆

大都会艺术博物馆位于美国纽约第五大道的82号大街,在环境优美的中央公园旁,与著名的美国自然历史博物馆和纽约海登天文馆遥遥相对。大都会艺术博物馆与大英博物馆、卢浮宫并称世界三大博物馆。大都会艺术博物馆共分为4层,馆藏多达330万件,涵盖埃及、希腊、罗马、欧洲等地的各类珍贵文物和艺术品,主要回顾了人类自身的文明史的发展,意义深刻。

2. 自由女神像

自由女神像是美国国家级纪念碑,矗立在哈德逊河口的自由岛上,头戴光芒四射的冠冕,高举自由火炬,手捧《独立宣言》,宏伟瞩目。女神全名为自由照耀世界之神,是美国的象征,是法国赠送给美国独立100周年的礼物。1984年,自由女神像被列入《世界遗产名录》。自由女神像内部中空,可搭电梯直达神像头部,底座是美国移民史博物馆,记录着数百万移民漂洋过海来到美国的历史。

3. 帝国大厦

帝国大厦曾为世界第一高楼,是美国经济复苏的象征,也是纽约的地标性建筑。帝国大厦被评为"世界七大工程奇迹"之一。作为历史上极具代表性的建筑,帝国大厦保持着多个"之最美誉":世界最高建筑地位最久的摩天大楼、最受建筑师欢迎建筑、全球十大摄影景点排名第一、最卓越的节能建筑、最浪漫的建筑、最多名人参观的建筑。

帝国大厦共有102层,在第86层和102层上的观景台不仅可以看到纽约全景,还可以看到附近4个州的部分景色。86层的观景台一直被众多电影和电视剧作为取景地,从这里游客将欣赏到中央公园、哈德逊河和东河、布鲁克林大桥、时代广场、自由女神像等景观。

(三)洛杉矶

"天使之城"洛杉矶坐落于美国西海岸加利福尼亚州的南部,是仅次于纽约的美国第二大城市。洛杉矶三面环山,一面(西部)临海,城市坐落于开阔的盆地之中。洛杉矶除冬季偶有阴雨外,终年阳光明媚,日照充足,日夜温差较大。洛杉矶是美国的文化娱乐中心,是闻名遐迩的"电影王国"和"旅游城"。洛杉矶的主要景点有好莱坞环球影城、加州迪士尼乐园、圣塔莫尼卡海滩、圣塔莫妮卡海滩、比弗利山庄、好莱坞星光大道、格里菲斯天文台、哈利波特的魔法世界、盖蒂中心、威尼斯海滩等。

1. 好莱坞环球影城

好莱坞环球影城原本是好莱坞电影的拍摄片场,如今已成为一座主题乐园。好莱坞电影与先进的特效相结合,打造出极具尖端科技的世界顶级游乐设施。惊险刺激的项目主要有侏罗纪公园游玩项目、木乃伊复仇过山车以及变形金刚等。极具特色的是影城之旅,观览车带领游客穿越真实的好莱坞电影拍摄场,亲身感受空难、洪水、爆炸等特殊场景的拍摄过程。

2. 迪士尼乐园

迪士尼乐园由"迪士尼之父"在加利福尼亚州亲手打造的全球首家迪士尼乐园,汇集了世界各地迪士尼乐园的精华。乐园分为五大主题园区,包括美国小镇大街、丛林冒险、拓荒者之地、幻想世界与明日世界。夜幕降临后,主城堡前会燃放烟花,非常绚丽,这里不仅是孩子们的天地,也是大人们的乐园。

3. 圣塔莫尼卡海滩

圣塔莫尼卡海滩是洛杉矶非常有名的海滩,在十号公路的尽头。突堤码头是圣塔莫尼卡的象征,也有很多知名电影在此取景、拍摄,如《阿甘正传》和《泰坦尼克号》。圣塔莫尼卡海滩有码头嘉年华表演,包括过山车、海盗船、空中悬挂等游艺项目,圣塔莫尼卡海滩的一大亮点是绝美的日落景观。

(四) 旧金山

旧金山旧称三藩市、圣弗朗西斯科,是美国加利福尼亚州太平洋沿岸的港口城市,是世界著名旅游胜地、加州人口第四大城市。旧金山属地中海气候,气候冬暖夏凉、阳光充足,被誉为"最受美国人欢迎的城市",旧金山的唐人街是华人集聚的场所。旧金山市内的主要景点有旧金山渔人码头、金门大桥、九曲花街、美国艺术宫、谷歌公司总部、双子峰、中国城、旧金山市政厅、旧金山现代艺术博物馆等。

1. 旧金山渔人码头

旧金山渔人码头在旧金山家喻户晓,从吉拉德里广场开始一直延伸到35号码头的区域,这里的标志是一个画有大螃蟹的圆形招牌。最热闹的是39号码头,有各色商店、餐厅、街头表演,也可以远眺远方欣赏恶魔岛、金门大桥、海湾桥的各色风景。

2. 金门大桥

金门大桥是旧金山的象征,耗用10万多吨钢材建成,橘红色的大桥跨越了旧金山湾和金门海峡,壮观雄伟。淘金热时期,因如同通往金矿的一扇大门,因此得名。大桥北侧的观景点是欣赏大桥全景最好的地方。《猩球崛起》《X战警》等众多美国大片中也常常出现大桥的身影。

3. 九曲花街

九曲花街的官方名称为伦巴底街,它是一条非常弯曲的街道,在花街高处可远眺海湾大桥和科伊特塔。市政府为了防止交通事故,特意修筑花坛,车行至此,时速不得超过5英里。很短的街区内有8个急转弯,40°的斜坡加上弯曲如Z字形的道路,十分考验驾驶技术。车道两边的花坛里种满了玫瑰,花开时节,远远望去,有如一幅斜挂着的绒绣,美不胜收。

四、旅游市场

美国旅游业的发展历史悠久,早在公元19世纪末期,美国就吸引了越来越多的游客。如今,美国旅游业已经成为美国经济中的重要支柱之一。根据美国旅游局的数据,2019年,美国接待了超过8000万的国际游客,旅游支出总额达到了2510亿美元,创造了超过1600万的就业机会。同时,美国国内旅游市场也非常活跃,2019年,美国国内旅游量达到了23.7亿人次,旅游支出总额达到了11900亿美元。根据美国旅游局的数据和对美国旅游业发展趋势的分析,美国旅游收入将继续保持稳定增长。

美国旅游业作为美国经济的重要组成部分，对于美国的经济发展和就业创造起了至关重要的作用。随着数字化技术的不断发展和应用，绿色旅游的兴起，个性化旅游的需求增加，美国旅游收入将继续保持稳定增长。美国旅游业将继续成为美国经济发展的重要支柱之一。

任务三　白银之国：墨西哥

案例导入

墨西哥《寻梦环游记》

2017年11月24日，在国内上映的动画电影《寻梦环游记》在短短的几天内口碑爆棚。《寻梦环游记》作为一部由皮克斯动画工作室制作的电影，以墨西哥文化为背景，通过一个小男孩米格尔的故事，向观众们展现了一个神奇而充满魅力的墨西哥世界。墨西哥作为一个多元而富有传统的国家，拥有丰富多样的文化元素和习俗。这些元素通过电影中的视觉艺术和故事情节得以生动展现，引发观众对于文化认同和家庭传统的思考。这部电影不仅以其精湛的动画技术和感人的故事情节受到了全球观众的喜爱，更因其深入挖掘了墨西哥文化的内涵而备受赞誉。

案例探究：1. 请你观看影片之后，找出影片中的墨西哥元素。

2. 从旅游市场营销的角度，思考影片对于一个目的地旅游发展的推动作用。

一、国家概况

（一）地理环境

1. 区域与人口

墨西哥全称墨西哥合众国，位于北美洲南部。墨西哥北邻美国，南接危地马拉和伯利兹，东临墨西哥湾和加勒比海，西南濒太平洋。墨西哥国土面积196.44万平方千米，海岸线长11122千米。

墨西哥人口1.29亿（2023年10月），印欧混血人和印第安人占总人口的90%以上，西班牙语为主要使用语言。墨西哥88%的居民信奉天主教，5.2%信奉基督教新教。墨西哥首都为墨西哥城，面积1525平方千米，海拔2240米。

2. 自然环境

墨西哥东、西、南三面为马德雷山脉所环绕,中央为墨西哥高原,东南为地势平坦的尤卡坦半岛,沿海多狭长平原,气候复杂多样。高原地区终年温和,平均气温 10—26 ℃;西北内陆为大陆性气候;沿海和东南部平原属热带气候。墨西哥大部分地区分旱(10—4月)、雨(5—9月)两季,雨季集中了全年75%的降水量。墨西哥的最佳旅行时间是11月至次年3月。

(二) 历史人文

1. 历史简况

墨西哥是美洲文明古国之一,有玛雅文化、奥尔梅克文化、托尔特克文化和阿兹特克文化等。1519年西班牙殖民者入侵。1810年9月16日,伊达尔戈神父发动起义,开始独立战争。1821年,墨西哥宣告独立。1824年10月,成立联邦共和国。1910年,墨西哥爆发资产阶级民主革命。1917年,墨西哥颁布资产阶级民主宪法,宣布国名为墨西哥合众国。革命制度党自1929年起连续执政71年。2000年、2006年国家行动党连续两次赢得大选。2012年,革命制度党重新执政。2018年,国家复兴运动党赢得大选。

2. 政治经济

墨西哥实行总统制,总统是国家元首和政府首脑,执掌国家最高行政权,任期6年,终身不得再任。不设副总统职位。联邦议会分为参众两院,行使立法权。两院议员不得连选连任,但可隔届竞选。公元1824年颁布独立后的第一部宪法。1917年2月5日,墨西哥颁布《墨西哥合众国宪法》,历经多次修改后执行至今。宪法规定立法、行政、司法三权分立;总统通过直接普选产生;土地、水域及其他一切自然资源归国家所有;工人有权组织工会、罢工等。联邦各州制定本州宪法,但州政府权力受国家宪法约束。

墨西哥是拉美经济大国,是《美墨加协定》(原北美自由贸易区)成员,属于世界较开放的经济体之一,同50多个国家签署了自贸协定。墨西哥工业门类齐全,石化、电力、矿业、冶金和制造业较发达。墨西哥是传统农业国,是玉米、番茄、甘薯、烟草的原产地。据统计,2022年,墨西哥国内生产总值1.4万亿美元,同比增长3.1%,人均国内生产总值1.1万美元,通胀率8.8%,失业率2.8%。

3. 文化符号

墨西哥是一个古代文明与外来殖民文化冲击融合的地方。墨西哥的文化符号有玛雅文明、亡灵节、阿兹特克舞、墨西哥鸡肉卷等。

玛雅文明是分布于现今墨西哥东南部、危地马拉、洪都拉斯、萨尔瓦多和伯利兹国家的雨林文明,虽然处于新石器时代,却在天文学、数学、农业、艺术等方面都有极高成就。玛雅文明与印加文明及阿兹特克文明并列为美洲三大文明。玛雅文明被划分为三个时期:公元前1500年—前300年为前古典期,公元前300年—公元900年为古典期,公元9—16世纪为后古典期。玛雅文明特点是:属于石器文明,掌握了高度的建造技术,农业上以种植玉米为主,数字采用二十进制,使用象形文字——玛雅文字。

在亡灵节时,墨西哥人会为此欢笑,因此,亡灵节是一个充满色彩符号的节日。2008

年,联合国教科文组织宣布亡灵节为墨西哥人类非物质文化遗产。

阿兹特克舞蹈表演中,包括男性和女性在内的舞者都穿着传统的服饰,男性穿着华丽的彩色羽毛和特别的绑腿,在跳舞时发出嘎嘎声。舞者表演中有大人也有孩子,不同的舞蹈阶段代表着不同的含义,但主要表达了对自然和四个元素——土、水、火和风的无限崇敬。阿兹特克舞者的元素已经成为墨西哥的符号与标志,参加世界选美的墨西哥小姐都会采用这种装扮来展示墨西哥悠久的文化和传统。

墨西哥鸡肉卷起源于墨西哥卷饼。传统的墨西哥卷饼配置简单,通常只有肉、豆子、咸肉泥。随着墨西哥卷饼在美国地区的逐渐流行,配料变得丰富,逐渐形成了今天的墨西哥鸡肉卷,即以鸡腿、生菜、西红柿、洋葱作为主料,沙拉酱、鸡蛋、炸鸡粉作为辅料制作而成的一道美食。

小知识

玛雅文明的特点

玛雅文明古老而神秘,但也有一些有据可循的特点,列举如下。

(1) 玛雅文明属于石器文明,玛雅人没有发明使用青铜器,更不用说铁器。

(2) 掌握高度的建造技术。玛雅人不会使用铜铁,也不会使用轮车。轮子的概念虽然在陶器以及一种小玩具等文物中出现,但在现实生活中没有实用化,却创造了高度的城市文明。

(3) 农业以玉米为主食,所以又称为"玉米文明"。没有牛马猪羊,没有出现畜牧业的痕迹,农民采用的是一种极原始的米尔帕耕作法。

(4) 数学采用二十进制,发现并使用了"零"的概念(另一说则是由奥尔梅克人传授的),掌握高难度的数学和天文历法知识。

(5) 使用独特的象形文字:玛雅文字。

二、民俗风情

(一) 主要节日

墨西哥作为一个拥有88%居民信奉天主教的国家,每个月都会有大大小小的节日。墨西哥的主要节日有新年、宪法日、五月五日节、玉米节、独立日/国庆节、亡灵节、情人节、国旗日、胡亚雷斯诞辰、棕树节/圣周、濯足节、耶稣受难日、复活节、赛驴节、劳动节、面包节等。

1. 新年

墨西哥的新年在1月1日。新年的主要习俗有吃扁豆、清洁和翻新房屋、吃12颗葡萄和燃烧的烟花等。除夕夜,扁豆在墨西哥晚餐中必不可少,因为它们被认为可以招来好运和财富;人们打扫房屋是为了摆脱不良氛围,以及已经发生的糟糕时光;在午夜十二点的钟声敲响的时候,人们便争着吃葡萄,每敲一次 24:00 的钟声吃一颗,它对应于明年想要实现的月数和愿望;烟花也是新年夜传统的重要组成部分,人们经常探出自家窗户或爬到建筑物的顶部观看灯光秀。另外,也有穿彩色内衣的传统,每种颜色意味着不同的愿望。

2. 宪法日

2 月 5 日是墨西哥的宪法日。1910 年,墨西哥爆发反帝反封建的资产阶级民主革命。1917 年 2 月 5 日,墨西哥制宪会议通过了新宪法。宪法日为了纪念墨西哥宪法日而设立的,每年的这个日子,墨西哥都会举行纪念活动。

3. 五月五日节

5 月 5 日是墨西哥的五月五日节。它属于墨西哥的地区性节日,在普埃布拉州尤其著名,在美国加利福尼亚州亦有庆祝。五月五日节是墨西哥传统的爱国主义节日,是为庆祝墨西哥军队击败法国殖民军而设立的。在过五月五日节的地区,庆祝仪式包括丰盛的食物、音乐和舞蹈等。在首都墨西哥城,所有的青壮年士兵都会被召集到墨西哥国旗下,举行仪式。

4. 玉米节

墨西哥的玉米节在 7 月的最后一个星期。墨西哥的玉米品种有近百种,有红、白、黄、蓝、黑等各种颜色。瓦哈卡州是玉米的故乡,每年 7 月的最后一个星期,这里要举行盛大的玉米节,以庆祝他们的祖先为人类发现玉米的伟大功绩。节日期间,到处都散发着各种玉米食品的芳香。

5. 独立日

9 月 16 日为墨西哥的独立日,是墨西哥人民为了纪念伊达尔哥,发出"多洛雷斯呼声"的日子。公元 1810 年 9 月 16 日,墨西哥独立领袖伊达尔哥在墨西哥北部的多洛雷斯村与数千印第安人一同高呼"独立万岁",拉开了独立运动的序幕。在"多洛雷斯呼声"号召下,数千印第安人拿起武器,向首都挺进。战争进行了 11 年,直到公元 1821 年 9 月 27 日,由伊图维德和格雷罗领导的"三保证军"部队解放墨西哥城,墨西哥才彻底脱离西班牙统治。

小知识

墨西哥亡灵节

墨西哥的亡灵节在每年的 11 月 1 日—2 日举行。墨西哥亡灵节是墨西哥文化中极具代表性的一部分,是墨西哥庆祝形式较丰富的节日,也是联合国教科文组织人类非物质文化遗产名录中的一颗明珠。尽管节日的主题是死亡,但是展示的却是人们对已故亲人的爱与尊重。亡灵节期间,人们会聚集游行,载歌载舞。各地庆祝亡灵节的形式有所不同,但目的都是一致的,即通过摆放祭坛、祭品、扫墓等形式向故去的人们表示欢迎。在墨西哥亡灵节的庆典中,人们会摆放糖颅骨、"亡灵面包"、柯巴脂、万寿菊、水、盐、蜡烛,以及其他一些食物和剪纸作为祭品,为这一节日打上了色彩、味道和触感上的标记。亡灵节的历史可以追溯到中部美洲的本土居民文化中,如今这里依然保留着当时用欢乐向死者致敬的传统。

(二)民俗礼仪

1. 社交礼仪

墨西哥是奥尔梅克、玛雅、托尔特克和阿兹特克等多个古印第安文明的发祥地。文化混合了不同历史时期留下的传统和习俗。墨西哥人生性开朗,待人友好、随和,比较容易交往。

在墨西哥,熟人见面通常以拥抱和亲吻面颊相互问候。在隆重社交场合,男士们会温文尔雅地向女士们行吻手礼。外国人初次与墨西哥人见面交往,微笑和握手是常见的问候,称呼则是在交往对象的姓氏之前加上"先生""小姐"等尊称。墨西哥习惯在称呼对方时,在姓前加上"博士""硕士""学士"或其职务,以示尊重。墨西哥人赴约通常晚一刻钟到半小时,这被视为对主人的尊敬。但随着现代快节奏生活方式的普及,准时赴商务、私人活动的墨西哥人在增加。

2. 民俗禁忌

墨西哥人的生活习俗除受天主教等影响外,还保留了其独特的传统色彩。他们忌讳"13"和"星期五"。颜色方面,墨西哥人讨厌紫色、黄色和红色,认为紫色是不吉利的棺材色,黄色则表示死亡,红色表示诅咒。因此,他们特别忌讳收到用这类颜色的包装纸包装的礼品。他们忌讳蝙蝠图案,认为蝙蝠是吸血鬼的象征。

3. 旅游礼仪

墨西哥人不但对骷髅不感到惧怕,而且认为它是公正的象征,骷髅艺术品盛行全国,许多商店都出售一种用糖制成的骷髅头,所有的食品上都有小鬼头,到墨西哥的外国游客,常喜欢购买此类"鬼货"作为纪念品。

墨西哥有支付和收小费的"文化"。旅客在正规餐馆就餐,通常要额外支付相当于餐费10%—15%的服务费。在停车场、机场、超市付款台、加油站等旅客所到场所,均会有人积极协助,应视情况给予5—10比索不等的小费。

三、著名旅游城市及热点景观

(一)坎昆

坎昆是墨西哥著名国际旅游城市、国家第二大城市。坎昆位于加勒比海北部、墨西哥尤卡坦半岛东北端,过去它只是加勒比海中靠近大陆的一座长21千米、宽仅400米的狭长小岛。在玛雅语中,"坎昆"意为"挂在彩虹一端的瓦罐",被认为是欢乐和幸福的象征,该城市三面环海,风光旖旎。坎昆的主要景点有女人岛(又称穆赫雷斯岛)、3X乐园、图鲁姆玛雅遗址、伊克基尔天坑、史威杜恩天然溶井等。

1. 女人岛

女人岛因早年西班牙人在岛上发现多座玛雅女性神像而得名。在女人岛上,可以租高尔夫球车环岛游玩,参加潜水或观鸟活动,也可以享受日光浴或者下海游玩。靠近港口的地方是繁华的市中心和游客区,有大小商铺、风情涂鸦。靠近海边,是岛民的住宅区,可以体验本地人的生活。

2. 伊克基尔天坑

"圣井"伊克基尔天坑是古玛雅国王和王妃们沐浴的私密场所,也是玉器投祭雨神的溶洞。热带藤须覆盖下的水面碧绿清澈,是拍照的绝佳场所。

3. 史威杜恩天然溶井

墨西哥境内有许多大大小小的天然井,由于地形和地质影响,清澈又深不见底的水域成为墨西哥人的天然泳池。每个溶井都有着自己的特色,也是许多游客浮潜和深潜的热门景点。这里还是动画片《寻梦环游记》的原型地之一,里米格和曾祖父掉到一个坑里,终于相认的那个场景,就是以这个洞穴为原型创作的。

(二) 墨西哥城

墨西哥城是墨西哥的首都,位于墨西哥中南部高原的山谷中,面积1500平方千米,是全球较大、较拥挤的城市。墨西哥城历史遗迹和人文景点众多,在西班牙殖民前的墨西哥城曾经是全国最主要的湖区。经历几百年的沧桑,西班牙人在打败墨西哥本土居民的特诺奇地特兰的废墟之上建立起了墨西哥城。而今,墨西哥城已然成为一座"宫殿之城"。在墨西哥城,有两项遗址被联合国教科文组织列为世界文化遗产,分别是历史中心和索契米尔科公园。城中还有种类繁多的博物馆,包括国家人类历史博物馆、国家艺术博物馆以及现代艺术博物馆。墨西哥城的主要景点有宪法广场、特奥蒂瓦坎、索契米尔科生态公园等。

1. 宪法广场

宪法广场位于墨西哥城的中心,南北宽220米,东西长240米,是世界上较大的广场。这里一直非常热闹,不论是在公元16世纪(在废墟上建起的)、公元18世纪(摊贩云集的市场),还是今天(政府机关所在地)。每天早上8点和下午6点,会有墨西哥士兵从国家宫里走出,进行升降旗仪式。广场对面,有首都大教堂,可以免费参观,周围还有国家宫殿(今总统府)等知名景点。

2. 特奥蒂瓦坎

特奥蒂瓦坎位于墨西哥城东北约40千米处。1987年,联合国教科文组织将此地以文化遗产列入《世界遗产名录》。特奥蒂瓦坎曾是辉煌的城市文明代表,公元6世纪却谜之消亡,这座城市的历史至今仍笼罩在一片迷雾中,充满着神秘。

太阳金字塔是特奥蒂瓦坎最大的建筑,是世界第三大金字塔。太阳金字塔位于亡者大道中段东侧,对面是羽蛇神庙。和埃及金字塔陵墓不同,这里的金字塔是古印第安人祭祀或是占卜的建筑。月亮金字塔位于亡者大道的最北端,是祭祀月亮神的地方。其风格和太阳金字塔一样,建筑更为精致,只是规模较小。

3. 索契米尔科生态公园

索契米尔科原义"花朵生长之地",索契米尔科生态公园河网纵横,人工岛遍布,有

"墨西哥的威尼斯"之称。这里是现代墨西哥城城市交通发展的起点,记录了整个城市的商贸和农业的发展。原先这里只是一个个湖区,后来随着农民园地面积扩张,单独的湖区连成了运河。1987年,这里被联合国教科文组织指定为世界遗产。在这里,可以乘坐绘满彩色花纹的"彩篷船",泛舟于河道之中,领略当年阿兹特克人为了生存而不懈努力改造环境,建起密集的河道和岛屿。

(三)尤卡坦半岛

尤卡坦半岛是中美洲北部、墨西哥东南部的半岛,位于墨西哥湾和加勒比海之间,将加勒比海从墨西哥湾中分离出。全岛海岸线长约1100千米,北部和西部沿岸多荒凉的沙滩,东部沿岸多陡峭的悬崖、海湾、岛屿。尤卡坦半岛几乎与玛雅文明的影响范围一致,是古玛雅文化的摇篮之一。尤卡坦半岛拥有众多玛雅文化的遗迹,包括:玛雅人造的金字塔巧夺天工;雕刻精美、造型生动的神像;用蜂蜜、蛋清和石灰调浆粉刷的纪念碑;往日的祭坛、住宅和其他场所依稀可辨,还有镌刻着古老象形文字的石头等。

1. 奇琴伊察玛雅城邦遗址

奇琴伊察玛雅城邦遗址是玛雅文明杰出的代表之一,是玛雅古国最大、最繁华的城邦,始建于公元514年,有"羽蛇神的故乡"之称。奇琴伊察玛雅城邦遗址的主要遗迹有库库尔坎金字塔("库库尔坎"是玛雅语,意为"羽蛇风神",也就是我们熟知的"羽蛇神金字塔")、武士神庙、骷髅平台、球场、圣井等。

2. 图卢姆玛雅遗址

图卢姆是前哥伦布时期的玛雅城市,是通往重镇科巴的主要港口。该遗址坐落于墨西哥金塔纳罗奥州境内尤卡坦半岛东海岸的一个悬崖上,濒临图卢姆加勒比海。图卢姆在公元13—15世纪时达到鼎盛,并且幸运地存在到墨西哥被西班牙人征服70年后(公元17世纪初)。图卢姆是保存较好的玛雅遗址,吸引了无数旅游爱好者驻足。

3. 伊施卡瑞特生态主题公园

伊施卡瑞特生态主题公园如今是集生态和玛雅文明为一体的大型主题公园,它凌驾于地下河流之上,这里地下河流非常丰富,有地下河漂流等许多精彩刺激的娱乐项目。伊施卡瑞特生态主题公园还是一个天然的动物园,在这里可以与很多动物互动。晚上,这里还有精彩绝伦的墨西哥歌舞以及玛雅文明表演,可以体验不一样的墨西哥文化。

四、旅游市场

20世纪90年代,墨西哥入境旅游规模年度增长率保持在1.9%左右。2000年,其入境旅游规模达2060万,旅游外汇收入也从1990年的55亿美元上升到2000年的83亿美元,年均增长4.1%。进入21世纪以来,在墨西哥政府的大力推动下,墨西哥旅游业增长更为迅速。根据经济合作组织(OECD)的研究统计,2015年,墨西哥接待国际游客3210万人次,旅游外汇收入达155亿美元,旅游产业给墨西哥贡献8.5%的GDP,5.8%的就业与77.2%的服务出口。2022年,墨西哥来自国际游客的总收入为281600万美元,与2021年相比,增长19.3%。旅游相关行业被视为重要的外汇来源,超过农业出口,仅次于汽车行业的对外销售、汇款、外国直接投资和原油资源。

任务四　咖啡之国:巴西

案例导入

巴西的狂欢节

巴西狂欢节是世界上最大的狂欢节,有着"地球最伟大的表演"之称。每年2月的中旬或下旬举行3天。狂欢节作为巴西一个重要的节日,每一个巴西人民都将为其盛装出席。狂欢节中常常出现"易装癖",这是历史的产物。巴西狂欢节对女性化的狂热程度在世界上可以说是独一无二的。在巴西的狂欢节中,里约热内卢狂欢节是世界上非常著名的、令人神往的盛会。狂欢节活动有化装舞会、彩车游行、假面具、宴会等。

每年的狂欢节巴西都会吸引数百万名来自全球各地的游客在此狂欢三天三夜。热心的组织者为了让游人尽兴,特地为外地游客开设了跳桑巴舞的速成班,好让他们也能边舞边乐,体会桑巴风情。狂欢节不仅给巴西人带来了欢乐,而且吸引了众多游客,促进了旅游业,刺激了经济,它已成为巴西人生活中不可或缺的一项重要内容,一年比一年更热闹。桑巴舞、狂欢节同足球一样,已成为巴西的象征。

案例探究:1.请结合以上案例,查阅相关资料,探究巴西不同城市的狂欢节内容的异同。

2.请从入境旅游市场营销的角度,思考节庆活动对于旅游业发展有哪些影响。

一、国家概况

(一) 地理环境

1. 区域与人口

巴西全称巴西联邦共和国,位于南美洲东部。巴西北邻法属圭亚那、苏里南、圭亚那、委内瑞拉和哥伦比亚,西界秘鲁、玻利维亚,南接巴拉圭、阿根廷和乌拉圭,东濒大西洋。巴西面积851.03万平方千米,海岸线长约7400千米。

截至2023年10月,巴西人口2.03亿,排名拉美第一、世界第七。其中,白种人占53.74%,黑白混血种人占38.45%,黑种人占6.21%,黄种人和印第安人等占1.6%。巴西官方语言为葡萄牙语。在巴西,约50%的居民信奉天主教,31%的居民信奉基督教福音教派。巴西的首都为巴西利亚。

2. 自然环境

巴西国土的80%位于热带地区,最南端属亚热带气候。巴西北部亚马孙平原属赤道(热带)雨林气候,年平均气温27—29 ℃;中部高原属热带草原气候,分旱、雨两季,年平均气温18—28 ℃;南部地区年平均气温16—19 ℃。巴西最佳适游期是春季和秋季。

(二)历史人文

1. 历史简况

公元1500年4月22日,葡萄牙航海家佩德罗·卡布拉尔抵达巴西。公元16世纪30年代,葡派远征队在巴建立殖民地,公元1549年任命总督。公元1808年,拿破仑入侵葡萄牙,葡萄牙王室迁往巴西。公元1821年,葡萄牙王室迁回里斯本,王子佩德罗留巴西任摄政王。公元1822年9月7日,佩德罗王子宣布独立,建立巴西帝国。公元1889年11月15日,丰塞卡将军发动政变,推翻帝制,成立巴西合众国。1964年3月31日,军人政变上台,实行独裁统治,1967年改国名为巴西联邦共和国。1985年,反对党在总统间接选举中获胜,结束军人执政。1989年,巴西首次以全民直接选举方式举行大选。

2. 政治经济

巴西实行总统联邦共和制。第一部帝国宪法制定于公元1882年,规定总统由直接选举产生,任期5年,取消总统直接颁布法令的权力。1994年和1997年议会通过宪法修正案,将总统任期缩短为4年,总统和各州、市长均可连选连任一次。

国会是国家最高权力机构。主要职能是:制定联邦法律;确定和平时期武装力量编制及兵力;制定全国和地区性的发展计划;宣布大赦令;授权总统宣布战争或和平;批准总统和副总统出访;批准或撤销总统签署的临时性法令等。

巴西的经济实力居拉美首位,世界第12位(2022年)。巴西的农牧业发达,是多种农产品主要生产国和出口国。巴西的工业基础雄厚,门类齐全,石化、矿业、钢铁、汽车工业等较发达,民用支线飞机制造业和生物燃料产业在世界上居于领先水平。巴西的服务业产值占国内生产总值近六成,金融业较发达。

20世纪60年代末到70年代中期,巴西的经济年均增长率高达10%,被誉为"巴西奇迹"。20世纪80年代,受高通胀和债务困扰,巴西经济陷入长期滞胀。20世纪90年代,巴西政府推行外向型经济模式,经济重拾增势。受1998年亚洲金融风暴波及,1999年巴西发生严重金融动荡,经济增速再次放缓。2003年,劳工党人卢拉执政以后,采取稳健务实经济政策,巴西经济走上稳定发展道路。2010年,巴西成为世界第七大经济体。近年来,巴西经济发展面临挑战。卢拉上任后,承诺采取措施改善贫困问题,缓解通胀压力,加强科技创新,推动"再工业化"和经济数字化绿色化转型。

3. 文化符号

在巴西这个有着大量混血人种的社会里,来自不同地域的文化相互融合、发展,形成了具有特色的巴西文化。巴西的文化符号有足球、狂欢节、超模、桑巴舞、巴西烧烤、涂鸦、亚马孙河等。

在巴西,足球是人们非常喜欢的一项运动。巴西是世界上的足球大国之一,对于数百万的巴西人来说,足球是一种"生活方式",在他们的社交生活中扮演着重要的角色,巴西的足球运动水平堪称世界一流。不论在巴西的街头还是海滩,到处都可以看到各种肤色的青年和孩子在踢足球。

狂欢节原是欧洲基督教的节日,后传到巴西。每年2月下旬,巴西各地都要举行盛大的狂欢活动,人们载歌载舞,通宵达旦。狂欢节是巴西的文化、历史、音乐以及国家形象的体现,是巴西最受欢迎的节日庆典。

超模是巴西的文化符号,全世界顶尖的模特好多都来自巴西。巴西盛产超模的秘密,源自它的殖民史。当年有一批怀着发财梦来巴西的葡萄牙人,跟当地的印第安人以及从西非贩卖来的非洲黑奴结婚,生的混血孩子有欧洲人、非洲人的特征,这成为巴西最早一批混血人种。后来又有很多意大利人、阿拉伯人、日本人,甚至还有很多中国人移民来到巴西,近500年的种族大融合,使得各个种族"你中有我、我中有你",混血比例高达40%以上。

桑巴舞源自巴西民间,主要受非裔的影响深远。桑巴舞的舞蹈动作是从波尔卡舞、探戈、华尔兹,以及另一种名为"啼乐"的桑巴音乐发展而来的。葡萄牙的民歌、游戏,以及非洲的鼓乐、舞蹈,在桑巴舞中得到完美的结合。巴西各大城市都有不少桑巴舞学校,民间还有桑巴舞协会。

巴西烧烤源于公元16—17世纪,是由名为高卓人的牧民创造而出的一种新的烹饪方式。巴西烧烤不仅是一种饮食料理,更是一种独有的生活方式。巴西烧烤不仅是巴西美食的代表,它在某种意义上已成为巴西人的一种习俗。人们在举行重大的庆祝活动时,通常会设有巴西烧烤,从清早一直持续到夜晚。

小知识

巴西的涂鸦

巴西城镇中涂鸦的历史由来已久。巴西街头的涂鸦不仅题材广泛,颜色鲜艳,绘画方式也更加艺术化,既充满想象力,又贴近生活,充满幽默感,也不乏对社会弊端的抨击与讽刺。巴西人民对涂鸦喜爱有加,一些居民为了彰显个性,会专门请涂鸦艺术家在家门口的墙上创作自己喜爱的涂鸦作品。

涂鸦不仅凸显出巴西人热情、奔放、夸张的性格,更成为这个国家的标志性符号。

二、民俗风情

(一) 主要节日

巴西是各个民族的熔炉,节日众多,主要节日有新年、狂欢节、复活节、巴西民族独立运动日、万圣节等。

1. 新年

巴西的新年也被称为"新历年",在公历的1月1日。这一天,巴西人民喜爱身穿代表和平的白色衣服,并会与家人待在一起,做游戏,参加家庭会议。相比于圣诞节,新年的消费欲望并没有很高,更加注重亲情的陪伴。

2. 狂欢节

巴西的狂欢节在每年2月中旬或下旬举行,历经3天,是巴西最大的节日。盛会期间,全城上下倾巢而出,人们不分肤色种族、贫富贵贱,都如潮水般涌向街头,男女老少个个浓妆艳抹,狂歌劲舞,尽情宣泄。盛大的桑巴游行是狂欢节的高潮,大型彩车簇拥着"国王"和"王后"开路,拉丁女郎与男舞者大跳热情奔放的桑巴舞,游客也会情不自禁加入。艳丽的服饰、强劲的音乐、火热的桑巴舞和风情万种的巴西美女让人流连忘返。

3. 复活节

巴西的复活节在3月22日—4月25日的某一个星期日举行。复活节为了纪念耶稣基督被钉十字架和受难,并庆祝他的复活,复活节是基督教的主要节日之一。在巴西,有很多象征复活节的物品,主要是兔子、彩蛋、面包和红酒等。由于兔子优秀的繁殖能力,在很多文化中,兔子都是繁衍和生命的象征,也是幸运的象征。对于古代民族而言,鸡蛋象征着出生。所以复活节彩蛋被认为承载着生命的种子,代表着生育、出生、希望、更新和生命循环。在现代文化中,复活节人们会习惯互送巧克力蛋或是在复活节这天把彩蛋藏起来,然后让孩子们去找,而面包和红酒是基督文化中很重要的两个因素,代表耶稣基督的身体和血液,象征永生。

4. 独立日

公元1822年9月7日,巴西宣布脱离葡萄牙而独立,成立了巴西帝国,至此,9月7日被设定为巴西的国庆日,成为巴西人民心中极为特殊的一天。在国庆日当天,巴西大多数城市都举行巡游活动。这一天,大街上人山人海,装饰精美的彩车、军乐队、骑兵团、身着传统服饰的学生们沿街巡游,吸引观众的眼球。

5. 万圣节

巴西的万圣节在11月1日举行。在过万圣节的时候,很少有小朋友参与其中。巴西版本的万圣节是一个专属于大人们的搞怪节日。他们同样会去敲邻居或不认识的人的门,敲门的目的并不是像小孩子那样去向人们要糖,而是要啤酒和其他酒类。大人们端着一个空的杯子去敲门,对主人说"万圣节快乐"的时候顺便要酒,最后当着下一家人的面把酒喝光,然后再次要酒。

(二) 民俗礼仪

1. 社交礼仪

男士见面相互拥抱,互相拍打后背以示亲切。女士之间,或女士遇到熟识男士,则亲吻面颊以示亲热。如数人相聚或餐聚等社交场合,后到者应依次向在场的人行礼。在巴西,也有握手的礼节,一般发生在初次见面和不太熟识的人之间。男士在进入和离开时,要同在场的所有人握手打招呼。巴西人奉行"女士优先"的原则。到别人家做客,男士先向女主人问候和致意。在公共场合,男士如吸烟,要先征求周围女士的意见。

2.民俗禁忌

巴西人大多数信奉天主教。另外,也还有少部分人信奉基督教新教、犹太教以及其他宗教。巴西人忌讳数字"13",认为"13"为不祥之数,是会给人带来厄运或灾难的数字。他们忌讳紫色,认为紫色是悲伤的色调;忌讳绛紫红花,因为这种花主要用于葬礼上;他们还把人死喻为黄叶落下,因此,棕黄色就成凶丧之色,很为人们所忌讳。忌用拇指和食指连成圆圈,并将其余三指向上形成"OK"的手势,巴西人认为这是一种极不文明的表现。

巴西男人喜爱逗人的笑话,也爱放声大笑,但别谈带有种族意识的笑话,也不要谈论阿根廷。还应回避谈论政治、宗教以及其他有争议的话题。

3.旅游礼仪

巴西人崇尚有秩序的社会,十分注重在公共场所的言谈举止,不大声喧哗、不插队、乱丢垃圾、随地吐痰、随意吸烟等。在巴西,紫色代表悲伤和不幸,因此送礼忌用紫色,也不宜赠送手帕或刀子。

三、著名旅游城市及热点景观

（一）圣保罗

圣保罗是南美洲非常富裕的城市,也是世界著名的国际大都市。圣保罗也是巴西和南美的工商、金融、交通中心,工业门类齐全,有南美最大的海港桑托斯港,高楼大厦鳞次栉比,宽阔的马路上车水马龙。圣保罗的主要景点有圣保罗独立公园、蝙蝠侠胡同、圣保罗主教堂、伊比拉普艾拉公园、圣保罗博物馆等。圣保罗独立公园内的博物馆有巴西唯一皇帝的陵墓,融合了哥特式和文艺复兴时期的建筑风格的圣保罗主教堂是圣保罗的地标,教堂的地下墓室安放着包括原印第安酋长在内的若干名人的灵柩。

1.圣保罗独立公园

圣保罗独立公园由博物馆、花园、独立广场和独立纪念碑等部分组成。1989年,圣保罗独立公园被宣布为巴西考古及人文遗产之一。1822年,巴西在圣保罗宣布独立,博物馆的正前方是独立广场和纪念碑,是在1922年为纪念独立100周年而建成的。碑上的人物和铜像是纪念为巴西独立做出贡献的佩德罗一世和著名人士。纪念碑地下室存放着佩德罗国王和王后的灵柩。纪念碑的圣火终年不熄,与迎风飘扬的巴西国旗遥相呼应。

2.圣保罗主教堂

圣保罗主教堂始建于1913年,直到1954年,为庆祝建市400周年才完工,前身是殖民时代的大教堂,整个工程由马克西米利亚诺建筑师设计建造。在艺术特点上,它融合了哥特式和文艺复兴时期的风格。教堂的地下墓室安放着包括原印第安酋长在内的名人的灵柩。里面有多达10000个声管的意大利管风琴以及包含65个小钟的大套钟。教堂前面的广场从公元16世纪开始,一直是盛大宗教游行的出发点,中央的"零起点"是测量圣保罗和其他城市距离的起点。

3. 伊比拉普埃拉公园

伊比拉普埃拉公园占地160万平方米,是世界较大的城市公园。"伊比拉普埃拉"原意为"腐朽的树"。为纪念圣保罗建市400周年,公园于1954年建成开放,它之于圣保罗就像中央公园之于纽约。伊比拉普埃拉公园里有博物馆和音乐厅,定期举行文化展览和演出。圣保罗的地标之一班黛拉斯纪念像在公园入口处,是为了赞颂在公元17世纪殖民地时期由进入巴西内陆的探险者们所建造的。

(二)里约热内卢

里约热内卢曾是巴西首都,位于巴西东南部沿海地区,是巴西第二大城市,有"狂欢节之都"之称。里约热内卢州是巴西乃至南美的重要门户,也是巴西及南美经济较发达的地区,素以巴西重要交通枢纽和信息通信、旅游、文化、金融和保险中心而闻名。里约热内卢州是巴西第二大工业基地。境内的里约热内卢港是"世界三大天然良港"之一。里约热内卢的主要景点有基督山、科帕卡巴纳海滩、塞勒隆台阶等。

1. 基督山

基督山是里约热内卢的象征,位于奇久卡国家森林公园以东,因山上矗立着一座巨型的耶稣像,成为里约热内卢和巴西的象征。这座巨型耶稣像位于710米高的山顶,是为了纪念巴西独立100周年而建的。基督像高38米、宽28米,重量超过1000吨,耶稣像面向着碧波荡漾的大西洋,张开着的双臂从远处望去,就像一个巨大的十字架守护着里约热内卢。

2. 科帕卡瓦纳海滩

科帕卡瓦纳海滩位于里约热内卢市的黄金地段,是世界上非常有名的海滩,海岸沿线长达4.5千米,海水蔚蓝,浪花雪白,沙滩洁净松软。从海滩上,可以远眺里约的标志——基督山。

3. 塞勒隆台阶

塞勒隆台阶位于拉帕区,是里约文艺游的必经之地,这里原本是贫民窟里普通的水泥阶梯。1990年,智利籍的艺术家Selarón开始用垃圾堆里回收的瓷砖对它进行装修,后来加上了各国游客的捐助和自己的创作,最终完成这250层的作品。这段在贫民窟里的台阶是里约非常著名的摄影景点,已成为里约的地标建筑之一。

(三)巴西利亚

巴西利亚是巴西的首都,位于巴西高原,是巴西第四大城市。巴西利亚市区建筑风格新颖独特,融合了世界古今建筑艺术的精华,获有"世界建筑博览会"的称号。巴西利亚气候宜人,四季如春,人均绿地100平方米,是世界上绿地最多的都市。作为一座年轻的现代化都市,巴西利亚到处充满现代理念的城市格局、构思新颖别致的建筑以及寓意丰富的艺术雕塑。1987年,巴西利亚被联合国教科文组织确定为人类文化遗产,成为世界人类文化遗产中较年轻的一个。巴西利亚的主要旅游景点有著名的三权广场、世界第四高铁塔——巴西利亚电视塔、巴西利亚大教堂、巴西利亚国家公园等。

1. 巴西利亚大教堂

巴西利亚大教堂坐落在巴西首都巴西利亚,由奥斯卡·涅莫亚设计,1970年5月31日完工。整体呈现双曲线型,16根抛物线状的支柱支撑起教堂的玻璃穹顶,远处看去好像变形的洋葱。教堂大厅位于地面以下,内部最大为直径70米。这座教堂见证了巴西利亚这座较年轻的世界人类文化遗产城市的发展辉煌。

2. 巴西利亚国家公园

巴西利亚国家公园占地28000公顷,位于联邦区域的西北方向,距离巴西利亚市区约10千米。该国家公园并非全部对外开放,对公众开放的只是其中一部分,而开放的这一部分也正是反映巴西中西部地区极具特点的植被区域。公园最出名的是矿泉。在公园中心,有两个天然的矿泉池塘,很多游人也是冲着它们而来。很多野生动物都生活并穿行在这个国家公园中,有狼、巨型食蚁兽、巨型犰狳、野猪、水豚、彭巴斯草原鹿、美洲虎,以及生活在潮湿沼泽中的水蟒。巴西利亚国家公园有很多鸟类,其中不少属于稀有品种,如叫鹤、巨嘴鸟等。

3. 三权广场

三权广场是巴西标志性建筑之一,广场周围环绕众议会、参议会、国家大法院、外交部、总统府,以及国家民族独立纪念馆、劳动者纪念碑等众多建筑。在三权广场,现代派建筑物多姿多彩,这些建筑设计构思大胆、线条优美、轻盈飘逸。三权广场代表国家三种权力,被称为"巴西的神经中枢"。两层楼高的总统府前的一尊两人持矛并肩而立的首都开拓者铜像,象征着巴西人民团结一心捍卫祖国。

(四)伊瓜苏

伊瓜苏位于巴西、巴拉圭、阿根廷三国交界的巴拉那河与伊瓜苏河汇合处。伊瓜苏市两大标志性的景点建筑为世界最大的水电站——伊泰普水电站和伊瓜苏大瀑布。

1. 伊泰普水电站

伊泰普水电站是由巴西和巴拉圭共建的世界第二大的水电站,位于巴拉那河流经巴西和巴拉圭两国边境的河段。枢纽左岸属巴西,右岸属巴拉圭,泄洪道最大泄洪流量达6.2万立方米/秒,相当于40个伊瓜苏大瀑布的水流量。

2. 伊瓜苏大瀑布

伊瓜苏大瀑布是世界上最宽的瀑布,位于阿根廷与巴西边界上伊瓜苏河与巴拉那河合流点上游23千米处,为马蹄形瀑布,宽4千米,高82米。1984年,伊瓜苏大瀑布被联合国教科文组织列为世界自然遗产。伊瓜苏大瀑布位于巴西与阿根廷交界处,大瀑布由275个瀑布组成,最大的瀑布跌水90米,流量为1500立方米/秒,被称为"魔鬼之喉"。虽然大瀑布的3/4在阿根廷境内,但从巴西一侧看去更为壮观。

四、旅游市场

巴西旅游部近期发布的报告显示,2022年,巴西共接待外国游客超过363万人次,约是2021年的5倍;外国游客在巴西的消费总金额同比增长68%。分析认为,巴西旅游业加快回暖,正成为拉动经济复苏的重要引擎。巴西多地不久前举行的狂欢节活动是时隔3年首次恢复正常规模举办,为巴西旅游业带来重要提振作用。圣保罗、里约热内卢等城市均举行了大规模的巡游和桑巴舞表演活动。多个主要城市的游客人数超过疫情前水平,酒店客房平均入住率达到90%以上。数据显示,狂欢节吸引了国内外约4600万人次参加,带来约15亿美元的收入。另据统计,2022年前两个月,巴西已接待外国游客150万人次。

根据世界旅游及旅行理事会的数据,巴西每11个就业岗位中就有1个是旅游业创造的,旅游业复苏正带动巴西就业形势不断改善。巴西劳工部介绍,2022年2月,巴西新增就业岗位超过24万个,包括旅游业在内的服务业成为正式就业人数增长最快的行业,共提供超过16万个就业岗位。

项目训练

任务:设计定制游线路

请结合本项目所学内容,并结合携程旅行网、马蜂窝等网上相关资料,为游客进行定制旅游方案设计。

一、内容要求

线路范围是美洲;行程最短应不低于7天,最长时间(包含大交通来回)应不超过10天;必须包含分类报价和总价;行程方案必须贴合客户需求,内容包含交通、餐饮、住宿、景点、签证、价格、导游、游览注意事项等;行程方案以PPT提交。

二、需求单

编号	客户	出发地	目的地	往返日期	人均预算	出行人数	订单需求
1	林小姐	自定义	美国	10月出发(8天)	12000—15000元	4人	闺蜜4人,年龄26岁左右,毕业5年聚会。喜欢拍照打卡,喜欢主题公园,航班接受早、晚班机,需要安排购物,住宿要求繁华地段,酒店安排以舒适型为主
2	范小姐	自定义	加拿大	11月出发(9天)	9000—12000元	2大1小	2大1小,孩子12岁,一家人喜欢探索大自然。客户希望感受加拿大的多元文化,吃到特色食品,对住宿要求较高

三、评价

通过以上步骤,你是否达成了任务目标呢?请对完成任务的情况做出评价。

评价指标	完成情况				改进建议
	优	良	中	差	
定制旅游方案的可行性					
定制旅游方案和客户需求的匹配度					
定制旅游方案的完整度(食、住、行、游、购、娱等)					
报价单的合理性(是否漏报或多报)					
定制旅游方案呈现的美观度(PPT)					

项目五
大洋洲主要旅游客源地与目的地

项目导航

大洋洲位于太平洋西南部和南部、赤道南北的广大海域中。大洋洲狭义的范围是指东部的波利尼西亚、中部的密克罗尼西亚和西部的美拉尼西亚三大岛群。大洋洲广义的范围是指除上述三大岛群外,还包括澳大利亚、新西兰和新几内亚岛(伊里安岛)等。

大洋洲陆地总面积约897万平方千米,约占地球陆地总面积的6%,是世界上最小的一个洲。在地理上,大洋洲划分为澳大利亚、新西兰、新几内亚、美拉尼西亚、密克罗尼西亚和波利尼西亚六区。

本项目在内容方面,设计了国家概况、民俗风情、著名旅游城市及热点景观、旅游市场共4个板块,引导学习者对于大洋洲的澳大利亚、新西兰进行学习。通过学习,使学习者对于该国的区域与人口、自然环境、历史沿革、文化符号、礼仪禁忌、旅游资源、旅游发展等有初步的了解,进而通过相关任务活动训练提升应用能力,达到理论和实践的统一。

大洋洲概况

项目任务

请结合课程及电子资源,填写下表,完成项目预习任务。

主要客源地及目的地	首都	货币	国花	热点旅游城市	入境中国旅游数据	接待中国游客数据	签证类型
澳大利亚							
新西兰							

任务一　袋鼠之国:澳大利亚

案例导入

世界上最好的工作

住在阳光海景房里、在海边开船钓鱼、写写博客记录岛上生活,半年的时间就可以领到15万澳币(约合70万元人民币)的薪水,是不是觉得这是一件天上掉馅饼的事?这就是澳大利亚昆士兰州旅游局面向全球招聘的澳大利亚大堡礁守岛人,这也是"世界上最好的工作"。之后,澳大利亚旅游局再一次启动"Best Jobs in the World"活动,由之前成功当选"岛主"的Ben Southall担任宣传大使,参赛者需要递交30秒的视频,经过筛选,有18位进入面试,最后,有6位参赛者赢得了"全世界最棒的工作",将获得10万澳元的薪酬以及签订6个月的合同。

澳大利亚大堡礁

案例探究： 1. 澳大利亚旅游局的这则招聘你感兴趣吗?为什么?

2. 世界上最好的工作案例给你带来的启发是什么?

一、国家概况

（一）地理环境

1. 区域与人口

澳大利亚全称澳大利亚联邦,国土面积769.2万平方千米。澳大利亚位于南太平洋和印度洋之间,由澳大利亚大陆、塔斯马尼亚岛等岛屿和海外领土组成。澳大利亚东濒太平洋的珊瑚海和塔斯曼海,北、西、南三面临印度洋及其边缘海,海岸线长36735千米。澳大利亚与西北方的印尼和东南方的新西兰隔海相望。澳大利亚物产丰富,被称为"骑在羊背上的国家""坐在矿车上的国家""手持麦穗的国家"。

澳大利亚黄金海岸

澳大利亚人口为2639万(2023年7月)。其中,51.1%为英国及爱尔兰裔,华裔占5.5%,本土居民约占3.2%。约43.9%的居民信仰基督教,其他五大宗教分别为伊斯兰教、印度教、佛教、锡克教和犹太教。澳大利亚的官方语言为英语,汉语为除英语外第二大使用语言。澳大利亚的首都是堪培拉。

2. 自然环境

澳大利亚北部属热带,大部分属温带,年平均气温北部27℃,南部14℃。澳大利亚南部与西部属地中海气候,冬季温暖湿润、夏季炎热干燥。澳大利亚的最佳旅行时间是春秋季节,既可避开高温,又不容易遭遇降雨天气。

小知识

悉尼"中央公园一号",定日镜送光

坐落于澳大利亚东海岸的悉尼,是南太平洋上的一颗明珠,全世界的建筑师都渴望在这里留下自己的作品。几年前,一座颠覆传统建筑观念的新概念、商住两用综合体在悉尼市中心的齐彭达尔区拔地而起。绿色植物、反重力、反光镜等新奇的理念在名为"中央公园一号"的垂直绿化建筑中被完美应用,令建筑界专业人士和普通的市民赞叹,"居然真的建成了"。法国设计师让·努维尔与植物学家帕特里克·布朗克联合打造了这栋集购物中心、银行、餐厅、超市和住宅为一体的综合体。建筑主体由2座分别为16层和33层的高层塔楼组成。设计师摈弃了过去"越高越好"的建筑设计理念,转向"越环保越好"的宗旨,通过将绿植以及支撑其生长的生态系统相结合而完成这一新概念建筑。

在布朗克的精心挑选下,"中央公园一号"的大楼外墙使用无水栽培技术栽种了350种植物,包括190种澳大利亚本土植物和160种引进的外来植物,总覆盖面积达到1100平方米。植物被安装在种植袋上,从墙面一直覆盖至大楼顶部,在视觉上与旁边的中央公园相得益彰。植物形成的"绿色"外墙可吸收大量的二氧化碳,同时释放出氧气,为大楼住户和过路的行人提供天然庇荫。

另一个令人叫绝的设计是被称作"空中花园"的悬臂结构。东楼29层向外延伸出的悬臂下安装了一个巨大的"定日镜"系统。该系统不仅是澳大利亚首个投入应用的"定日镜"设计,同时也是在城市环境中建成的全世界最大的"定日镜"。通过电动控制系统,定日镜上安装的数个反光镜可以追踪光线,将光反射至阳光无法照射到的绿植,保证后者的正常和均衡生长。

灯光艺术家雅安·克赛尔还为大楼的绿植专门设计了由320个LED灯组成的灯光系统,在夜间将大楼装扮得色彩斑斓。正是这种具有创造性的设计,让"中央公园一号"综合体荣获了2014年"全球最佳高层建筑"的称号。

(二) 历史人文

1. 历史简况

澳大利亚最早的居民为土著人。公元1770年,英国航海家詹姆斯·库克抵澳东海岸,宣布英国占有这片土地。公元1788年1月26日,英国流放到澳的第一批犯人抵悉尼湾,英国开始在澳建立殖民地,后来这一天被定为澳国庆日。1900年7月,英国议会通过《澳大利亚联邦宪法》和《不列颠自治领条例》。1901年1月1日,澳各殖民区改为州,成立澳大利亚联邦。1931年,成为英联邦内的独立国家。1986年,英议会通过"与澳大利亚关系法",澳获得完全立法权和司法终审权。

2.政治经济

澳大利亚联邦政府由众议院多数党或政党联盟组成,该党领袖任总理,内阁部长由总理任命,一般任期3年。2022年5月,阿尔巴尼斯领导工党赢得澳联邦大选,工党时隔9年再次执政。同年6月,澳大利亚新一届政府就职。

澳大利亚是一个工业化国家,农牧业发达,自然资源丰富,盛产羊、牛、小麦和蔗糖,同时也是世界重要的矿产品生产和出口国。农牧业、采矿业为澳大利亚传统产业,制造业和高科技产业发展迅速,服务业已成为国民经济主导产业。20世纪70年代以来,澳大利亚进行了一系列经济改革,大力发展对外贸易,经济保持较快增长。1991—2019年,澳大利亚连续28年经济保持正增长。受山火灾害等影响,2019—2020年,澳大利亚经济出现负增长。2020—2021年,澳大利亚国内生产总值同比增长1.5%。2021—2022年,澳大利亚国内生产总值同比增长3.7%。澳大利亚的货币为澳大利亚元。

3.文化符号

澳大利亚这个独具风情的"南方大陆"从来不乏多彩的文化符号,有笨拙可爱的拳击袋鼠、迎风招展的金合欢花、变幻莫测的乌卢鲁岩、独具匠心的悉尼歌剧院等。

袋鼠是澳大利亚文化中使用的符号,代表着该国独特的野生动物和自然美景。袋鼠以其力量、敏捷和韧性而著称,经常被用来象征民族自豪感。袋鼠也被视为自由和独立的象征,因为它能够在澳大利亚广阔的土地上自由漫步。

澳大利亚的国花是金合欢花。澳大利亚的邮票及许多奖杯奖章的设计中都用到了这一标志。金合欢是一种分布广泛的常青灌木,生长于疏林和丛林的底部以及灌木丛中。金合欢花盛开之时,展现的正是澳大利亚的国家色彩:绿色和金色。

乌卢鲁岩是一个宏伟的象征性标志,它既象征着澳大利亚远古土著人的文化遗产,同时也象征着澳大利亚独特的自然景观。

二、民俗风情

(一)主要节日

作为全世界民族较多的国家,不同的文化差异使澳大利亚各地经常举办的不同形式的节日和活动。澳大利亚的主要节日有新年、国庆日、耶稣受难日、复活节、澳新军团日等。

1.新年

新年是澳大利亚的全国性假日。对于刚刚过完圣诞的西方人来说,新年无疑是另一个重大的时刻。人们往往会在12月31日的午夜举办跨年派对或外出庆祝,各个地方的跨年活动也层出不穷且颇为盛大。

2.国庆日

1月26日是澳大利亚国庆日。澳大利亚国庆日是为了纪念第一批欧洲人抵达澳大利亚的节日。在这一天,澳大利亚政府会在晨间举行正式的仪式,并为全国狂欢拉开帷幕:升国旗、唱国歌、鸣礼炮、向团体或个人颁发勋章。各个地方也会举行仪式欢迎这个国家的新公民。

3. 耶稣受难日

4月2日的耶稣受难日是澳大利亚的全国性假日。耶稣受难日是纪念耶稣在十字架上被钉死受难的日子。在这一天,人们会吃十字面包(Hot Cross Bun)这是一种掺有葡萄干,表面画着十字的甜面包。许多教会在这一天都会举办例如默想、圣餐礼等活动来纪念这一天。

4. 复活节

复活节是澳大利亚的全国性假日。复活节是西方的重要节日之一,其起源是为了纪念耶稣基督复活之日。虽然在过去彩蛋一直以生鸡蛋为原料进行制作,但在现代已逐渐被巧克力蛋所代替,所以在复活节当天人们都会购买一些制作精美的巧克力蛋。除了彩蛋之外,兔子也是复活节的象征之一。由于兔子繁殖能力强,所以被视为生命的创造者。在这一天,会有不少人装扮成兔子的样子给儿童分发糖果和礼物。

5. 澳新军团日

澳新军团日是澳大利亚的全国性假日。澳新军团日是为了纪念第一次世界大战期间在加里波利战役中牺牲的澳大利亚和新西兰将士。1921年,澳大利亚政府决定将每年的4月25日定为澳新军团日,全国放假一天。

(二)民俗礼仪

1. 社交礼仪

在澳大利亚,朋友聚会通常轮流买单或平分账单。应邀参加烧烤等非正式聚会,可携带啤酒等以示谢意,也可询问主人是否需要带些吃食,或是否需要帮忙准备或收拾。参加晚宴,通常可携带品质较好的红酒、巧克力或鲜花。除非请柬明示或主人明确要求,或正式商业谈判需要穿着正装,一般可着便装。到访要提前预约。正式活动需要准时到达,参加烧烤活动或非正式聚会通常不要迟于15分钟抵达。

2. 民俗禁忌

澳大利亚居民来自世界各地,都有自己的信仰。澳大利亚倡导多元文化。主要禁忌、穿着、饮食和丧葬习俗等因族裔不同而呈现多样化。无论财富、地位,当地人喜欢平等待人,通常喜欢称呼人名,用"伙计"(Mate)而不是"先生""女士"之类的尊称。说话一般开诚布公,比较直接,喜幽默自嘲。"没事儿"(No worries)是人们的常见口头语。

3. 旅游礼仪

在澳大利亚,在银行、提款机、超市、车站等地方要注意排队,并与他人保持适当距离。与儿童合影应先征得家长同意,勿擅与陌生儿童发生身体接触(如摸头等)。本土居民较保守,大多不喜欢游客拍照。在公共交通工具、商店或其他公共建筑内禁止吸烟。澳大利亚实行垃圾分类管理,请注意按要求分类并投入相应垃圾桶。服务业从业人员的收入不靠小费,小费不是必须给的。如服务人员为你提供了额外服务,可适当给小费。

三、著名旅游城市及热点景观

（一）堪培拉

堪培拉是澳大利亚首都、澳联邦议会和政府各部门所在地。"堪培拉"源于土著语，意为"相会之地"。堪培拉既有城市特色，又具乡村风光，市内湖光山色、绿树成荫，是一座幽静的"花园城市"，也被称为"丛林首都"，每年有上百万旅游者来此参观游览。除联邦议会、政府部门外，堪培拉市内有澳科学院、科技馆、澳国立大学、堪培拉大学及战争纪念馆、国立图书馆、国家美术馆等机构。

1. 国会大厦

堪培拉国会大厦是世界上唯一一个向公众开放国会大厦的国都。它位于堪培拉正中心，是世界建筑史上非常受赞誉的建筑之一，它用特殊的语言反映着澳大利亚迥然不同的多元文化和国家对未来的抱负。大厦内部以收藏艺术精品为最大特色，其中包括世界上最大的挂毯，不少游客都排队合影。大厦周围绿树成荫，有很多精美的庭院和喷泉，它们将建筑与环境、政治与自然美妙地结合在一起。

2. 澳大利亚国家博物馆

澳大利亚国家博物馆坐落于首都堪培拉的伯利格里芬湖畔。在这里，精彩动人的澳大利亚故事跃然眼前。博物馆造型独特的建筑由澳大利亚设计师霍华德·雷加特主持设计，灵感来自趣味十足的七巧板，淋漓尽致地体现了澳大利亚扣人心弦的历史文化。博物馆内展陈的精美藏品将为人们娓娓道来澳大利亚历史上真实的、宝贵的故事。澳大利亚国家博物馆被称为是世界上奇特的建筑之一。

3. 堪培拉小人国

堪培拉小人国是英国卡尔顿家族的私家园林，这个景点在堪培拉非常受欢迎。当初由于长居澳大利亚的卡尔顿家族对家乡英国倍加思念，所以决定建造一个属于自己的庄园，把英国人文建筑和其他国家的代表建筑以12∶1的比例缩小制作出来。到了后期，还不断继续加入新展品，最后独立开一个展览区，即国际展览区，将世界著名建筑也做成了缩小版，颇有微观世界公园的意味。

（二）悉尼

悉尼是新南威尔士州首府，是澳大利亚最大、最古老、最繁华的国际化大都市和港口城市。通常所说的悉尼指悉尼地区，包括悉尼市及附近44个卫星城，总人口约占全国总人口的1/5。悉尼是澳大利亚商业、贸易、金融、文化、旅游中心，也是大洋洲海陆空交通和通信枢纽。悉尼大学、新南威尔士大学、麦考瑞大学等著名高等院校位于悉尼。有5家全国性电视台和广播电台总部设于悉尼。

1. 悉尼歌剧院

悉尼歌剧院建在海港上的贝壳般的雕塑体，是世界著名的表演艺术中心，是悉尼市的地标建筑之一。不同时间和角度看悉尼歌剧院是不一样的，在皇家植物园观景台可以看到歌剧院全景。音乐厅Concert Hall正前方，是由10 500个风管组成的世界最大的机械木连杆风琴,此外,整个音乐厅建材使用均为澳大利亚木材,忠实地呈现澳大利亚自有的风格。悉尼歌剧院是古代和现代风格的结合,是游客到悉尼必打卡的地方之一。

2. 悉尼塔

悉尼塔高305米,是悉尼最高的建筑,修建于西田购物中心上。顶部由三个部分组成:250米处是一个360°观景台,260米处是一个空中走廊,另外还有一个自助餐厅。悉尼塔和悉尼歌剧院、悉尼海港大桥并称为悉尼三大地标性建筑。

3. 蓝山国家公园

蓝山国家公园属于大蓝山地区,该区域拥有7个国家公园,在2000年被列入自然类世界遗产。蓝山国家公园内生长着大面积的原始丛林和亚热带雨林,其中以尤加利树最为知名。蓝山国家公园拥有雄伟壮观的大自然景色,由于景区较大,游览时一般乘坐观光循环巴士或者选择自驾。蓝山国家公园内,每一个季节的景色都各有不同,春天能看到樱花、桃花和海棠花,秋天有枫叶、白桦和落羽杉。

(三) 墨尔本

墨尔本是维多利亚州首府、澳大利亚第二大城市,面积6129平方千米。墨尔本气候常年温和,环境优美,素有"花园城市"的美称。墨尔本又因温差较大且晴雨无常而号称"一天之内有四季"的城市。墨尔本是澳大利亚主要的制造业和金融业中心,市中心办公大楼林立,集中了澳各大银行、保险公司和证券交易所。墨尔本还是一座文化名城,除著名的维多利亚艺术中心外,市内还有诸多体育运动设施、画廊和工艺品市场。

1. 墨尔本皇家植物园

墨尔本皇家植物园建于1845年,是当今世界上设计较好的植物园,种植着来自澳大利亚甚至世界各地的奇花异草。墨尔本皇家植物园体验活动丰富多彩,有儿童花园、植物标本馆、植物园商店等,儿童花园里面有许多互动的设施。园内还有很多名人亲手种植的纪念树,如英国侦探小说家柯南道尔、阿尔伯特亲王等社会名流。墨尔本皇家植物园有专门提供以植物为主题的纪念品和礼品的店铺,一家是Observatory Shop,另一家是Lakeside Shop。

2. 福林德街火车站

福林德街火车站是澳大利亚最早的火车站,也是墨尔本当地火车线路的总站,现已成为墨尔本的著名标志,经常出现在旅游刊物的封面。车站主入口的上方是一排显示世界各地时间的钟,建筑的圆形拱顶酷似伦敦圣保罗大教堂。站台站牌非常有历史底蕴,车站下面的坎贝尔拱廊经常举办各色展览,值得一逛。在火车站的百米之内,有咖啡馆、美术馆、电影院,沿途古树参天成荫,是一个休闲的好地方。

3. 维多利亚国家美术馆

维多利亚国家美术馆,蓝色的城楼倒映在水中,成为一种别致的景色。极具有匠心的是大门,大门是用玻璃镜制成的屏墙,清水不断沿玻璃镜倾泻而下,犹如形成一挂迷迷蒙蒙的瀑布。维多利亚国家美术馆中收藏着来自澳大利亚、土著、亚洲、欧洲及前哥伦比亚时代的世界级的艺术珍品,堪称澳大利亚最大的美术馆。

(四)凯恩斯

凯恩斯是位于澳大利亚东北部南太平洋上的市镇,以美丽的码头以及海港闻名于世,拥有丰富的热带雨林景观、风景宜人的棕榈湾、"名人度假天堂"道格拉斯港,更有世界七大自然景观之一的大堡礁等自然奇景,被誉为"世界最理想居住城市"之一。

1. 故事桥

故事桥是澳大利亚布里斯班一座著名的大桥,它96%的建筑材料都取自澳大利亚当地,是全世界两座手工制作的大桥之一。故事桥是澳大利亚第二个开放的可以攀爬的大桥,所以在故事桥的爬桥活动是观赏布里斯班全景不容错过的项目。爬桥活动全程共两个半小时,指挥员带领游客攀登上距离河面80米高的故事桥上,在桥的顶峰位置,360°全无阻碍地观赏布里斯班的景观。项目看似相当刺激,其实安全措施齐全,出发前更有安全讲解,游客可以放心一试。

2. 布里斯班河

布里斯班河在澳大利亚昆士兰州东南部,源出布利斯本-库亚尔山脉,流向东南,全长344千米。因河流碧波盈盈,给城市带来了美丽的景观,因而布里斯班又被称为"河流之城"。阳光下的布里斯班河碧波盈盈,河两岸的住宅小巧玲珑,错落有致,沿岸的草坪上花香草绿,争荣竞秀,一派诗情画意的田舍风光。

3. 天鹅河

美丽的珀斯由一条天鹅河分为两部分:河北岸的圣乔治大道是珀斯金融、公司和政府机构的集中地,有"办公街"之称;圣乔治大道北邻的海伊步行街则是珀斯的商业闹市中心,这两条街均为东西向,夹在中央火车站和天鹅河之间。

四、旅游市场

作为世界上经济发达的国家之一,宜居、现代化、环境优美是澳大利亚城市的标签。阳光沙滩、慢节奏的生活、干净的街道与花园般的城市不仅吸引了络绎不绝的观光客,更吸引了来自全世界的新移民来此定居,因此在澳大利亚可以领略多元的文化,品尝世界各国的美食。旅游业是澳大利亚经济的重要部门。2022年,赴澳大利亚的外国游客为220.8万人次,同比上升1197%。澳大利亚的主要游客来源国为中国、印度、英国、美国等。

任务二 绵羊之国:新西兰

案例导入

小小的"新"愿

正值2021年中国新年,新西兰旅游局征集了来自中国游客对于新西兰的小小"新"愿,关于一片风景,关于一道美食,关于羊驼、海豚和企鹅,关于徒步、冲浪或沙滩足球,关于《指环王》《霍比特人》等。虽然每个人都知道,兑现这些充满美好期盼的心愿还有待时日,但意想不到的惊喜是:他们的心愿漂洋过海来到南半球,新西兰的小朋友听到了心愿并给出纯真的回音,用他们童言无忌的方式在镜头里分享着目的地的美好,同时把他们对远方客人的小小思念一并回复。虽然此时无法相见,但如果能和远方的朋友分享当下,相约未来,一句喊话"Kia Ora"(毛利语:你好)让期待也变得如新西兰般纯净而美好。

新西兰旅游局为幸运粉丝们准备了"还愿机票",邀请他们成为边境开放后的首批中国游客。届时,他们也将亲自踏上这片美妙的土地,并实现自己当初许下的心愿。

案例探究:1.新西兰旅游局的活动设计有哪些亮眼之处?
2.如果让你向新西兰游客推介中国,你会怎么做?

一、国家概况

(一)地理环境

1.区域与人口

新西兰位于太平洋西南部,西隔塔斯曼海与澳大利亚相望,相距1600千米。新西兰由南岛、北岛及一些小岛组成,南、北两岛被库克海峡相隔。新西兰海岸线长约1.5万千米。

新西兰全境多山,山地和丘陵占全国面积的75%以上,平原狭小。河流短而湍急,航运不便,但水利资源丰富。北岛多火山和温泉,南岛多冰河与湖泊。南岛的库克峰海拔3754米,为全国最高峰。

新西兰人口为522.3万(2023年6月)。其中,欧洲移民后裔占70%,毛利人占17%,亚裔占15%,太平洋岛国裔占8%(部分为多元族裔认同)。新西兰的官方语言为英语、毛利语,有近一半居民信奉基督教。新西兰的首都为惠灵顿。

2. 自然环境

新西兰属温带海洋性气候,平均气温夏季20℃左右,冬季10℃左右,年平均降水量600—1500毫米。新西兰大多数地区离海不远,所以全年气候较为温和。越往南走,新西兰平均气温会越低。1—2月是新西兰最温暖的月份,而7月是一年中最寒冷的月份。

新西兰最佳旅游时间是每年的春节假期,这时新西兰正值夏日,滨海活动、水上项目都正是参与的最好时机。

(二) 历史人文

1. 历史简况

公元1350年起,毛利人在新西兰定居。公元1642年,荷兰航海者在新西兰登陆。公元1769—1777年,英国库克船长先后5次到新西兰。此后,英国向新西兰大批移民并宣布占领。公元1840年2月6日,英国迫使毛利人族长签订《威坦哲条约》,新西兰成为英国殖民地。公元1907年,新西兰独立,成为英国自治领,政治、经济、外交受到英国的控制。1947年,新西兰成为主权国家,同时为英联邦成员。

2. 政治经济

自1935年起,新西兰的工党和国家党轮流执政。1993年11月,新西兰全民投票决定将议会选举制度由简单多数制改为混合比例代表制。1996年10月,新西兰举行首次混合比例代表制大选,国家党与新西兰第一党组成联合政府。2017年10月,工党与新西兰第一党、绿党组建联合政府,工党领袖杰辛达·阿德恩任总理。2020年10月,新西兰工党在大选中以超过议会半数议席的绝对优势获胜,阿德恩连任总理。2023年1月,阿德恩宣布辞去总理职务,克里斯·希普金斯接任总理。

新西兰以农牧业为主,农牧产品出口约占出口总量的50%。新西兰的羊肉和奶制品出口量居世界第一位,羊毛出口量居世界第三位。新西兰货币为新西兰元。汇率:1美元≈1.62新西兰元(2022年全年均价)。

3. 文化符号

毛利文化早已成为新西兰的国家符号,受到新西兰政府和社会各层面的保护和发展。毛利人的礼节礼貌方式与众不同,在世界上是独一无二的。当远方客人来访的时候,毛利人都会举行盛大的欢迎聚会。毛利欢迎仪式是毛利部落之间一种和平、体面的会见方式或两个敌对部落捐弃前嫌、重归于好的标志,如今已经成为新西兰欢迎贵宾时举行的例行仪式。仪式自始至终使用毛利语,由部落长者主持。参加者要遵守仪式的规矩,不得在他人致辞时讲话、走动、吃东西,自始至终不得吸烟。

> 小知识

毛利人的文身文化

如果你在大街上与毛利人擦身而过,可能会注意到他们很喜欢文身。文身在新西兰不但是一种古老的艺术,更是身份和地位的重要标志,特别在面部的文身是很有讲究的,更不是普通人有资格能获得。

如果你关注到新西兰时任外交部长纳纳亚·马胡塔,她下巴上的文身一定会给你留下深刻的印象——她的姑姑生前是毛利女王,父亲是部落领袖和政治家。对于毛利女性来说,文身除了代表身份和地位,还是美的象征。不过传统中,女性的面部文身只能文在下巴、嘴唇、鼻孔和喉咙处,只有毛利男性才可以文整个面部。男性的文面中,前额中央的图案代表社会地位,眉毛附近的区域表示在部落里担任的位置,眼睛和鼻子区域代表所属部落的等级,鬓角处记录他的婚姻状况和结婚次数,鼻子下面则是个人签名,下巴显示男子的能力和声望。

毛利人文面的设计遵循"男左女右"的规则,左脸图案代表父亲一方的血统,右脸代表母亲一方的血统。所以,毛利人的血统和声望完全可以从面部文身展示出来。目前,文身艺术在新西兰得到复兴,不过毛利人认为在新西兰只有毛利人才能文面,如果你在新西兰遇到面部有文身的毛利人,那一定是毛利人中的贵族了。

二、民俗风情

(一) 主要节日

新西兰的节日非常多,有法定节假日、新西兰公共假期、新西兰传统节日。其中,比较重要节日是国庆日、新年、复活节、澳新军团日(4月25日),以及女王生日、劳动节(10月第四个星期一)、圣诞节和节礼日等。

1. 国庆日

每年的2月6日是新西兰一个非常重要的怀唐伊日,这一天曾在1974年一度被定为新西兰的国庆节,举国上下共同欢庆新西兰的立国文献——《怀唐伊条约》(Treaty of Waitangi)的签订。

2. 毛利新年

2022年是毛利新年首次成为新西兰的公共假期,其毛利新年的日期为6月24日,新西兰各地都会举行一系列的庆祝活动来度过第一个毛利新年公共假期。和中华传统农历类似,毛利人也以月相为历,因此毛利新年的日期每年都不一样,且不同部落也略有差别。

3. 女王诞辰日

新西兰人每年6月的第一个星期一庆祝女王的生日。新西兰是君主立宪制国家,女王伊丽莎白二世为国家元首。女王的荣誉名单是在女王生日公共假日前后公布的,这份名单上有数百名受助人,他们因公共服务而受到表彰,从电视服务到囚犯福利服务。

4. 劳动节

新西兰的劳动节是每年的10月25日,它的历史可以追溯到公元1840年刚建立的惠灵顿殖民地时期。人们为了争取8小时工作日而进行的斗争,新西兰的工人们是世界上较早争取每天8小时权利的人们之一。

5. 节礼日

12月26日是新西兰的节礼日,"节礼日"这个名词出现于中世纪,当时圣诞节前教堂门口放置捐款箱,圣诞节过后工作人员打开箱子,将募得款项捐给穷人因此称为节礼日。

除了传统的法定节假日,新西兰还有众多充满独特风情的节庆日。

(二) 民俗礼仪

1. 社交礼仪

新西兰人在交际场合,一般称呼姓氏或"先生""夫人""小姐",熟悉之后可称名字。他们注重平等,不讲等级,不称官衔。男女相见需握手时,应等女方先伸手。男女不可同场活动,如电影院、歌剧院、俱乐部等场所,通常是男女分场制,即女士不得进入男场,男士也不可进入女场。同新西兰人约会,最好事先联系,赴约时最好提前几分钟抵达,以示礼貌。

2. 民俗禁忌

新西兰人性格偏于保守,不习惯和陌生人接触,可是一旦相识后,会很快消除陌生感。新西兰人不喜欢大声喧哗和装腔作势的人。打哈欠的时候,要捂住嘴,当众嚼口香糖或用牙签被认为是不文明的行为。毛利族人之间传统的相互问候致意的方式是相互摩探鼻子。

3. 旅游礼仪

如果应邀到新西兰人家里作客,可送给男主人一盒巧克力或一瓶威士忌,送给女主人一束鲜花。礼物不必过多或贵重。给人拍照,特别是毛利人,一定要先征求对方的同意。另外,新西兰非常注重动植物保护,即使是公园的花草、野鸭和小鸟都不得侵害,违法者将受到严厉处罚。

三、著名旅游城市及热点景观

(一) 惠灵顿

惠灵顿位于新西兰北岛南端,是优良的港口城市,是世界上最南端的首都城市。从公元1865年起设为新西兰首都,是全国政治和文化中心。惠灵顿气候较温和,全年平均气温13.2 ℃,雨量较多,常刮大风,是著名的"风城"。

1. 新西兰国家博物馆

新西兰国家博物馆是南半球最大博物馆,地处市中心,创建于1963年。里面关于毛利文化的藏品丰富,还有毛利会堂以及太平洋的艺术展品。值得一提的是,在这座高度现代化的博物馆,其中的高科技展览或许能给游客留下深刻的印象,例如可以体验在运动中摇晃的房子。除了这些常设展览,这里还会举办一些知名的短期展览,而这些展览是需要单独付费的,参观博物馆是免费的。

2. 维多利亚山

维多利亚山是惠灵顿城市绿化带的一部分。在维多利亚山可以360°全景欣赏惠灵顿城市景致,这里有美丽的海港和蔚蓝的大海。维多利亚山是《指环王》三部曲中第一部电影的拍摄地。因影视旅游的效应,此地是吸引游客前来打卡的首选景点。

3. 惠灵顿国会大厦

惠灵顿国会大厦是惠灵顿非常有名的建筑群,由3栋建筑组成,分别是哥特风格的国会图书馆、灰奶油色庄严的议政厅,以及最夺人眼球蜂窝式设计的办公大楼。截然不同的建筑风格使得这3栋建筑既互相独立,又形成了一个有趣的整体。而其中由英国建筑大师Basil Spence爵士设计的圆形办公大楼更是成为新西兰标志性建筑,也成为惠灵顿不可错过的一大景点。惠灵顿国会大厦面向公众开放,还会有专人讲解,并允许游客进到部分办公区域进行参观游览。

(二)奥克兰

新西兰第一大城市奥克兰位于北岛西北部,奥克兰是新西兰曾经的首都。奥克兰制造业、商业、金融服务业发达,是新西兰经济的中心和对外交往的重要门户,作为新西兰最大的港口城市,奥克兰在文化、教育和科技领域居全国领先地位。奥克兰大学、奥克兰理工大学、梅西大学等多所知名学府均设于此。奥克兰是一座被海洋包裹的现代都市,地势平缓,多丘陵,风景优美,气候宜人,有"风帆之都"美称。

1. 伊甸山

伊甸山(Mount Eden)位于市中心以南约5千米处,是一处死火山的火山口,海拔196米,站在山顶可以将市区和附近的海面一览无遗。伊甸山山顶设有瞭望台,视野开阔,是眺望市景的好地方。过去,被毛利人称为"帕"的堡垒也位于此,从瞭望台向下看,看见的是呈倒圆锥形的火山口,如今,人们在这里放牧养牛。

2. 奥克兰天空塔

位于新西兰第一大城市的奥克兰天空塔(Sky Tower),高328米,是南半球最高的建筑物,并且也是全世界第12高的建筑物,比巴黎的艾菲尔铁塔及悉尼的AMP塔还高。试着想象天空塔的高度,有如37辆巴士接连在一起的长度。天空塔的重量也相当惊人,约2100万公斤,相当于6000头大象的重量。天空塔的建材以15000立方米的混凝土及两千吨的强力钢筋,耗时2年9个月的时间建造完成。天空塔共有3部透明玻璃电梯,每15分钟可乘载255人到达天空塔顶层的观望台,以时速18千米的速度上升,带领游客由底层到观望台,仅需40秒钟的时间。游客也可以考验自己的体力与毅力,挑战天空塔1267阶的楼梯。

3. 皇后街

皇后街是新西兰奥克兰市传统的主要街道或"黄金地段",是新西兰的最佳商业区,它汇集了市内所有购物商店及大型百货公司。这里的商品琳琅满目,令人目不暇接,礼品商店和羊毛制品店出售手工羊毛袍、毛利族人雕刻品、翡翠、饰品、贝壳首饰,以及由美洲负鼠皮制成的皮衣和羊毛汽车座套。在皇后街和海关街垂直的两个街口的Downtown Shopping Centre、OK Gift Shop 精品店很多,附近的 Queen's Arcarde 有各种各样的古董、收藏品等。

（三）基督城

因植物园和花园众多,享有"花园城市"之美誉的基督城是新西兰第三大城市,城市中到处都是规划整齐的花园。由于早期的移民多数是英国人,有着浓郁的英格兰风情,市区历史性的建筑大都具有英国维多利亚时代的特色。英国人也以"英国之外,最像英国的城市"给了基督城一个崭新的定义。但是 2011 年的那场地震让基督城遭受不小的打击,经过这几年的建设,基督城在受损的文化遗产基础上加入了现代化和创新的元素,这座城市正逐步展现出新的风采。

1. 基督城植物园

基督城植物园位于新西兰的雅芳河畔,占地 30 公顷,种有超过 1 万种本土和引进的植物。玫瑰园是植物园的中心,有 250 多种玫瑰。旁边的药草花园建于 1986 年,拥有各种烹饪与药用植物。

2. 坎特伯雷博物馆

坎特伯雷博物馆开放于公元 1870 年,有一系列对新西兰独具意义的杰出藏品,亮点包括：毛利人艺术馆,展出了绝妙的普纳姆(一种绿玉)艺术品;南极展厅里有 1907 年在失望岛遭遇海难的人们使用过的小圆舟;种类繁多的太平洋及其他地区的鸟类标本;雕塑般优美的帝企鹅。还有孩子们会喜欢的探索中心和五彩斑斓的"费雷德和默特尔家的鲍鱼壳小屋"工艺品,匠心独运的艺术品非常值得驻足观赏。

3. 国际南极中心

国际南极中心位于新西兰基督城国际机场的南极科研基地。在这里,游客可以亲身体验到南极的四季变化,接受南极风暴的挑战,能够对科考人员在南极的生活有进一步的了解,参观新西兰在南极的考察站——斯考特基地,可以近距离与生活在这里的小蓝企鹅家族亲密接触,也可以体验南极冰雪航行。

（四）皇后镇

皇后镇是世界著名的探险之都,这里有一大堆新奇刺激的事情等着人们去尝试:在世界一流的滑雪场感受俯冲而下的畅快,鼓起勇气体验一次蹦极与喷射快艇的惊险刺激,这些都是人们来到这里需要提上日程的选项。心跳过后,再到优雅动人的瓦卡蒂普湖边或者农场走走,看着火一样绚烂的夕阳铺满在盈盈湖水之上,人们会发现皇后镇也有着浪漫温馨的一面。

1. 瓦卡蒂普湖

瓦卡蒂普湖是皇后镇最美的景观,紧紧环绕着皇后镇。在这里,就算什么都不做,只带着眼睛去欣赏,也算得上称心的旅行了。不管是清晨薄雾初散,还是夕阳下的波光粼粼,都是难以忘怀的美景。

2. 瓦尔特峰高原农场

瓦尔特峰高原农场坐落于奥塔哥区瓦卡蒂普湖的西南部,拥有青山绿水、宁静湖泊和潺潺溪流,动物有爱尔兰牛、驯鹿、绵羊和大名鼎鼎的美兰努绵羊。到这里来,是一个享受自然草原风光和惬意生活的完美选择,让来此地的人可以最大限度地放松自己的心情,享受慢节奏的农场生活。

3.卡德罗纳

卡德罗纳是新西兰人气极旺的滑雪场。它拥有宽阔的绝佳地形,可滑雪面积达345公顷,分布在3个主要峡谷中。这里拥有开阔的新手雪道,多变的自由滑雪地形,当然还有世界顶级的地形公园和U形槽的自由滑雪胜地。

四、旅游市场

新西兰的游客主要来源地为澳大利亚、中国、美国和英国等。

随着定制游逐渐成为旅游市场的新亮点,新西兰旅游局于2023年首次融合定制游合作项目,打造旅业渠道的"三驾马车"——以"首选合作伙伴"主打优质团队游、"线上合作伙伴"主攻自由行、"定制及高端定制合作伙伴"主攻高端定制化的旅游产品,充分挖掘和利用旅业伙伴的优势。

项目训练

任务:撰写旅游攻略

一、填写旅游攻略基本信息

选择旅游目的地	旅游时间	天气情况	热门景点	热门美食	住宿选择	线路规划	往返机票价格	出发前准备工作
澳大利亚								
新西兰								

二、任选一个国家撰写一份详细的旅游攻略

评价指标	完成情况				改进建议
	优	良	中	差	
攻略中是否有新颖的创意和独特的视角					
攻略是否对景点、住宿、餐饮、交通等要素详细描述					
攻略是否提供最佳的旅游季节、注意事项、应急措施					
攻略是否对景点、住宿、餐饮等进行客观的评价					
攻略是否对当地的文化和历史有深入的了解					
攻略是否采用简洁明了的语言风格来吸引读者					

项目六
非洲主要旅游客源地与目的地

项目导航

非洲位于东半球的西南部,地跨赤道南北,西北部有部分地区伸入西半球。东濒印度洋,西临大西洋,北隔地中海和直布罗陀海峡与欧洲相望,东北隅以狭长的红海与苏伊士运河紧邻亚洲。非洲面积约3020万平方千米(包括附近岛屿),约占世界陆地总面积的20.2%,次于亚洲,是世界第二大洲。

在地理上,习惯将非洲分为北非、东非、西非、中非和南非5个地区。非洲旅游业起步较晚,基础设施较弱,发展较为缓慢。但是非洲的旅游资源丰富,有丰富的历史文化遗迹、迷人的自然风光和举世无双的野生动物园,非洲旅游业的发展前景广阔。

本项目在内容方面,设计了国家概况、民俗风情、著名旅游城市及热点景观、旅游市场共4个板块,引导学习者对于非洲的知名目的地埃及、南非等知名旅游目的地进行学习。通过学习,使学习者对于该国的区域与人口、自然环境、历史沿革、文化符号、礼仪禁忌、旅游资源、旅游发展等有初步的了解,进而通过设计相关活动提升应用能力,达到理论和实践的统一。

非洲概况

项目任务

请结合课程及电子资源,填写下表,完成项目预习任务。

主要客源地及目的地	首都	货币	国花	热点旅游城市	入境中国旅游数据	接待中国游客数据	签证类型
埃及							
南非							

任务一 金字塔之国：埃及

📎 **案例导入**

埃及吸引中国游客新举措

旅游业是埃及经济的支柱产业之一，每年对埃及国内生产总值贡献达15%，为埃及创造约250万个工作机会。当前，埃及正着力提振旅游业，相关部门和机构将中国游客视为旅游市场发展的重要动力。为更好地服务中国游客，埃及政府简化了中国游客的签证申请流程，中国公民可以在线申请电子签证，或在抵达开罗国际机场时办理落地签。埃及旅游部门在中国开设了官方网站和社交媒体账号，向中国游客提供相关信息和旅游建议。埃及旅行社等旅游机构正进一步提升中文服务水平，让中国游客在埃及旅行期间能更好地领略埃及的历史文化和自然风光。

埃及《金字塔报》报道说，埃及政府采取了一系列举措来吸引中国游客，不仅专门为中国游客推出了专属的旅游套餐和优惠措施，还向中国游客提供个性化的旅游行程和定制服务，进一步优化中国游客在埃及的旅游体验。

现在，金字塔、狮身人面像以及卢克索神庙等著名景点及其声光秀等表演都配有中文解说，让中国游客能更好地了解与景点相关的历史文化。埃及开罗大学社会学教授哈桑表示，引人入胜的声光表演、用中文讲述的景点历史，增强了中国游客的参与感和体验感，将吸引更多对埃及历史文化感兴趣的中国游客前来。

案例探究：1. 请你结合案例，查询埃及为了吸引中国游客采取了哪些举措？

2. 从入境旅游市场营销的角度，思考埃及的旅游发展举措带给你哪些启发？

一、国家概况

（一）地理环境

1. 区域与人口

埃及全称阿拉伯埃及共和国，跨亚、非两大洲，大部分位于非洲东北部，只有苏伊士运河以东的西奈半岛位于亚洲西南部。埃及西连利比亚，南接苏丹，东临红海并与巴勒斯坦、以色列接壤，北濒地中海。埃及面积100.1万平方千米，海岸线长约2900千米。

埃及人口约1.04亿(2023年7月)。埃及官方语言为阿拉伯语,首都为开罗。

2. 自然环境

埃及全境干燥少雨。尼罗河三角洲和北部沿海地区属地中海型气候,平均气温1月12 ℃,7月26 ℃。其余大部分地区属热带沙漠气候,炎热干燥,沙漠地区气温可达40 ℃。

埃及为地中海气候,两季分明,每年5—10月为夏季,11月—4月为秋季。11月中旬白天温度在25 ℃左右,夜晚在15 ℃左右。除夏季的6—8月炎热多风,不适合旅游外,其他时间气候温和,是埃及的旅游旺季。

(二)历史人文

1. 历史简况

埃及是世界四大文明古国之一。公元前3200年,美尼斯统一埃及建立了第一个奴隶制国家,经历了早王国、古王国、中王国、新王国和后王朝时期,有30个王朝。古王国时期,开始大规模建金字塔。中王国时期,经济发展、文艺复兴。新王国时期,生产力显著提高,开始对外扩张,成为军事帝国。后王朝时期,内乱频繁,外患不断,国力日衰。公元前525年,埃及成为波斯帝国的一个行省。在此后的1000多年间,埃及相继被希腊和罗马征服。

公元641年,阿拉伯人入侵,埃及逐渐阿拉伯化,成为伊斯兰教一个重要中心。公元1517年,被土耳其人征服,成为奥斯曼帝国的行省。公元1882年,英军占领后成为英"保护国"。1922年2月28日,英国宣布埃及为独立国家,但保留对国防、外交、少数民族等问题的处置权。1952年7月23日,以纳赛尔为首的自由军官组织推翻法鲁克王朝,成立革命指导委员会,掌握国家政权,并于1953年6月18日宣布成立埃及共和国。1958年2月,同叙利亚合并成立阿拉伯联合共和国。1961年叙利亚发生政变,退出"阿联"。1971年9月1日,改名为阿拉伯埃及共和国。

2. 政治经济

埃及是共和制政体,总统为国家元首,由选举实施。埃及议会实行两院制,众议院拥有立法权、监督权和财政权,政府对众议院负责,受其监督;参议院为咨政机构,主要职能是就立法、结约、外交政策等重大事项向众议院和总统提出建议。

埃及奉行独立自主、不结盟政策,主张在相互尊重和不干涉内政的基础上建立国际政治和经济新秩序,加强南北对话和南南合作。突出阿拉伯和伊斯兰属性,积极开展和平外交,致力于加强阿拉伯国家团结合作。埃及重视大国外交,积极发展同新兴国家关系,在地区和国际组织中较为活跃。

埃及属开放型市场经济,拥有相对完整的工业、农业和服务业体系。服务业约占国内生产总值46%。工业以纺织、食品加工等轻工业为主,约占国内生产总值的36%。农村人口占总人口55%,农业占国内生产总值18%。石油天然气、旅游、侨汇和苏伊士运河是埃及四大外汇收入来源。

2011年初以来的埃及动荡局势对国民经济造成了严重的冲击,埃及政府采取措施恢复生产,增收节支,吸引外资,改善民生,多方寻求国际支持与援助,以度过经济困难。

2013年7月临时政府上台后,埃及经济面临较大困难,在海湾阿拉伯国家的大量财政支持下,埃及经济情况较前有所好转。2014年6月新政府成立后,埃及大力发展经济,改善民生。

3. 文化符号

埃及是世界四大文明古国之一,有着悠久的历史和灿烂的文明,其文化符号是金字塔、法老、木乃伊、尼罗河、沙漠、神庙等。

金字塔是古埃及文明的代表作,是埃及国家的象征,埃及人民的骄傲。金字塔在阿拉伯文中意为"方锥体",它是一种方底、尖顶的石砌建筑物,是古代埃及埋葬国王、王后或王室其他成员的陵墓。由于它规模宏大,从四面看都呈等腰三角形,很像中文中的"金"字,故中文形象地把它译为"金字塔"。

法老是古埃及国王的尊称,是埃及语的希伯来文音译,其象形文字写作,意为"大房屋",在古王国时代仅指王宫,并不涉及国王本身。新王国第十八王朝图特摩斯三世起,开始用于国王自身,并逐渐演变成对国王的一种尊称。第22王朝以后,成为国王的正式头衔。法老是奴隶制专制君主,掌握全国的军政、司法、宗教大权,是古埃及的最高统治者。法老自称是太阳神阿蒙之子,是神在地上的代理人和化身,令臣民将其当作神一样来崇拜。

木乃伊即"人工干尸"。此词音译自英语"Mummy",源自波斯语"Mumiai",意为"沥青"。世界许多地区都用防腐香料处理尸体,年久干瘪,即形成木乃伊。其中,以古埃及的木乃伊最为著名。古埃及法老王死后,常制成木乃伊。古代埃及人用防腐的香料或药料涂尸防腐,以表达对死者的敬意。

尼罗河是一条流经非洲东部与北部的河流,自南向北注入地中海,长6670千米,是世界上最长的河流。尼罗河谷和三角洲是埃及文化的摇篮,也是世界文化的发祥地之一。尼罗河在埃及境内长度为1530千米,两岸形成3—16千米宽的河谷,到开罗后分成两条支流,注入地中海。这两条支流冲积形成尼罗河三角洲,面积2.4万平方千米,是埃及人口最稠密、最富饶的地区。

撒哈拉沙漠是世界最大的沙漠,横贯非洲大陆北部,约占非洲总面积32%,埃及国土的90%都被沙漠覆盖,大部分地方都被热带沙漠气候控制,终年干旱少雨,平均年降水量只有50—200毫米。因此,埃及是一个干旱严重的沙漠之国。

二、民俗风情

(一) 主要节日

埃及有着悠久的历史,灿烂的文化;热情好客的埃及人有着各种各样充满特色的节日,有的是世代相传的传统节日,有的是近半个世纪以来由官方或国际组织确定的节日。埃及主要有开斋节、宰牲节、伊历新年、埃及建军节、国际劳动节、埃及国庆日、科普特教圣诞节、西奈解放日,以及闻风节、斋月、尼罗河涨水节和穆罕默德生日等重要的宗教和民间节日。

开斋节、圣纪节、宰牲节是埃及的三大宗教节日。节日期间,热闹非凡,有各种各样的庆祝活动。

1. 科普特圣诞节

埃及的科普特圣诞节在1月7日。科普特人是在埃及的基督教(东正教)徒,是中东地区最大的基督教群体,约占埃及人口的10%。科普特圣诞节是一个传统节日,是基督徒庆祝耶稣基督诞生的庆祝日。东正教沿用儒略历,圣诞节为每年1月7日,非12月25日。圣诞节当日,家长们会带着孩子到教堂参加庆祝活动,晚上在家中与亲人欢度节日。

2. 闻风节

闻风节在公历4月中旬,是埃及的民间节日,也是埃及一个古老的传统节日。人们在闻风节庆祝春天的到来,祈祝人间祥和、太平和春光永驻。闻风节又称"踏青节",埃及人会在这天举家外出踏青,品尝彩蛋、咸鱼等各种象征吉祥的传统食品。每到闻风节,埃及各大公园和路边的草坪都会成为埃及人庆祝节日的场所。

3. 国庆日

埃及的国庆日是7月23日。国庆日即革命纪念日,是为了纪念在1952年7月23日,由埃及自由军官组织领导的埃及民主革命推翻了法鲁克王朝,夺取了国家政权,并在次年6月18日宣告埃及共和国成立。

(二)民俗礼仪

1. 社交礼仪

埃及人与宾朋相见或送别时,一般都惯以握手为礼,或施拥抱礼。有时还兴亲吻礼,并有多种亲吻礼节。"亲手礼"往往是对恩人的亲吻礼的另一种形式。"亲脸"多是女性相见时的一种礼节。见面礼节十分讲究,并充分表现其殷勤好客。主人往往对来访者再三表示欢迎。每周的工作日是从星期六到星期四,星期五是穆斯林的休息日。社交活动的时间通常开始得晚些,晚餐可能要在20:30或更晚。应邀去吃饭时,可以带鲜花或巧克力作为礼物。递送或接受礼物时要用双手或右手,切忌用左手。招待埃及客人时,一定要备有非酒类饮料,尽管酒类饮料的消费正日益广泛地被人接受。吃饭时,注意不要把盘子里的食物吃光,这会被认为是不礼貌的行为。

2. 民俗禁忌

在埃及,应注意尊重当地宗教和风俗习惯。女性宜衣着得体,不要穿过于暴露的衣服,尽量避免单独出行。在公共场合,不要有拥抱等男女间亲密举动。不要在公共场所饮烈性酒。禁止在政府机关、军事设施、医院、监狱等敏感地区拍照摄像。未经本人许可,不要给女性拍照。

3. 旅游礼仪

在埃及旅游,与人交谈时要回避中东的政治问题。恰当的话题是埃及的进步与成就、埃及领导人的杰出声誉、埃及的优质棉花和古老的文明。

在清真寺、博物馆拍照,要事先征得现场管理人员同意。进入清真寺要脱鞋子。斋月期间,避免白天在公共场所吃喝、抽烟。可以预先准备些1埃镑、5埃镑、10埃镑的零钱,在享受服务后视情况支付小费,普通服务10埃镑以内均可。

三、著名旅游城市及热点景观

（一）开罗

开罗是埃及首都，坐落在尼罗河三角洲顶点以南约14千米处，它不仅是非洲较大的城市，也是世界上古老的城市，还是中东政治活动中心。公元969年，阿拉伯帝国法蒂玛王朝征服埃及，在今天的开罗北面建城定都，命名该城为"开罗"，在阿拉伯文中"开罗"的意思是"胜利"。公元1801年以后，开罗逐渐发展为全国的政治、经济和文化中心。开罗是一座极富吸引力的文明古都，现代文明与古老传统并存，城西有大量建于20世纪初的欧洲风格的建筑，城东则以古老的阿拉伯建筑为主。开罗的主要景点有吉萨金字塔、埃及国家博物馆、萨拉丁大城堡、黑白沙漠、悬空教堂等。

1. 吉萨金字塔

吉萨金字塔位于开罗的西南郊，是埃及最著名的金字塔区域，也是现存的"世界七大奇迹"之一。这里耸立着3座大金字塔——分别属于第四王朝的爷孙三代胡夫、哈夫拉、曼考拉3位法老。此外，还有狮身人面像、太阳船、河谷神庙等世界著名遗迹。

2. 埃及国家博物馆

埃及国家博物馆是世界上著名的博物馆，也是世界上较大的古代埃及珍宝的馆藏地。埃及国家博物馆创建于在开罗解放广场附近，是一座古朴的双层砖红色建筑，馆藏具有几千年历史的25万件文物。著名的包括：图坦卡蒙陵墓出土的珍贵文物、胡夫、哈夫拉、门卡拉国王（3座金字塔的主人）雕像；第12王朝公主们的纯金花瓣式的头冠；拉美西斯二世木乃伊等。

3. 萨拉丁大城堡

萨拉丁大城堡是公元12世纪时埃及英雄萨拉丁为抗击十字军东侵的攻击，而在公元1176年开始兴建，6年后初具规模的城堡。在公元1182年击败十字军后，萨拉丁在这里开始了阿尤布王朝的统治。虽历经战争，但整个城堡至今仍十分坚固。萨拉丁大城堡的主体建筑是穆罕默德·阿里清真寺。此外，还有多处景点，如3个清真寺和4个博物馆（国家警察博物馆、军事博物馆、马车博物馆、皇宫博物馆）以及宝石宫等。

（二）亚历山大

亚历山大位于尼罗河口以西，距首都开罗210千米，人口约400万，是埃及第二大的城市。亚历山大濒临地中海，风景优美，气候宜人，有"地中海的新娘""地中海的明珠"的美誉，是埃及著名的避暑胜地。如今的亚历山大是一座古老与现代相结合、传统的伊斯兰文化与西方文明相互交织的城市。众多古希腊、古罗马时遗留的古迹遍布各个角落。亚历山大的主要景点有凯特贝城堡、古亚历山大图书馆、蒙塔扎宫、庞贝石柱、"地中海的新娘"等。

1. 凯特贝城堡

凯特贝城堡是亚历山大市的一个标志性建筑物。公元1480年，为防止土耳其入侵，埃及国王凯特贝命令用灯塔遗址的石料在灯塔原址修筑城堡，并以自己的名字命名。城堡是一座长方形阿拉伯式建筑,占地2万平方米,三面为高大的城墙,造型优美,气势巍峨。凯特贝城堡与开罗古城堡并称为埃及两大中世纪古城堡。

2. 古亚历山大图书馆

古亚历山大图书馆建于托勒密王朝初期,是当时世界上最大的图书馆,藏书50余万卷,囊括了文学、科技、艺术、哲学等领域的文献资料,吸引了各地著名科学家、哲学家、思想家和艺术家前来参观,如阿基米德、欧几里得等也来此进行研究、讲学、著书立说和从事学术交流活动,亚历山大城因此成为当时世界文化和科研中心。托勒密王朝也因此而英才辈出,产生了一批对世界科技文化做出杰出贡献的天文学家、地理学家、数学家、医学家和语言学家。古亚历山大图书馆新馆位于地中海南岸海滨大道旁,耗资2.25亿美元,造型新颖别致。新馆涵盖全面,包括青年图书馆、盲人图书馆、天文馆、手稿陈列馆、古籍珍本博物馆、文物博物馆、科学历史博物馆等。

3. 地中海的新娘

在海滨路,有一座创作于20世纪60年代的雕塑"地中海的新娘",是亚历山大城的标志性雕塑。在其旁边,有古亚历山大图书馆新馆,在此地可以欣赏地中海的风光。

小知识

"地中海的新娘"的故事

"地中海的新娘"雕塑取材于希腊神话欧罗巴公主的故事:貌美如仙的欧罗巴公主在外玩耍,希腊主神宙斯一见钟情,于是变为一头神牛,诱引公主骑在他的背上,他跳入大海,把公主带到一块陆地,公主也成了宙斯在人间的新娘。为了纪念这美好的日子,宙斯把他们将要生活的这块陆地以新娘欧罗巴的名字命名,这就是欧洲大陆。著者巧妙地借用了这则神话,美丽的欧罗巴公主紧紧地抱着宙斯,宙斯带着公主在亚历山大登陆……雕像中"新娘"侧卧在镂空的宙斯怀中,右手搂着脖颈,象征着白帆的四根错落有致的桅杆,挺拔矗立,极富浪漫主义色彩。

(三)卢克索

卢克索位于埃及中南部,据说在鼎盛时期,卢克索有城门百座,是世上最繁华富庶的都市;荷马史诗称它为"百门之都",阿拉伯人也赞其为"宫殿般的城市"。现在的卢克索,依然是埃及极具魅力的城市。以尼罗河为界,河东岸除了有城市中心,还有卢克索神庙、卡纳克神庙和各种博物馆,被称为"生者之城";西岸则为"死者之城",有国王谷、王后谷、女王神殿、贵族墓和门农神像等。

1. 卡尔纳克神庙

卡尔纳克神庙规模宏大而错综复杂,这里的古建筑在世界上都是无与伦比的,是世界上最大的古代宗教遗址。卡尔纳克神庙的修建与扩展持续了近1500年,里面供奉着"底比斯三神"——阿蒙、穆特和孔苏,以及法老。现在看到的建筑多为第18—20王朝法老们的作品,其中最重要的是阿蒙神庙围场。

2. 卢克索神庙

卢克索神庙位于古埃及中王国和新王国的都城底比斯南半部遗址上。是古埃及第18王朝的第9位法老阿蒙霍特普三世为祭奉太阳神阿蒙神以及阿蒙神的妻子穆特、儿子月亮神而修建的。到第18王朝后期,经拉美西斯二世扩建,形成了现今保存下来的规模。卢克索神庙长262米,宽56米,由塔门、庭院、多柱厅和神殿构成。从朝北的大门进入神庙,在神庙外面有一条穿越水面的堤道通往卡尔纳克神庙,这条堤道重新修葺后成为卢克索的一大亮点。

3. 哈布城

拉美西斯三世在哈布城修建了一座壮丽的神庙,其掩盖了哈特谢普苏特和图特摩斯三世在这里修建的阿蒙神庙的光辉,成为哈布城的象征。该陵庙保存得较为完好,其面积仅次于阿蒙神庙,它是法老统治时期的最后一座大型建筑工程,也是埃及最后一段富饶时期的纪念物。神庙的外墙上刻有著名的全景浮雕。哈布城长期以来都是底比斯的经济中心,公元9世纪还有人居住,此后毁于一旦。

四、旅游市场

埃及有着悠久的灿烂历史,是人类文明较早的发祥地。埃及拥有世界上任何国家都无法比拟的古老历史遗迹,其数量占全世界遗址总量的1/3,拥有世界罕见的丰富旅游资源,其无穷魅力令无数旅游者为之向往,具有发展旅游业的良好条件,政府非常重视发展旅游业。埃及的主要旅游景点有金字塔、狮身人面像、卢克索神庙、阿斯旺高坝、沙姆沙伊赫等。

2021年,埃及旅游业收入为130亿美元。2022年,埃及接待的游客数量达到1170万。未来,埃及要在基础设施、机场服务、人员培训、旅游传播等方面付出更多的努力,以促使旅游业有更大的发展。

小知识

埃及旅游业

为了促进旅游业发展,埃及官方推出了"埃及旅游推广局"公众号,该公众号上共设计了两个板块:埃·旅行、埃·发现。

在"埃·旅行"板块,主要内容为云端游埃及的系列作品,呈现了埃及知名的旅游景点,文章图文并茂地呈现了该景点的赏析和历史价值,帮助游客更直观的了解该景点的文化内涵。

在"埃·发现"板块,对埃及的旅游目的地、行程等有关信息进行了较为全面、系统的呈现,这对旅游者深入了解埃及这个目的地提供了很大的便利。

任务二　彩虹之国:南非

案例导入

南非旅游策略

2023年5月24日,由南非大使馆和南非旅游局北京办事处联合举办的2023年南非旅业研讨会在京召开。南非国际关系与合作部副部长Mashego Dlamini及其代表团、南非驻华大使谢胜文博士及使馆官员、多位旅游局代表等出席了研讨会。Mashego Dlamini表示,旅游业对于南非来说非常重要,是促进包容性增长和创造就业机会的有力驱动。2023年出入境旅游的复苏为南非经济增长提供了新的机遇,期待未来能与中国旅游贸易伙伴一起,推广南非独特的旅游资源和体验,让南非成为中国游客的首选旅游目的地之一。

南非驻华大使谢胜文博士表示:目前,南非旅游业已迎来强劲复苏。中国一直是我们重要的旅游和贸易市场。我们将着力推进旅游业发展,为中国游客带来更好的旅游体验。基于旅游数字化趋势,推出了"南非旅业助手"小程序,旨在帮助中国旅游业者更便捷地获取目的地资源,为计划前往南非旅游的游客提供便利,更好地规划行程。同时,南非旅游部正通过中国文化国际交流中心促进普通话培训的开展,以提高南非旅游从业人员的普通话流利程度,进而提升整体行业服务水平。

(资料来源:南非旅游局北京办事处)

案例探究: 1.请你结合案例,探究南非在促进吸引中国旅游者入境方面开展了哪些工作?

2.南非旅游发展举措对中国旅游业发展有哪些启发?

一、国家概况

（一）地理环境

1. 区域与人口

南非全称南非共和国,位于非洲大陆最南端,东濒印度洋,西临大西洋,北邻纳米比亚、博茨瓦纳、津巴布韦、莫桑比克和斯威士兰,另有莱索托为南非领土所包围。南非面积1219090平方千米,海岸线长约3000千米。

南非人口6060万(2022年),分黑人、有色人、白人和亚裔四大种族,分别占总人口的81%、8.8%、7.6%和2.6%。黑人主要有祖鲁、科萨、斯威士等9个部族,主要使用班图语。白人主要为阿非利卡人和英裔白人,语言为阿非利卡语和英语。有色人主要是白人同当地黑人所生的混血人种,主要使用阿非利卡语。亚裔人主要是印度人(占绝大多数)

和华人。有11种官方语言,其中英语和阿非利卡语为通用语言。

2. 自然环境

南非四季分明,因地处南半球,季节与我国相反,全国大部分地区属热带草原气候。每年12月至次年2月是夏季,6—8月是冬季。南非北部与中非草原相连,属热带草原气候,夏季多雨,冬季少雨。东部沿海降雨量1200毫升,夏季潮湿多雨,为亚热带季风气候。南部沿海级德拉肯斯山脉迎风坡,属海洋性气候,西南部厄加勒斯角一带,为地中海气候。全国全年平均日照时数为7.5—9.5小时,尤其4、5月份日潮时间最长,故以"太阳国"著称。南非9—11月为最佳旅游时间,此时天气良好,气温适中,日平均温度在15—25℃,并且是到草原观赏动物的好时节。

(二)历史人文

1. 历史简况

南非最早的土著居民是桑人、科伊人及后来南迁的班图人。公元17世纪起,荷兰人、英国人相继入侵并不断将殖民地向内地推进。19世纪中叶,白人统治者建立起4个政治实体:2个英国殖民地,即开普、纳塔尔殖民地;2个布尔人共和国,即德兰士瓦共和国和奥兰治自由邦。1899—1902年,英布战争以英国人艰难取胜告终。1910年,4个政治实体合并为"南非联邦",成为英国自治领。1948年,国民党执政后,全面推行种族隔离制度,镇压南非人民的反抗斗争,遭到国际社会的谴责和制裁。1961年,退出英联邦(1994年重新加入),成立南非共和国。

1989年,德克勒克出任国民党领袖和总统后,推行政治改革,取消对黑人解放组织的禁令并释放非洲人国民大会主席纳尔逊·曼德拉等黑人领袖。1991年,非国大、南非政府、国民党等19方就政治解决南非问题举行多党谈判,并于1993年就政治过渡安排达成协议。1994年4—5月,南非举行首次不分种族大选,以非国大为首的非国大、南非共产党、南非工会大会三方联盟以62.65%的多数获胜,曼德拉出任南非首任黑人总统,非国大、国民党、因卡塔自由党组成民族团结政府。

2. 政治经济

南非实行三权分立,立法权属于国会,由国民议会和参议院组成;总统是国家元首和行政首长,任期5年,由国会议员直接选举产生,通常是多数党的领袖;司法权属于法院。南非拥有3个首都:行政首都为茨瓦内,立法首都为开普敦,司法首都为布隆方丹。

南非属于中等收入的发展中国家,也是非洲经济较发达的国家。南非自然资源十分丰富,金融、法律体系比较完善,通信、交通、能源等基础设施良好。矿业、制造业、农业和服务业均较发达,是南非经济四大支柱,深井采矿等技术居于世界领先地位。但南非国民经济各部门、地区发展不平衡,城乡、黑白二元经济特征明显。20世纪80年代初至90年代初,南非受国际制裁影响,经济出现衰退。在政府经济刺激措施、国际经济环境逐渐好转和筹办世界杯足球赛的共同作用下,南非经济逐渐企稳。2010年以来,祖马政府相继推出"新增长路线"和《2030年国家发展规划》,围绕解决贫困、失业和贫富悬殊等社会问题,以强化政府宏观调控为主要手段,加快推进经济社会转型。近几年来,受全球经济走低,以及国内罢工频发、消费不振等多重因素影响,南非经济总体低迷。拉马福萨总统先后推出"新投资倡议""经济刺激与复苏计划",致力于恢复经济增长。2014—2019年,南非经济增长率保持在1%上下。2020年,受疫情等影响,南非经济收缩6.4%。2021年,南非经济出现较强复苏,经济增长4.9%。

3. 文化符号

南非位于非洲的最南端,矿产资源丰富,是"世界五大矿产资源国"之一,现已探明储量并开采的矿产有70余种。南非铂族金属、氟石、铬的储量居世界第一位,黄金、钒、锰、锆居第二位。金矿、金刚石、桌山等是南非的标志。

在过去的几个世纪里,开采自然矿产一直是南非较大的经济驱动力,每年开采的黄金总量占全世界的35%。南非被誉为"坐在金矿上的国家",而约翰内斯堡则是南非最大的金矿石开采中心,南非兰德金矿区为世界最大的金矿区。南非兰德金矿区于1866年被发现,至今已130多年了,已开出黄金3.5万吨,现尚有储量1.8万吨,合计5.3万吨,现储量占世界黄金总储量的52%。

南非金刚石资源丰富,年产量曾超过1000万克拉,近几年也有800万—1000万克拉,居世界第5位。其中,宝石级金刚石占35%,是世界最大的钻石生产国,也是世界上主要的钻石出口基地之一。戴尔比斯是南非极具代表性的钻石矿。

南非的桌山,其山顶如削平的桌面,被称为"上帝的餐桌"。受海风的影响,山顶常有大片的云团环绕,被称为"上帝的桌布"。

小知识

南非的土豪钻石

一说到钻石,大家第一反应总是南非钻石。虽然印度、俄罗斯等地都出产名钻,但是,没有南非产的大,南非就是靠着产出"世纪大钻",在世界上一举成名的。1905年1月25日,在南非的普里米亚钻矿地下9米处,发现了一颗体积宛若正常人的拳头大小,重3107克拉的巨钻,最终这颗钻石以矿主(托马斯·库里南)的名字命名。当时,大英帝国结束了与南非布尔人之间的战争,英国国王爱德华七世刚刚恩准南非政府制定自己的宪法。为感谢爱德华七世的这一举措,政府斥资15000英镑买下了这枚大坯钻,并在爱德华七世66岁生日时作为礼物进贡王室。爱德华七世收到这颗巨钻后非常开心,但钻石原石只有打磨之后才能显现出魅力,1907年,英国王室花费8万英镑,委托荷兰极具盛名的约瑟夫·阿瑟钻石商全权主理库里南钻石的切割计划。在正式切割之前,珠宝公司对这颗巨钻进行了长达几个月的观察、研究,经过周密计算,最终这颗库里南钻石被切割成9颗大钻和96颗小钻,这些钻石被英国王室用在皇冠、权杖等上面,成了王室的象征。

二、民俗风情

(一) 主要节日

南非全年有12个公共节假日。节假日一方面保留宗教色彩,另一方面突出纪念反种族隔离的历史事件和团结祥和的政治气氛。如自由日是为纪念新南非首次不分种族的大选,系南非国庆节;青年节系纪念索韦托起义;和解日是为了教育国人吸取当年"血河之战"的历史教训等。南非主要的节日有新年、人权日、耶稣受难日、家庭日、自由日、劳动节、青年节、遗产日、和解日、圣诞节和礼节日等。

1. 人权日

南非的人权日在每年的3月21日。该节日是为了纪念1960年3月21日发生在南非沙佩维尔镇的当局镇压大规模反种族歧视示威游行酿成的震惊世界的惨案,史称"沙佩维尔惨案"。尽管在此之后又过了几乎30年的时间才最终打败种族隔离制度,但它仍然标志着彼时南非的大多数黑人争取自由的开创性时刻。

2. 自由日

南非的自由日在每年的4月27日。南非于1994年4月27日首次举行不分种族的全国大选,黑人领袖纳尔逊·曼德拉成为新南非首任总统,历史上第一部体现种族平等的宪法生效,这一天便是南非的国庆日,也称南非自由日。

3. 和解日

南非的和解日在每年的12月16日。在南非原称"丁冈日"或"誓言日",是为了纪念1838年的这一天向北迁徙的南非布尔人(荷兰人后裔)打败祖鲁王丁冈、夺取了南非内陆大片土地而设立的。1994年南非新政府成立后,这一天被改名为"和解日",寓意是希望南非黑白两大种族面向未来,和平共处。

(二) 民俗礼仪

1. 社交礼仪

在社交场合,南非人所采用的普遍见面礼节是握手礼,他们对社交对象的称呼则主要是"先生""小姐"。黑人部族,尤其是在广大农村,往往会表现出与社会主流不同的风格。比如,他们习惯以鸵鸟毛或孔雀毛赠予贵宾,客人此刻得体的做法是将这些珍贵的羽毛插在自己的帽子上或头发上。

2. 民俗禁忌

信仰基督教的南非人,忌讳数字"13"。南非黑人非常敬仰自己的祖先,他们特别忌讳外人对自己的祖先言行失敬。跟南非人交谈,有4个忌讳的话题:一是不要为白人评功摆好;二是不要非议黑人的古老习惯;三是不要对方生了男孩表示祝贺;四是不要评论不同黑人部族或派别之间的关系及矛盾。

3. 旅游礼仪

在南非,人们对行李搬运工、出租车司机、导游、翻译、大巴司机、餐馆服务员、停车场保安、加油站工人等通常支付小费。小费没有固定标准,因事因人而异。餐馆用餐除餐费外,一般需另付10%—15%小费。南非法律规定,室内公共场所禁烟。有的餐馆设有吸烟区。在公共场合不能大声喧哗、随地吐痰或扔杂物,要注意保持衣着整齐、得体。

三、著名旅游城市及热点景观

(一) 开普敦

开普敦是南非的立法首都,是南非第二大城市,也是西开普省省会。开普敦都会城区的组成部分,以美丽的自然景观及码头而闻名于世,广为人知的地标有桌山和好望角等。还有企鹅滩、豪特湾、大康斯坦提亚葡萄酒庄园等景点也受到游客的欢迎。

1. 桌山

桌山是南非的一座平顶的山,海拔1087米,耸立于高而多岩石的开普半岛北端,山顶可俯瞰开普敦市和对面的桌湾,桌山山脉挡住了寒流,为开普敦创造了温暖湿润的气候。好望角又名风暴角,在非洲大陆的西南端,是开普敦的地标,也是南大西洋与印度洋的交汇处。好望角是一个突出的小山岬,气象万千,景象奇妙,好望角上有世界著名的好望角灯塔,是海上航行的重要参照物。

2. 好望角

好望角的意思是"美好希望的海角",距离开普敦市52千米,因多暴风雨,海浪汹涌,故最初称为"风暴角",后被西方的探险家喻为通往富庶的东方航道,故改称好望角。苏伊士运河通航前,来往于亚欧之间的船舶都经过好望角。特大油轮无法进入苏伊士运河,仍需取此道航行。1939年,这里成为自然保护区。

3. 企鹅滩

在开普敦东海岸的西蒙镇,有一个被称为"巨砾公园"的小海湾,这里是南非企鹅的家园,成群的企鹅在海水中冲浪、戏水、觅食或是在沙滩上享受阳光。1982年,当地渔民在这里发现了最初的两对企鹅,在当地居民自发的保护下,经过几十年的繁衍,现在企鹅的数量已经超过了3000只,并专门在沙滩设立了企鹅保护区供企鹅们繁衍生存。

(二) 约翰内斯堡

约翰内斯堡是南非最大的城市和经济中心,同时也是世界上最大的产金中心,位于东北部瓦尔河上游高地上,人口半数以上是黑人。约翰内斯堡又是一座充满生机和活力的城市,到处都散发着都市气息。约翰内斯堡被称为"黄金之城",是南非最大的城市和经济首都,整个城市现代且繁华。约翰内斯堡的知名景点有曼德拉广场、种族隔离博物馆、唐人街、约翰内斯堡动物园等。

1. 曼德拉广场

曼德拉广场位于南非约翰内斯堡桑顿的中心区域,附近有许多世界知名品牌的酒店和餐厅。曼德拉广场紧邻桑顿购物中心,南非在庆祝第一个民主独立十周年之际,在广场上向公众呈现了一座6米高的曼德拉铜像,随后广场被称为"桑顿城的尼尔森曼德拉广场"。

2. 种族隔离博物馆

种族隔离博物馆位于南非约翰内斯堡市西南角,展示了南非结束种族隔离政策12年以来,这个曾经推行臭名昭著的种族隔离制度的国家如何从"黑白分明"发展成一个"彩虹国度"。为了争取自由和权利,南非人民付出了艰苦卓绝的斗争,墙上展出了一些当年为反对种族隔离斗争而献身的斗士的照片和事迹,其中有很大一部分,向参观者完整展现了南非英雄曼德拉为自由奋斗的一生。

3. 约翰内斯堡动物园

约翰内斯堡动物园建于1904年,是"世界十大动物园"之一,拥有54公顷的绿地环境,超过3000种以上的哺乳、鸟类和爬虫类动物。园中狮子、大象、长颈鹿,以及大型猿类的围场四周只有壕沟划分,完全没有铁栏杆,还新设了北极熊栖息地。约翰内斯堡动物园是世界上少有的几处拥有白狮的动物园,也是成功地繁殖并饲养西伯利亚虎的动物园。

(三)比勒陀利亚

比勒陀利亚现更名为茨瓦内,是南非的政治决策中心兼行政首都、德兰士瓦省省会。比勒陀利亚完全是一座欧化的城市,街头几乎都是白人。比勒陀利亚城中繁华,街头清洁,风光秀丽,花木繁盛,有"花园城"之称。该城的街道两旁还种植了许多紫葳,故又得名"紫葳城"。比勒陀利亚的主要景点有联合大厦、南非先民纪念馆、南非国家动物园、教堂广场、比勒陀利亚植物园等。

1. 联合大厦

联合大厦为中央政府所在地,位于俯瞰全城的小山上。南非政府及总统府所在地是一座气势雄伟的花岗岩建筑,由赫伯·贝克爵士设计。联合大厦坐落在比勒陀利亚一座俯瞰全城的小山上,大厦前面是整齐、优美的花园,园中立有不同的纪念碑和雕像。大厦后面有大片的丛林和灌木区,里面有很多鸟类栖息。大楼于1913年落成,曼德拉1994年5月20日的就职仪式,就在这座总统府中进行的。

2. 南非先民纪念馆

南非先民纪念馆位于南非比勒陀利亚城市南部入口处的一座小山上,是南非最大的纪念馆,也是1994年后,南非政治舞台认真遵循国家改建和发展计划的最好的证明。南非先民纪念馆自1949年建立至今,获得了无数的奖项,并在2006年的时候,荣获"非洲最佳博物馆"的称号。南非先民纪念馆的建立是为了纪念早期冒险进入南部非洲内地的先驱们,该馆于19世纪中期进行了大迁徙(也译为大移民)。南非先民纪念馆由64块雕刻有四轮马车的花岗岩围绕而成,描述了先驱们早期历史的各种场景。

3. 南非国家动物园

南非国家动物园前身是比勒陀利亚动物园,动物园内有3100多种动物,是南非最大、设计最好的动物园。这里有唯一出生在非洲的考拉熊,可以乘坐高尔夫车游览,另外还有索道。南非国家动物园里面的动物实行天生天养的模式,没有饲养员为其喂食,也不会有兽医过多干预野兽的生老病死,所以这里的野兽都保持着原始的兽性。

四、旅游市场

旅游业是当前南非发展较快的行业。南非旅游资源丰富,设施完善,旅游点主要集中于东北部和东、南沿海地区。生态旅游与民俗旅游是南非旅游业两大主要的增长点。2010年,第19届世界杯足球赛决赛圈比赛在南非举行,有力拉动了南旅游业。

南非旅游业的发展潜力巨大,其自然景观、文化遗产等资源都具有很高的吸引力。统计数据显示,2019年,南非接待游客数量达到1010万人次,旅游业创造了超过1400亿兰特的收入,占国内生产总值的7%。同时,南非的旅游业也在不断地发展和壮大,旅游从业人员数量已经超过了70万人。

小知识

惊艳之美,尽在南非

在南非迷人风景的见证下,金砖国家领导人第15次会晤于豪登省约翰内斯堡桑顿会议中心正式举行,巴西、俄罗斯、印度、中国和南非五国领导人均出席本次峰会。以此会晤为契机,南非旅游局2023年全球宣传片《惊艳之美,尽在南非》中文版同步重磅上线。该大片由南非国家橄榄球队("跳羚羊")队长希亚·克利希担任主角,并向全球旅行者发出邀请,于南非开启一趟灵感满溢的非凡之旅。该视频只有短短的90秒,却将南非的多姿多彩呈现得淋漓尽致……百闻不如一见,南非正在以自己的方式欢迎全世界的旅行者踏上南非,开启"彩虹之旅"。

项目训练

任务一:旅游线路分析训练

在学习本项目旅游目的地的基本知识之后,请从携程旅行网搜索某一个国家的热门旅游线路,选出2条旅游线路,并根据要求对该线路进行整理。

填表说明:线路性质为私家团、自由行、跟团游。

线路标题名	线路性质	产品卖点	产品特色	每日行程

任务二:旅游入境营销策略制定

一、建议

发挥国家文化的吸引力,应该有一个大品牌、大营销的理念,不光是历史文化古迹,也要把现代日常生活的文化与自然环境等整合起来,整体营销该国的旅游品牌。入境游市场受政治、经济等因素的影响较大,做好媒体在境外的常态宣传非常重要。要打破常规观念,利用国际社交媒体,进行推广宣传。现在很多人出去旅游前会先看其他朋友去哪里旅游了,从计划到出游,再回来,都离不开社交媒体的应用。可以利用大数据,了解主要入境游客的需求,精准定位,细分市场,并根据消费者的反馈,不断调整策略。

二、具体任务

请结合项目所学内容,并通过网上搜索相关资料,从所学国家任选其一进行入境游旅游营销方案设计。

三、要求

根据市场消费需求,挖掘资源特色,设定营销主题。可以请班级同学以旅游者身份提出旅游需求,也可以通过分析客源地旅游偏好获得其旅游需求。

四、评价

通过以上步骤,你是否达成了任务目标呢?请对完成任务的情况做出评价。

评价指标	完成情况				改进建议
	优	良	中	差	
入境旅游营销策略的有效性					
入境旅游营销策略的创新性					
入境旅游营销策略的营销理念					
入境营销策略方案的精准度					
入境营销方案呈现的逻辑性(文档一份)					

项目七
中国主要旅游客源地与目的地：港澳台地区

项目导航

港澳台是对中华人民共和国香港特别行政区、中华人民共和国澳门特别行政区、中华人民共和国台湾地区的统称，因为三地在政治、经济和文化体制上有诸多类似，有别于中国其他省份，故我们常常将香港特别行政区、澳门特别行政区和台湾统称为"港澳台"。香港和澳门地处祖国大陆东南端，分别位于珠江口东西两侧。香港位于珠江口东侧，紧贴深圳南部。澳门位于珠江口西侧，紧贴珠海东南。台湾位于东南海面上，隔台湾海峡与福建省相望，东临太平洋。

在经济方面，由于受近代英国、葡萄牙、日本三国殖民统治的深刻影响，香港、澳门、台湾实行的是资本主义私有制经济体制，经济较为发达，旅游业也较为发达。

本项目在内容方面，设计了地区概况、民俗风情、著名旅游景观、旅游市场4个板块，引导学习者对于中国主要旅游客源地与目的地：港澳台地区知名旅游目的地进行学习。通过学习，使学习者对于该地区的区域人口、自然环境、历史沿革、文化符号、礼仪禁忌、旅游资源、旅游发展等有初步的了解，进而通过设计相关活动提升应用能力，达到理论和实践的统一。

项目任务

请结合课程及电子资源,填写下表,完成项目预习任务。

主要客源地及目的地	货币	主要民俗禁忌	热门旅游景点	入境内地/大陆旅游数据	接待内地/大陆游客数据
香港					
澳门					
台湾					

任务一　东方之珠:香港

  案例导入

香港旅游新趋势

据香港媒体报道,2023年暑假期间,内地游客赴港"文旅游"大热。在西九文化区,参观香港故宫文化博物馆、"M+博物馆"、戏曲中心,欣赏璀璨中华文化和来自世界各地的现当代艺术,成为不少内地游客的选择。香港书展也吸引大批家长和学子前来购书、聆听名家讲座。参观香港大专院校、感受大学氛围,更成为很多期盼来港升学内地学子的指定活动。在奢侈品供货商调整定价策略、香港与内地的价差缩小、跨境电商的快速发展,以及海南放宽免税政策等因素影响下,内地居民对香港产品的依赖程度降低,因购物而来香港的游客日渐减少。

案例探究:1.请根据案例,探究香港旅游新的热点有哪些?

2.根据香港旅游的新趋势,分析香港可以采取什么的措施来提升游客满意度?

一、香港概况

(一) 地理环境

1.区域与人口

香港全称中华人民共和国香港特别行政区,位于中国南部、珠江口以东,西与澳门隔海相望,北与深圳相邻,南临南海。位于香港岛和九龙半岛之间的维多利亚港,是举世知名的深水海港,陆地总面积1114.35平方千米。

截至2022年,香港特别行政区人口约733万,香港居民大部分原籍广东,普遍讲粤语。外籍人口以印度尼西亚和菲律宾人数最多,其次是欧洲人和印度人。

2. 自然环境

香港属亚热带季风气候,全年气温较高,年平均温度为22.8 ℃。香港夏季高温多雨,温度在27 ℃—33 ℃;冬天温和少雨,很少会降至5 ℃以下。香港平均全年雨量2214.3毫米,5—9月多雨,雨量最多的月份是8月,雨量最少月份是1月。7—9月是香港台风较多的季节。此外,香港市区高楼集中、人口稠密,所形成的微气候容易产生热岛效应,市区和郊区有明显的气温差别。10月至次年5月是前往香港旅游的最佳时间。

(二) 历史人文

1. 历史简况

新石器时代,香港已经有了人类活动。秦始皇统一中国后,公元前214年,秦朝派军平定百越,置南海郡,把香港一带纳入其领土,属番禺县管辖。由此开始,香港便置于中央政权的管辖之下。宋元时期,内地人口大量迁至香港,促使香港的经济、文化得到很大的发展。元朝时,香港属江西行省。明朝万历年间,从东莞县划出部分地方成立新安县,为后来的香港地区。香港岛由明朝万历年间起,一直到清朝道光年间,一直属广州府新安县管辖。

香港全境的三个部分(香港岛、九龙、新界)分别源自不同时期的三个不平等条约。1842年,清政府与英国签订不平等的《南京条约》,割让香港岛给英国。1860年,中英签订不平等的《北京条约》,割让九龙半岛界限街以南地区给英国。1898年,英国强迫清政府签订《展拓香港界址专条》,租借九龙半岛界限街以北地区及附近262个岛屿,租期99年(至1997年6月30日结束)。

1941年12月25日,第二次世界大战期间,日军进犯香港并占领香港。1945年9月15日,日本战败后在香港签署投降书,撤出香港。

第二次世界大战以后,香港经济和社会迅速发展,成为继纽约、伦敦之后的世界第三大金融中心。香港不仅成为"亚洲四小龙"之一,也是亚洲金融、服务和航运中心。

1982—1984年,中英两国就落实香港问题进行谈判,1984年签订《中华人民共和国政府和大不列颠及北爱尔兰联合王国政府关于香港问题的联合声明》,决定1997年7月1日中华人民共和国对香港恢复行使主权。中方承诺在香港实行"一国两制",香港将保持资本主义制度和原有的生活方式,并享受外交及国防以外所有事务的高度自治权,也就是"港人治港,高度自治"。1997年7月1日,中国对香港恢复行使主权,香港成为中华人民共和国的一个特别行政区。

2. 政治经济

香港特别行政区是中华人民共和国的一个地方行政区域,直辖于中央人民政府。全国人民代表大会授权香港特别行政区依照基本法的规定实行高度自治,享有行政管理权、立法权、独立的司法权和终审权,继续保持原有的资本主义制度和生活方式不变,法律基本不变,继续保持繁荣稳定,各项事业全面发展。

香港特别行政区是一个奉行自由市场的资本主义经济体系,其经济的重点在于政府施行的自由放任政策。香港特别行政区是国际金融、航运和贸易中心,经济发达。截至2019年,香港连续25年获得评级为全球最自由经济体,经济自由度指数排名第一。

内地是香港特别行政区最大的贸易伙伴,香港是内地非常重要的贸易转口港。2019年,香港自内地进口20581亿港元,向内地出口22109亿港元。同时,香港和内地互为最大的外资来源地。随着"沪港通""深港通""债券通""基金互认"等先行先试政策不断推出,两地资本市场互联互通渠道逐步增多,机制不断完善。当前,以参与"一带一路"建设、粤港澳大湾区建设等国家重大战略为引领,香港同内地优势互补、协同发展的机制不断完善,香港将更好融入国家发展大局。

3. 文化符号

香港是一座不可复制的中西合璧的古老而又现代的城市,文化多元充满魅力,主要文化符号有紫荆花、茶餐厅、维多利亚港、TVB等。

紫荆花是香港的象征,也是香港市花。紫荆花有一个美丽的故事:当年香港人为了抵抗英军入侵,牺牲了很多人,后来存活下来的村民为了纪念这些英雄,将他们的遗体葬在桂角山上,久而久之山上逐渐长出了开着紫红色花朵的树,开遍了新界山坡。在清明时节花期犹盛,就好像是对烈士的缅怀,从此即被名为紫荆花,它同时也象征着香港人永远蓬勃向上的生命力。

茶餐厅是香港独有的餐厅,集快餐店与餐厅的特色于一身,提供糅合了香港特色的西式餐饮,这个源自英式咖啡快餐厅慢慢演变成为香港人的"大众食堂",成为香港最草根、最本土的饮食场所。多年的历史和深深的香港印记,见证了香港大半个世纪的变迁和浓浓的平民气氛。在香港,茶餐厅遍布各区,营业时间不定,通常由早上6点至凌晨1点,旺角等地区的茶餐厅可能通宵营业。

维多利亚港是位于中华人民共和国香港特别行政区的香港岛和九龙半岛之间的海港,也是"世界三大天然良港"之一。由于港阔水深,中国香港亦因而有"东方之珠""世界三大夜景"之美誉。维多利亚港的名字,来自英国的维多利亚女王。它早年已被英国人看中有成为东亚地区优良港口的潜力,后来从清政府手上强占香港,发展其远东的海上贸易事业。维多利亚港一直影响香港的历史和文化,主导中国香港的经济和旅游业发展,是中国香港成为国际化大都市的关键之一。

TVB(Television Broadcasts Limited),即香港电视广播有限公司,1967年由利孝和、祁德尊、邵逸夫等人创办正式开业,是香港首家获得免费无线电视牌照的电视台,也是世界第一大华语商营电视台。开台以来,培养出台前幕后的华语影视制作团队和演艺明星数以百计。经过多年累积,无线电视已拥有一条每年可制作超过650小时剧集和超过17000小时新闻、综艺、旅游和资讯娱乐等节目的制作生产线。其中,电视剧为TVB制作的品牌产品,一直影响着香港和全球华人社区,成为香港流行文化的重要组成部分。"有华人的地方,就有香港无线电视的节目。"

二、民俗风情

（一）主要节日

香港是世界节日较多的地区，既有中华民族传统节日、宗教节日，又有西方习俗节日，还有其他节日。中国传统节日有春节、清明节、端午节、中秋节、重阳节。其中，春节最隆重，亲友送年礼，并给孩子们发"利市"（红包），清明节要"拜山"（扫墓），端午节要进行龙舟赛，中秋节要吃月饼、观花灯、赏月等。宗教节日有复活节、圣诞节，各教会也有自己的节日。西方习俗的节日有情人节、母亲节、父亲节等，香港每年都主办各种类型文化、康乐、体育活动，较大型的活动包括香港艺术节、香港国际电影节、国际综艺合家欢、香港国际七人橄榄球赛、六人木球赛和国际赛马等。

> **小知识**
>
> **香港艺术节**
>
> 香港艺术节于1973年正式揭幕，是国际艺坛中重要的文化盛事，于每年2—3月呈献众多优秀本地及国际艺术家的演出，以及举办多元化的"加料"和教育活动，致力丰富香港的文化生活。
>
> 香港艺术节每年呈献众多国际演艺名家精彩多元的演出，如歌剧、中国戏曲、古典音乐、爵士乐及世界音乐、舞蹈、戏剧等。香港艺术节积极与本地演艺人才合作，并致力为年轻艺术家提供展示才华的平台。香港艺术节多年来与知名海外艺术家及团体联合制作不少优秀作品，香港艺术节大力投资下一代的艺术教育，"青少年之友"成立31年来，已为逾82万名本地中学生及大专生提供艺术体验活动。艺术节近年亦开展多项针对大、中、小学生的艺术教育活动，包括由国际及本地艺术家主持的示范讲座及工作坊、学生展演、演前讲座、公开彩排以及欣赏艺术节演出。同时，通过"学生票捐助计划"，艺术节每年提供约1万张半价学生票。香港艺术节每年主办一系列多元化并深入社区的"加料节目"，例如电影放映、示范讲座、大师班、工作坊、座谈会、后台参观、展览、艺人谈、文化导赏团等，鼓励观众与艺术家互动接触。

（二）民俗礼仪

1. 社交礼仪

香港人在社交场合与客人相见时，一般是以握手为礼。亲朋好友间相见时，也有用拥抱礼和贴面颊式的亲吻礼的。他们向客人表达谢意时，往往用叩指礼。

2. 民俗禁忌

香港人说话办事讲究有一个好兆头，"3""8"与粤语"升""发"谐音，"6""9"与"禄""久"谐音，所以这几个数字较受欢迎。但他们忌讳"4"，根据发音谐音，香港人送花忌讳赠送剑兰、茉莉、梅花等,送礼物忌讳送钟(谐音"送终")。香港人忌讳别人打听个人隐私,如住址、收入、年龄等情况。香港行人和车辆靠左行驶,和内地正好相反。

3. 旅游礼仪

在香港旅游时,乘扶梯时请靠右侧站立,左侧是给有需要通过的人使用的。全港所有工作地点、公众地点、饭店、街道以及公众游乐场所内的大部分范围实施禁烟。另外,香港禁止在公共场所吃东西。

三、著名旅游景观

1. 太平山

太平山位于香港岛西北部,海拔552米,是香港岛的最高点,在山顶可以俯瞰香港全岛及维多利亚港美景。太平山风光秀丽,山顶一带更是官绅名流的官邸所在,也是人们到香港的必游之地。前往太平山顶的最佳交通工具是乘坐山顶缆车。该缆车自1888年开始营运,见证了香港城市过去100多年间的变迁。登太平山的最佳时间是黄昏,这时既能观赏到白天的城市景观,又可以静待夜幕低垂时,整个城市在瞬间变幻的一刻。太平山顶上有多个观景台,包括卢吉道观景台、狮子亭、山顶公园以及凌霄阁顶层的摩天台等。

2. 浅水湾

浅水湾依山傍海,位于香港岛太平山南面,号称"天下第一湾",有"东方夏威夷"之美誉,是香港极具代表性的沙滩。海湾呈新月形,水清沙细,波平浪静,是游人必到的旅游胜地。浅水湾的著名景点有影湾园、浅水湾129号等。在浅水湾东南端,有一座极具中国古典色彩的建筑——镇海楼。镇海楼公园内面海矗立着天后娘娘(妈祖)和观音菩萨两尊十多米高的巨大塑像,保佑着渔民和泳客在海上四季平安。

3. 香港海洋公园

香港海洋公园是东南亚最大的海洋主题休闲中心,占地91.5公顷,于1977年1月10日开园,是一座集海洋奇观与游乐设施于一体的世界级主题公园。香港海洋公园分为三部分,分别为位于北面的山下园、南面的南朗山南麓及大树湾。香港海洋公园拥有全东南亚最大的海洋水族馆及主题游乐园、亚洲第一个水上游乐中心和全世界第二长的户外电动扶梯等。

4. 迪士尼乐园

迪士尼乐园位于香港新界大屿山,占地126公顷,于2005年投入运营,是全球第5座、亚洲第2座、中国第1座迪士尼乐园。迪士尼乐园分为7个主题园区,分别为美国小镇大街、探险世界、幻想世界、明日世界、玩具总动员大本营、灰熊山谷及迷离庄园,其中,灰熊山谷和迷离庄园为全球独有。

5. 黄大仙祠

黄大仙祠又名"啬色园",是一座宏伟的中国式道教寺庙,位于九龙半岛的东北面,是香港香火最旺的地方。每年农历大年初一,市民都要争头炷香。相传祠内所供奉的黄大仙十分灵验,"有求必应"。该祠也是香港唯一一所可以举行道教婚礼的道教宫观。

四、旅游市场

《华夏时报》记者从香港旅游发展局获悉,内地旅客依然是访港主力,2023年前7个月访港旅客量累计1650万人次,其中约1308万人次来自内地。2023年7月,访港旅客量为360万人次,按月上升31%;其中83%为内地旅客,约有297万人次。

2023年1—5月,访港旅客量累计突破1000万人次,是疫情前平均数约40%,其中来自内地的旅客量旅客超过795万人次。以此计算,6月、7月两个月访港旅客量约650万人次。中国(深圳)综合开发研究院港澳及区域发展研究所副主任研究员杨秋荣在接受《华夏时报》记者采访时表示:"目前香港旅游业仍处于恢复阶段,从7月访港旅客人数看,约有360万人次,按月上升超过三成。8月是旅游旺季,有望进一步回升,但是,由于面临全球经济、航空运力、外币汇率等不同挑战,香港市场整体的消费热度要完全恢复至疫情前水平,仍需要一定的时间。"据悉,旅客访港的主要趋势已然发生改变,如高铁出行愈趋流行;文化、艺术及绿色旅游在年轻客群中越来越受欢迎;因购物而来港的游客比例呈减少趋势;会议、展览及奖励旅游(会展旅游)复苏强劲等。

任务二　娱乐之都:澳门

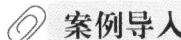

案例导入

娱乐之都:
澳门

澳门的博彩业正准备悄悄变身

自澳门"开放赌权"后,澳门博彩业进入了一个超常发展期,迅速成长为全球博彩收入最高的城市。贵宾厅博彩曾在澳门博彩收入中占有显著的地位,2002年一直到2020年之间的绝大多数年份里,来自贵宾厅的博彩收入都超过总博彩收入的一半以上,有些年份甚至超过70%。新《博彩法》通过,澳门加大对博彩业的监管力度,致力于博彩业的规范化发展,力图降低博彩业的"赌性",发展其"娱乐性",打造一个可持续发展的博彩业。

案例探究:1.请你结合案例,查询澳门的博彩业对于澳门经济发展的影响体现在哪些方面?

2.讨论新《博彩法》中的降低博彩业的"赌性",发展"娱乐性"可能的举措有哪些?

一、澳门概况

（一）地理环境

1. 区域与人口

澳门全称为中华人民共和国澳门特别行政区,地处祖国南方珠江入海口的西侧,北靠珠江三角洲,东隔伶仃洋,与香港隔海相望,西连磨刀门,和珠海市的湾仔、横琴岛隔水相对,北接珠海市的拱北。澳门半岛经过百余年的填海造地,如今澳门特别行政区包括澳门半岛和氹仔、路环两个离岛,面积32.9平方千米。澳门特区海岸线全长76.7千米,澳门海岸线大部分由人工岸线组成,约占岸线总长的80.8%,主要分布在澳门半岛、氹仔岛北侧与南侧。

根据第七次全国人口普查结果,澳门特别行政区人口约为68.32万。澳门以华人为主,是世界人口密度较高的地区。汉语和葡萄牙语是现行官方语言,市民普遍讲广东话,英语在澳门也很流行。

2. 自然环境

澳门地处北回归线以南,受海洋和季风影响很大,属亚热带季风气候,夏无炎热,冬无严寒。澳门全年平均气温22 ℃左右,湿度较高,为73%—90%。秋季(10—12月)是全年最好的季节,阳光充足,气候温和且湿度较低。冬季(1—3月)寒冷,但大部分时间天气晴朗,4—9月,温度和湿度逐渐升高,雨水较多,伴有台风。

澳门的10月至次年2月是最佳旅行时间。澳门四季温差较小,夏季偏热多雨,冬季相对比较温暖。总体来说,澳门是比较适合旅游的地方。

（二）历史人文

1. 历史简况

澳门先秦时属百越地。从秦帝国起就成为中国领土,属南海郡。澳门古称濠镜澳,约公元前3世纪,澳门被正式纳入中国版图,属南海郡番禺县地。自南宋开始,澳门属广东省广州香山县。元代属广东道宣慰司广州路;明代属于广州府;清朝后期前属广肇罗道广州府,道治肇庆,府治广州。

南宋王朝倾覆之际,澳门半岛开始有大量华人定居。公元16世纪中叶,明世宗嘉靖年间,葡萄牙人开始在明朝求得澳门的居住权,但明朝政府仍在此设有官府,由广东省直接管辖。直至公元1887年,葡萄牙政府与清朝政府签订了《中葡会议草约》和有效期为40年的《中葡和好通商条约》(至1928年期满失效)后,正式通过外交文书的手续占领澳门。

公元1622年,荷兰人攻打葡萄牙租借自明朝的澳门,被击败。公元1623年,葡萄牙政府委任马士加路也为首任澳门总督。

澳门自从被葡萄牙侵占以来,葡萄牙人在澳门一直拥有特权或特殊地位,引发居民普遍不满,引发各种反抗事件。1974年,葡萄牙革命成功,承认澳门是被葡萄牙非法侵占的,并首次提出把澳门交还中国。由于当时不具备交接条件,时任总理的周恩来提出暂时维持澳门当时的状况。

1984年,邓小平首次公开提出用"一国两制"的方针解决历史遗留下来的澳门问题。于1987年,两国总理在北京签订《中华人民共和国政府和葡萄牙共和国政府关于澳门问题的联合声明》,说明澳门地区(包括澳门半岛、氹仔和路环)是中国的领土,中华人民共和国1999年12月20日对澳门恢复行使主权。中国承诺在澳门实行"一国两制",保障澳门人可享有"高度自治、澳人治澳"的权利。1999年,中华人民共和国正式恢复对澳门行使主权。

2. 政治经济

自1999年12月20日起,澳门成为中华人民共和国的特别行政区,澳门特区的宪制文件《中华人民共和国澳门特别行政区基本法》也同时开始实施。根据基本法,除防务和外交事务外,澳门特区实行高度自治,享有行政管理权、立法权、独立的司法权和终审权。澳门特区的行政机关和立法机关由澳门永久性居民组成。澳门特区保持自由港、单独的关税地区地位,资金进出自由和金融市场与各种金融机构经营自由,并可在经济、贸易、金融、航运、通信、旅游、文化、体育等领域,以中国澳门的名义单独与世界各国、各地区及有关国际组织保持和发展关系,签订和履行有关协议。

澳门特别行政区是中国人均GDP最高的城市,主要以第二产业和第三产业为主。澳门特别行政区经济规模不大,但外向度高,是中国两个国际贸易自由港之一,货物、资金、外汇、人员进出自由,亦是区内税率较低的地区,具有单独关税区地位,与国际经济联系密切,更与欧盟及葡语国家有着传统和特殊的关系。澳门特别行政区的博彩业在其经济中产生举足轻重的影响。

3. 文化符号

澳门虽然面积较小,但是400多年的中西文化交汇,拥有丰富的历史和多元的文化,文化符号主要是大三巴牌坊、博彩业、葡式蛋挞等。

大三巴牌坊为"澳门八景"之一,是澳门的象征,位于炮台山下,毗邻澳门博物馆和大炮台名胜。

澳门以博彩业著称。澳门近100年来的发展历史中,博彩业在经济社会中始终占据着主要地位,澳葡政府在1847年宣布赌博合法化,澳门的赌业因此得以发展。葡京娱乐场是澳门规模较大的博彩娱乐场,位于苏亚利斯博士大马路,场内设有多种博彩方式,不设入场券,可自由进出,但18岁以下未成年人及21岁以下本地人不准进入。

葡式蛋挞是澳门美食的代表名词之一,又称"葡式奶油挞""焦糖玛奇朵蛋挞",属于蛋挞的一种。港澳及广东地区称"葡挞",是一种小型的奶油酥皮馅饼,其焦黑表面(是糖过度受热后的焦糖)是其特征,口味是奶香味。

小知识

Macau名字的来历

《七子之歌》中有一句歌词:你可知Macau不是我真姓,我离开你太久了，母亲……《七子之歌》，使Macau这个名字变得家喻户晓。其实澳门以前是个小渔村，它的本名为濠镜或濠镜澳，因为当时泊口可称为"澳"，所以称"澳门"。公元16世纪中叶，第一批葡萄牙人抵达澳门时，询问居民当地的名称，居民误以为他们问的是庙宇，就回答说"妈阁"。葡萄牙人以"妈阁"的发音而译成"Macau"，这就是澳门葡文名称的由来。

二、民俗风情

（一）主要节日

澳门拥有独特的节庆文化，既有春节、元宵、端午节等中国传统节庆，也有复活节、花地玛圣像巡游、圣诞节等西方节日。除节庆外，澳门每年都举办多项大型的国际盛事。

腊月二十三日用灶糖送灶神，澳门人称为"谢灶"，是澳门保存下来传统的中国年俗之一。澳门人过年是从腊月二十八开始的，腊月二十八日在粤语中谐音"易发"，商家老板大都在这岁晚之时请员工吃"团年饭"，以示财运亨通、吉祥如意。除夕之夜，守岁和逛花市是澳门人辞旧迎新的两件大事。守岁是打麻将、看电视、叙旧聊天，共享天伦之乐，澳门在年宵兴办花市，多是桃花、水仙、盆竹、盆橘，花开富贵，竹报平安，鲜花瑞木昭示着新年的美好前程。

春节这天，澳门人讲究"利市"。"利市"就是红包的意思，这天老板见到员工，长辈见到晚辈，甚至已婚人见到未婚人都要发"利市"。"利市"纯粹是以示吉利。澳门人把大年初二叫作"开年"。习俗是要吃"开年"饭，这餐饭必备发菜、生菜、鲤鱼，意在取其生财利路。澳门直到元宵佳节，一直放烟花爆竹，舞龙舞狮，欢天喜地。

📎 **小知识**

澳门的娘妈诞

娘妈又称"天后""妈祖"，诞辰是农历三月二十三。有一次，渔民在南海捕鱼，突然刮起狂风雷暴，最后，娘妈幻化成少女并平息了风暴，使人们脱离危险，平安抵达海镜港。渔民们就在他们上岸的地方兴建了一座庙宇"妈祖阁"来供奉娘妈。时至今日，娘妈是非常受澳门居民尊敬的天神，"妈祖信俗"已被列入澳门非物质文化遗产名录。在这一天，很多居民都会来到天后庙祈福参拜，举行隆重的祭奠活动。每年的天后诞都有精彩的传统庆祝活动上演，包括龙狮表演、神功戏、抽花炮等。庆祝活动由诞期前夕开始，傍晚开始还神、还花炮；子时后人们上头炷香、拜神等。晚上在庙前空地搭上大戏棚，上演神功戏。神功戏是中国传统的祭神习俗，指的是在庙前搭建大型的竹棚戏台，由戏会的代表于妈阁庙内进行祈福、开缘部、祈杯等开锣仪式后，请神入座看戏。同场还设大排筵席神功宴，让大家边品尝美食，边欣赏传统神功戏，与众同乐，庆祝娘妈诞。

（二）民俗礼仪

1. 社交礼仪

在澳门，打招呼或表示友好时，忌讳拍别人的肩膀，广东人，尤其商人、喜欢博彩活动的人，对于被别人拍肩膀很反感，认为这有散财或输钱的不好意头。

2. 民俗禁忌

澳门人忌讳数字"4""14""44"等，因发音与"死"相近。如说空房间、空车等，一般以"吉车""吉房"替代，因"空"粤语发音与"凶"相同。在别人博彩期间，忌讳说买书等与书有关的字眼，因"书"与"输"同音。

在澳门，忌讳做"不速之客"。到普通朋友家做客或拜访，一般都要事先约好，也不要留宿，澳门住所比较狭小，对客人通常留餐不留宿。

在澳门，忌讳询问他人的年龄及婚姻状况、经济收入等问题，尤其是女士的年龄。也不要在别人面前脱鞋，这被视为不知礼节的人。忌单数，结婚、祝寿、开张、入伙等喜庆活动的贺礼宜双数。

3. 旅游礼仪

在澳门，旅游时应注意保护环境，不乱扔垃圾或吐痰。要遵守交通规则，不并行挡道，不乱插队。游览景点时，不大声喧哗，要爱护文物古迹，遵守禁烟规定。

三、著名旅游景观

澳门历史城区是以澳门旧城区为核心的历史街区，其间以相邻的广场和街道连接20多处历史建筑，历史城区的范围东起东望洋山，西至新马路靠内港码头，南起妈阁山，北至白鸽巢公园。澳门的主要景点包括妈阁庙、港务局大楼、郑家大屋、大三巴牌坊等20多处历史建筑。澳门历史城区见证了澳门400多年来中华文化与西方文化互相交流、多元共存的历史。2005年，澳门历史城区被列入《世界遗产名录》。

1. 大三巴牌坊

大三巴牌坊是圣保禄教堂正面前壁的遗址。圣保禄教堂始建于公元1637年，当时是东方最大的天主教堂，教堂先后经历了3次大火，屡焚屡建。公元1835年，一场大火烧毁圣保禄教堂，仅残存了教堂的正面前壁、大部分地基以及教堂前的石阶。因为教堂前壁的形状与中国传统牌坊相似，所以取名为"大三巴牌坊"。"三巴"是葡语"圣保禄"的粤语音。大三巴牌坊的建筑由花岗石建成，宽23米，高25.5米，上下可分为5层，自第3层起往上逐步收分，至顶部则是一底边宽为8.5米的三角形山花，整个墙壁是巴洛克式，但也雕刻有中国和日本的牡丹及菊花图案，呈现中西合璧风格。

2. 妈阁庙

妈阁庙原称"妈祖庙"，俗称"天后庙"，是澳门较早的宗教庙宇，也是澳门三大古刹（妈阁庙、普济禅院、莲峰庙）中历史最悠久的。妈阁庙为福建商人所建，距今已逾500年。妈阁庙位于澳门半岛的西南端，庙内有"神山第一"殿、正觉禅林、弘仁殿、观音阁4栋主建筑，前三殿主要供奉天后妈祖，观音阁则供奉观音菩萨。相传400多年前，葡萄牙人登陆澳门，在庙门前面的海滩上岸，询问当地居民这里是什么地方，居民以为是问妈阁庙,故答"妈阁",葡萄牙人以其音译而成"Macau",遂为澳门的葡文名称由来。

3. 金莲花广场

金莲花广场位于澳门新口岸高美士街、毕仕达大马路及友谊大马路之间,是为庆祝1999年澳门主权移交设立的,已成为澳门一个著名地标及旅游景点。金莲花广场的大型雕塑"盛世莲花"是1999年中华人民共和国中央人民政府为庆祝澳门回归而赠送的,雕塑采用青铜铸造,表面贴金,重6.5吨,高6米,花体部分最大直径3.6米。莲花是中华人民共和国澳门特别行政区区花,莲花盛开,象征澳门永远繁荣昌盛。

4. 澳门旅游塔

澳门旅游塔,港澳地区习惯称其为观光塔,是澳门著名的景点,也是澳门新的标志性建筑。澳门旅游塔集观光、会议、娱乐于一体,是"全球十大观光塔"之一。天空漫步、蹦极项目在61层,可以从223米的高空一跃而下。顶层有360°观景餐厅,可以俯瞰澳门和珠海,天气好的话能看到香港大屿山。

四、旅游市场

中国旅游研究院近日公布的《2023年上半年出境旅游大数据报告》显示,2023年上半年,内地出境旅客总量中,香港、澳门和台湾地区占比近八成,澳门则占了当中五成的旅客量,居内地出境旅游目的地首位。

报告显示,2023年上半年,出境游目的地共计接待内地游客4037万人次。从热门目的地来看,香港、澳门和台湾地区是内地居民的出境游主要目的地,接待出境游旅客占比达79.89%。其中,澳门占50.9%,香港占26.66%,而台湾则占2.33%。

此外,根据统计暨普查局的统计资料,2023年1—6月访澳内地旅客累计数据,与2019同期比较,澳门恢复率为52.7%,较邻近地区恢复快。特区政府乐见内地旅客选择澳门作为旅游目的地,将积极采取经济适度多元发展策略,利用澳门拥有的优质旅游设施及服务,不断优化旅游软硬件设施及服务,致力开拓国际客源,推进旅游业继续向前迈进。

任务三　美丽宝岛:台湾

 案例导入

大陆—台湾有望恢复团体旅游

台湾陆委会2023年8月24日宣布,9月1日起恢复旅居及留学第三地的大陆人士来台观光。下一步着手恢复两岸团体旅游,初期规划来台的大陆旅游团以及赴大陆的台湾旅游团人数均为每天2000人。台湾观光局称,两岸

旅游是双方重要交流项目之一。当局欢迎大陆旅客来台观光的立场不变,此次从恢复第三地大陆人士来台开始,希望后续恢复两岸团体旅游,以健康有序的方式分阶段推动两岸交流。

陆委会同时宣布推动恢复两岸团体旅游,以一个月为准备期,大陆旅游团来台初期规划每天限额2000人次,台湾旅游团赴陆同样以每天2000人次为限。考量两岸民间旅游交流已暂停超过3年,旅游主管部门近日将举办说明会,与旅游业界人士讨论恢复团体旅游的相关管理法规,签证办理流程、旅游安全等事宜。

案例探究:1.请你结合案例,搜索相关资料分析政府的旅游政策如何影响旅游业的发展。

2.请查阅相关资料,分析台湾旅游业在发展过程中存在的问题。

一、台湾概况

(一) 地理环境

1. 区域与人口

台湾是我国第一大岛屿,位于祖国东南沿海的大陆架上。东临太平洋,西隔台湾海峡与福建省相望,南靠巴士海峡与菲律宾群岛相对,北向东海。中国台湾地区,是指台湾当局控制下的台湾省(包括台湾本岛与兰屿、绿岛、钓鱼岛等附属岛屿及澎湖列岛),以及福建省的金门、马祖、乌丘等岛屿,陆地总面积3.6万平方千米。

截至2022年,台湾地区人口数约为2326.5万。台湾的主要民族有汉族和高山族,政府驻地是台北市。官方语言是国语,主要的方言有闽南语、客家语、福州语等汉语方言,南岛语系诸方言。主要宗教是佛教、道教、基督教、天主教等。

2. 自然环境

台湾本岛是一个多山的海岛,高山和丘陵约占全岛的2/3,东部是山脉,中部是过渡的低山丘陵,平原不到1/3,且平原多分布在西海岸,本岛地形可分台东山地、台中丘陵、台西平原三部分。随着高山的形成和存在,形成了150多条的河流。台湾拥有丰富的森林资源,号称"森林之海";盛产食盐,有"东南盐库"之称。

台湾地处热带及亚热带气候交界处,台湾的年平均温度,除高山外,在22 ℃左右。台湾气候冬季温暖,夏季炎热,雨量充沛,终年湿润。台湾是我国台风过境最频繁的省份,也是一个多火山、温泉、地震的地区。台湾的最佳旅行时间为春季(3—5月)及秋季(9—11月)。

(二) 历史人文

1. 历史简况

台湾有文字记载的历史可以追溯到公元230年。当时,三国吴王孙权派1万官兵到达"夷洲"(台湾)。公元12世纪中叶,宋朝将澎湖划归福建泉州晋江县管辖。元、明两朝政府在澎湖设巡检司。公元17世纪初,荷兰殖民者趁明末农民起义和东北满族势力日益强大,明政府处境艰难之时,侵入台湾。不久,西班牙人侵占了台湾部分地区,于公元1642年被荷兰人赶走,台湾被荷兰霸占。

公元1644年,清军入关,在北京建立清朝政权。公元1661年,郑成功从荷兰殖民者手中收复了中国领土台湾,成为民族英雄。公元1684年,清政府设置分巡台厦兵备道及台湾府,隶属于福建省。公元1811年,台湾人口已达190万,其中多数是来自福建、广东的移民。公元1884—1885年中法战争期间,法军进攻台湾,遭刘铭传率军队重创。公元1885年,《中法新约》签订,法军被迫撤出台湾。

1894年,日本发动甲午战争,清政府战败,被迫签订丧权辱国的《马关条约》,把台湾割让给日本。1937年,中日战争爆发。1945年,中国抗日战争胜利结束,收复了失土台湾。

2. 政治经济

台湾地区现行政治体制的主要特征:一是台湾当局领导人由直接选举产生,权力扩大,决定台湾当局的大政方针,提名任命行政、司法、监察、考试机构负责人;二是形成了政党政治。截至2019年底,台湾地区共有各类政党291个,全台性政治团体45个;三是实行地方自治制度。

台湾经济虽人均生产总值较高,但内需市场狭小,自然资源较少,科技基础不坚实,对海外市场和技术的依赖程度较高。同时,台湾经济发展还受岛内政争激烈的影响。台湾经济虽然发展较快,但由于经济结构和财政税收体制的影响,财政状况不佳,税基萎缩,赋税收入增长减缓,同时各类支出增长很快,尤其是军事、行政和社会保障等非生产性开支所占比重很大。财政收支不平衡导致财政赤字不断扩大,基础设施建设和更新滞后。

3. 文化符号

台湾的夜市文化是一种市民文化。台湾夜市的由来,可以追溯至唐代。起初,夜间小贩聚集在城市街角或寺庙广场周围,出售手工艺品、传统医药、生活必需品和街头小吃。由于台湾当时交通不便,物资相对匮乏,再加上百姓白天忙于工作,只能趁晚上闲暇时购买商品。久而久之,商贩逐渐增多,形成了一定规模,夜市也就应运而生。之后,台湾夜市经济日渐繁荣,每个区都有大小不同的夜市,台湾夜市结合当地民众的口味做了改良和创新,吸引了各地游客观光体验和品尝美食,台湾夜市也因此成为宝岛的文化名片。士林夜市是台北最大的夜市,也是台北必去夜市。

凤梨酥是台湾美食的名片之一。凤梨酥外皮酥松化口,内馅甜而不腻,此种"中西结合"的凤梨酥,连西方人也赞赏有加,故逐渐成为岛外观光客非常喜欢的台湾手礼。

对于阿里山,一曲《阿里山的姑娘》让阿里山火遍大江南北,让阿里山成了外地游客到了台湾的必选项目。阿里山山区气候温和,盛夏时依然清爽宜人,林木葱翠,是宝岛台湾理想的避暑胜地以及著名旅游风景区。

二、民俗风情

(一) 主要节日

我国宝岛台湾的传统节日丰富多彩,有春节、元宵节、端午节、七夕、中元节等。元宵节除了赏花灯、猜灯谜外,还有特色的台北"北天灯"、台南"南蜂炮"等。台湾中秋三大件是月饼、柚子和烤肉。此外,松柏岭玄天上帝祭典、大甲妈祖进香、北港妈祖出巡、台北迎城隍、东港王船祭、二结王公过火等也是台湾本地重要的民俗活动。台湾还有丰年祭、祖灵祭、狩猎祭、图腾、蛇纹等特色民俗。

> **小知识**
>
> **台湾的丰年祭**
>
> 丰年祭是台湾本地居民最隆重、规模最大的传统祭典,在每年秋收季节举行,上百个部落会错开时间举办。丰年祭大多集中于七八月份,为期一周左右。由于各族的居住环境及种植作物不同,因此各地的节期也不尽相同。但是,在收割、尝新、入仓等收获的各个环节开始或结束时,各族都会举行相应的祭祀仪式,向祖先神灵祷告,祈求保佑农作物顺利收获,并预祝来年五谷丰收、人畜两旺。祭礼之后,举行聚餐、歌舞、游戏及篝火晚会等,人们举杯同饮,欢歌共舞,沉浸在节日的喜庆与欢乐之中。
>
> 台湾的丰年祭仍保留了大量的传统习俗,如以脚脱粒处理小米、舂米去核和以年长到年中再到年幼的演示方式以示传承等。节庆过程中,部分环节并不向外人开放,但允许外族人参与的部分更像是Party,本土居民会热情地招待客人,向游客们提供独特的餐食,盛情邀请他们体验当地的特色。
>
> (资料来源:大雅文旅)

(二) 民俗礼仪

1. 社交礼仪

台湾人民在社交场合与客人见面时,一般都以握手为礼。亲朋好友相见时,也惯以拥抱为礼或吻面颊的亲吻礼。台湾的高山族雅美人在迎客时,一般惯施吻鼻礼(即用自己的鼻子轻轻地擦吻来宾的鼻尖),以示最崇高的敬意。台湾信奉佛教的人社交礼节为双手合十礼。

2. 民俗禁忌

台湾在礼赠方面有特殊禁忌。例如,禁送粽子,因为台湾居丧之家习惯包粽子;禁送甜果,甜果在台湾指年糕,是过年的常用祭品;禁送手帕,手帕是丧事完毕后主人送给吊丧者的礼物,寓意与死者永别;禁送扇子,台湾有"送扇,无期见"的俗语;禁送刀剪,意为"一刀两断";禁送雨伞,"伞"和"散"同音;禁送镜子,因为镜子容易打碎,"破镜难圆";禁以钟送人,因为"钟"与"终"同音,送钟会使人想到"送终"。

3. 旅游礼仪

在台湾旅游时,不要大声喧哗,不随地丢垃圾,不随地吐痰,不随意用手指指向任何人或建筑物。乘扶梯时,请靠右侧站立,左侧是给有需要通过的人使用的。

三、著名旅游景观

台湾有快速隆升的高大山脉、壮观幽静的深切峡谷、蜿蜒绵长的环岛海岸线、鬼斧神工的海蚀地貌、丰富的地热资源、多样的自然生态与独特的人文风情,这些构成了独一无二的美丽台湾。

台湾境内有阿里山、日月潭、太鲁阁峡谷、玉山、垦丁、阳明山等著名的旅游景点,还有新北市瑞芳区九份老街、台北市北投区、彰化县鹿港镇、新北市莺歌区等观光小镇,地方风情浓厚,是寻幽访古的旅游胜地。境内有不少特色温泉,温泉文化别具一格,位于城市的著名景点有台北101、台北故宫博物院、台北中山纪念馆等。遍布全台的夜市各具特色,小吃美食琳琅满目。

1. 台北故宫博物院

台北故宫博物院外观采用的是中国宫廷式设计。该博物院收藏品共70万余件,大部分为1949年前从北京故宫博物院运走的文物,毛公鼎、翠玉白菜和东坡肉形石为"三大镇馆之宝"。

2. 太鲁阁

太鲁阁公园位于台湾岛东部,地跨花莲县、台中县、南投县三个行政区。园内有台湾第一条东西横贯公路通过,称为中横公路系统。太鲁阁公园的特色为峡谷和断崖。园内的高山保留了许多冰河时期的孑遗生物,如山椒鱼等。太鲁阁亦成为台铁之列车名。其主要景点有长春祠、燕子口、靳珩公园、九曲洞、慈母桥、天祥;主要的自然景观有锥麓断崖、流芳桥、大禹岭、布洛湾、砂卡礑步道、绿水合流步道、清水断崖步道、白杨步道、豁然亭步道、莲花池步道、黄金峡谷等。太鲁阁是台湾极具特色的自然与人文合一的旅游景观。

3. 日月潭

日月潭位于南投县,是台湾最大、最有名的天然湖泊,水域面积达900多公顷,比杭州西湖大1/3左右。日月潭中有一小岛远望好像浮在水面的珠子,以此岛为界,北半湖形状如圆日,南半湖形状如弯月,日月潭因此而得名。

4. 阿里山

阿里山位于嘉义县东北,是台湾理想的避暑胜地。日出、云海、晚霞、森林与高山铁路,合称"阿里山五奇",景区素有"神秘的森林王国"之称,拥有长达72千米的森林铁路,阿里山铁路有70多年历史,是世界上仅存的三条高山铁路之一,途经热、暖、温、寒四带,景致迥异。尤其三次螺旋环绕及第一分道的Z形爬升,更是难忘的经历。

5. 垦丁

垦丁公园位于台湾屏东最南端的恒春半岛,它是台湾本岛唯一的热带地区,终年气温和暖。垦丁公园是台湾唯一拥有海域和陆地的公园,被称为台湾的天涯海角。最南端突出的两大峡角鹅銮鼻公园和猫鼻头公园是两大热门景点。

四、旅游市场

2020年,台湾进岛旅客总数为137.79万人次,相较于2019年的1186.41万人次,总数遭断崖式下跌,跌幅为88.39%。2020年,各主要客源市场均受到明显影响,所居位置发生变化,依人次排名分别是日本、韩国、中国港澳地区、中国大陆地区、越南、美国、马来西亚等。其中,日本以26.97万人次替代大陆市场成为2020年台湾进岛旅客的第一大客源市场,而大陆市场以95.91%的最高跌幅退出第一大客源市场,位居第4,共11.11万人次。韩国从2019年的第四大客源市场上升至第2位,入岛旅客量为17.89万人次,虽相对之下人数较多,但与2019年入岛旅客人次相比依旧下跌85.60%。

2021年1—7月,赴台旅客量为8.27万人次,与2020年同期的127.36万人次相比,减少119.09万人次,跌幅为93.51%。与2020年同期相比,日本赴台旅客人次跌幅最大,仅为5586人次,减少25.85万人次,跌幅为97.88%;其次是中国大陆地区,赴台旅客量为5704人次(以旅游为目的者仍为零),跌幅为94.35%。

由于疫情和国际政治的影响,使得台湾的旅游业正面临着较大的滑坡,后期提升台湾的入境旅游形象,还需要台湾地区政府方面做出更多的努力。

项目训练

任务一:热门旅游线路整理及定制游线路设计

一、热门旅游线路整理

在学习本项目旅游目的地的基本知识之后,请从携程旅行网搜索某一个区域的热门旅游线路,选出2条旅游线路,并从下列角度对该线路进整理。

填表说明:线路性质为私家团、自由行、跟团游。

线路标题名	线路性质	产品卖点	产品特色	每日行程

二、定制游线路设计

定制游是根据旅游者的需求,以旅游者为主导进行旅游行程的设计。定制基于用户的需求出发,按需提供满意的产品和服务,某种程度上也意味着用户有着更丰富的旅行经历、更多样的体验需求,同时伴随着更好的服务、更灵活的安排。随着旅游者需求不断深化,对于旅游的需求也越来越个性化,这为定制游的发展提供了机会。近几年,定制游发展迅速,很多旅游公司推出了定制游业务,一些新的岗位,如旅游定制师也应运而生了。请结合本项目所学内容,并在网上搜索相关资料,从本项目所学区域任选其一进行定制游旅游线路设计。

要求:自己设定游客的旅游需求,可以让班级同学以旅游者身份提出旅游需求,也可以访谈对于目的地感兴趣的人员,获得其旅游需求。提交给客户的定制旅游方案,一般以PPT或者PDF文件的形式呈现,内容包含交通、餐饮、住宿、景点、签证、价格、导游、游览注意事项等。

评价:通过以上步骤,你是否达成了任务目标呢?请对完成任务的情况做出评价。

评价指标	完成情况				改进建议
	优	良	中	差	
定制旅游方案的可行性					
定制旅游方案和游客需求的匹配度					
定制旅游方案的完整度（食、住、行、游、购、娱等）					
报价单的合理性（是否漏报或多报）					
定制旅游方案呈现的美观度（PPT）					

任务二:设计旅游推介会

假设你是某地区旅游相关部门负责人,为了促进内地/大陆居民更多来港澳台旅游,请任选一个目的地为其设计一个旅游推介会。

一、要求

设定目标受众、制定推介会议程、确定推介会场地、制定宣传推广计划、组织相关活动、总结和评估。

二、评价

通过以上步骤,你是否达成了任务目标呢?请对完成任务的情况做出评价。

评价指标	完成情况				改进建议
	优	良	中	差	
推介会方案的可行性					
推介会议程的丰富性					
宣传推广计划					
组织活动的丰富性和可行性					
整体方案的完整性					

参考文献

[1] 王昆欣.中国旅游客源地与目的地概况[M].北京:高等教育出版社,2022.

[2] 王兴斌.中国旅游客源国概况[M].8版.北京:旅游教育出版社,2019.

[3] 杨载田,邓运员.现代旅游客源国概论[M].北京:机械工业出版社,2011.

[4] 李绍明.世界地图集[M].北京:中国地图出版社,2004.

[5] Lonely Planet 公司.法国[M].邹云,译.北京:中国地图出版社,2014.

[6] Lonely Planet 公司.日本[M].北京:中国地图出版社,2018.

[7] Lonely Planet 公司.马来西亚[M].北京:中国地图出版社,2017.

[8] 布莱恩·萨克.睡遍全球:一个沙发客的自白[M].北京:现代出版社,2017.

[9] 叶永烈.澳大利亚自由行[M].上海:东方出版中心,2008.

[10] 叶永烈.欧洲自由行[M].天津:天津教育出版社,2008.

[11] 魏小安.旅游与人生[M].北京:旅游教育出版社,2012.

[12] 胡华.中国旅游客源国与目的地国概况[M].2版.北京:中国旅游出版社,2017.

[13] 西德韦尔.欧洲文化概况[M].北京:外语教学与研究出版社,2018.

[14] 朱丽,刘涛.西方文化概论[M].成都:电子科技大学出版社,2015.

[15] 吴晓东.《泰囧》为何"不小心"带火泰国旅游[N].中国青年报,2013-03-24(3).

[16] 马保奉.礼宾春秋[M].北京:世界知识出版社,2007.

[17] 约翰·吉姆雷特.大象的国度:斯里兰卡漫游记[M].赵美园,译.北京:商务印书馆,2023.

[18] 约翰·马克·法拉格.美国人的历史[M].王晨,李书军,丁维,等译.上海:上海社会科学院出版社,2021.

[19] 尹德涛.世界旅游地理[M].天津:南开大学出版社,2007.

[20] 中国旅游研究院.中国入境旅游发展年度报告2018[M].北京:旅游教育出版社,2018.

[21] 中国旅游研究院.中国出境旅游发展年度报告2018[M].北京:旅游教育出版社,2018.

[22] 中国旅游研究院.中国入境旅游发展年度报告2019[M].北京:旅游教育出版社,2019.

[23] 中国旅游研究院.中国出境旅游发展年度报告2019[M].北京:旅游教育出版社,2019.

教学支持说明

为了改善教学效果,提高教材的使用效率,满足高校授课教师的教学需求,本套教材备有与纸质教材配套的教学课件和拓展资源(案例库、习题库等)。

为保证本教学课件及相关教学资料仅为教材使用者所得,我们将向使用本套教材的高校授课教师赠送教学课件或者相关教学资料,烦请授课教师通过加入旅游专家俱乐部QQ群等方式与我们联系,获取"电子资源申请表"文档并认真准确填写后发给我们,我们的联系方式如下:

地址:湖北省武汉市东湖新技术开发区华工科技园华工园六路

邮编:430223

旅游专家俱乐部QQ群号:758712998

旅游专家俱乐部QQ群二维码:

群名称:旅游专家俱乐部5群
群　号:758712998